Hélène Roma

École, sexe & vidéo

DUNOD

ISBN 978-2-10-070593-1

Sommaire

ANNEXES

Contributions

Le docteur Carole Durand est médecin attachée au service de gynécologie du CHU de Montpellier. Médecin d'un centre de planification PMI, elle coordonne l'association APARSA à Montpellier - association loi 1901, Association de professionnels de la santé au service des adolescents, dans le but de promouvoir ensemble des paroles, des comportements de prévention concernant les risques liés à leur sexualité dans le respect de leur corps et de leur santé.

APARSA intervient, en particulier, dans les lycées, les collèges et les IME sur l'académie de Montpellier.

Nelly Hardel, professeur d'EPS, est co-référente du projet *Éducation à la sexualité* en Collège (78).

Dominique Saint-Martin est infirmière du service de promotion de la santé scolaire au lycée professionnel Pierre et Marie Curie, Bolbec.

Elle est la référente du projet d'éducation à la sexualité en direction des lycées, primé par l'Association française de promotion de la santé scolaire et universitaire en 2013 et réalisé avec Madame Crochemore, assistante sociale et Monsieur Redjekra, proviseur adjoint.

Avant-propos

SEXE, ÉCOLE ET VIDÉO : ce titre pourrait paraître provocateur tant ces trois termes semblent antinomiques. Pourtant, ils sont aujourd'hui inextricablement liés et interrogent, non sans débat, les représentations que notre société peut avoir de la sexualité infantile, du rôle des écrans et de la place de l'institution scolaire dans l'éducation à la sexualité. En 1905, Freud mettait en avant l'existence de la sexualité infantile. Dans une période où la rigueur morale et la censure de toute expression de la sexualité étaient intenses, cette théorie avait créé une polémique sans précédent... Deux siècles plus tard, la sexualité infantile et l'éducation sexuelle font toujours débat ; les controverses sont toujours là et renforcées par l'existence d'une nouvelle donnée, inexistante à l'époque freudienne : celle des écrans. Si le rapport que notre époque entretient avec la sexualité a profondément changé, c'est en particulier dû à l'évolution sociétale ayant conduit à la libéralisation des mœurs sexuelles ; mais c'est aussi en raison de cette révolution technologique des écrans : internet, les réseaux sociaux, les téléphones portables, bouleversent le rapport à l'autre, au temps, à la communication et à l'information. Mais ils induisent également un changement radical dans la représentation de l'intimité : dedans et dehors ; privé et public ; limites et infinitude ; interdits et laxisme ; réalité et virtualité, se confondent inéluctablement et cette révolution dans le rapport de l'individu au monde extérieur nous engage dans une nouvelle dynamique relationnelle marquée par l'éphémère et l'immédiateté. Dès lors, les questions liées à la sexualité se trouvent inévitablement réinterrogées à la lumière de cette nouvelle donne.

Le curseur sociétal face à la sexualité et particulièrement la sexualité infantile, semble, comme aux siècles précédents, toujours aussi difficile à ajuster, tout comme les attentes entre parents et professionnels de l'école ;

chacun renvoyant l'injonction à l'autre d'assurer l'éducation des enfants et des adolescents à ce sujet, avec la suspicion constante d'ingérence dans leur domaine. Si pendant plusieurs siècles la question de l'éducation à la sexualité n'a cessé d'attiser les conflits entre institutions scolaires et familles, nous constatons aujourd'hui que s'ajoute à ce débat en responsabilité, celui de l'éducation aux écrans. La question « est-ce à l'école ou aux familles d'éduquer aux images ? » fait écho à celle toujours réinterrogée sur « l'éducation à la sexualité est-elle du ressort de l'école ou des parents ? » Et de l'une à l'autre, s'intrique une nouvelle interrogation relative à l'incidence ou non des écrans dans la sexualité des jeunes d'aujourd'hui. Parce que ces questions sont complexes, et parce qu'elles engagent de multiples enjeux, il nous a semblé utile d'y consacrer cet ouvrage. Écran, sexualité et école apparaissent comme les révélateurs des multiples questionnements qui traversent actuellement notre société dans son rapport à l'enfance, à la famille, à la sexualité et à l'école, mais ces questions restent difficiles à penser. Notre objectif n'est pas d'apporter des réponses définitives mais d'envisager, à partir de notre connaissance du milieu scolaire, notre expérience de psychothérapeute, d'expert près les tribunaux et de chercheur sur ce sujet, des perspectives pour mieux comprendre et mieux appréhender les enjeux de ce triptyque des temps modernes.

Chapitre 1

Repères sur la sexualité de l'enfant et de l'adolescent

DE LA SEXUALITÉ INFANTILE À LA GÉNITALITÉ ADULTE

Pour comprendre l'incidence des écrans dans la sexualité des enfants et des adolescents, il nous semble important de rappeler quelques repères essentiels car la sexualité est complexe. Elle est la fois ce qui nous sépare (différence homme/femme), mais également ce qui nous unit. Bien au-delà d'aspects biologiques ou de comportements sexuels, elle est un mode de pensée : penser l'autre et se penser soi-même dans le rapport à l'autre. C'est-à-dire qu'elle s'inscrit sur un registre où le psychisme a toute sa place car il permet cette reconnaissance de l'altérité et l'inscription de tout sujet dans une dynamique intersubjective. Elle est tout autant psychique parce que liée aux fantasmes, que somatique car le fantasme est en connexion avec le corps. Elle est ainsi faite de représentations mentales, d'affects, et également de mises en pratique et avec des intérêts sexuels qui évoluent tout au long de la vie. La sexualité se développe ainsi, dès les premiers temps de la vie, autour de cette double dimension, psychique et somatique. Et pour se développer harmonieusement, elle a besoin d'être adaptée à la maturation psychoaffective et au niveau de développement physiologique de chacun.

Lorsque l'on aborde la question de la sexualité infantile, un des principaux malentendus est lié aux représentations que les adultes s'en font, en l'imaginant comme une sexualité adulte en miniature. Or la sexualité infantile est très spécifique et certains repères importants sont à connaître :

1. *La sexualité infantile n'est pas la génitalité adulte* ; autrement dit, l'agir sexuel adulte n'a rien à voir avec la sexualité infantile qui ne conduit pas à des relations sexuelles proprement dites. L'enfant a une sexualité spécifique, liée à sa singularité d'enfant et évoluant selon son âge.
2. *La sexualité infantile est indifférenciée et peu organisée*. Ses manifestations sont multiples et bien différentes de celle des adultes. Freud parlait de « sexualité infantile perverse polymorphe », expression trop souvent détournée en « enfant pervers polymorphe », ce qui n'a strictement pas le même sens. Pour Freud, le terme de « sexualité infantile perverse polymorphe » signifie que le corps tout entier est concerné, ce qui signifie qu'elle s'étaye sur différentes zones corporelles qui permettent la découverte de pulsions sexuelles non génitales, du plaisir du corps ; importance essentielle dans la construction du psychisme de l'enfant. Les excitations corporelles sont multiples, diversifiées et non unifiées. Elles ne se limitent pas à la région génitale mais à de multiples autres zones dont l'investissement participera à l'âge adulte, au plaisir préliminaire des relations sexuelles.
3. *La sexualité infantile s'inscrit initialement sur un registre autoérotique,* c'est-à-dire que l'enfant utilise son corps propre comme objet de sa satisfaction sexuelle. Ce qui permet d'évaluer des activités sexuelles comme réactionnelles à des abus dès lors que l'enfant n'est plus dans cette quête autoérotique. Pour exemple la masturbation : centrée sur le corps elle a le plus souvent une fonction de réassurance et peut s'exprimer à des moments d'anxiété ; dès lors que l'enfant tente de masturber d'autres enfants, des animaux où qu'il tente de solliciter un adulte pour le masturber, la dimension n'est plus du tout celle d'une activité autoérotique ; mais bien davantage celle d'une violence agie pour s'approprier une violence subie.

Si l'enfant ne doit pas être concerné par la génitalité adulte et ne doit jamais être un objet sexuel, cela ne signifie pas pour autant qu'il est un être asexué. Et toute la difficulté se situe à ce niveau-là : accepter de comprendre que certaines manifestations sexuelles spontanées de l'enfant sont liées à son développement, quand d'autres sont évocatrices d'abus sexuels. Mais pour cela, il serait nécessaire que les professionnels (enseignants, éducateurs, soignants, magistrats) soient formés au minimum à ce sujet, ce qui est actuellement loin d'être le cas.

LES DIFFÉRENTS STADES DE LA SEXUALITÉ INFANTILE

La sexualité infantile s'organise par un enchaînement progressif de différents stades, chacun étant ciblé sur des zones spécifiques et consécutives (orale, anale, phallique ou urétrale), dont l'investissement laissera des traces expérientielles dans le développement psychosexuel de l'enfant. Nous rappellerons, très brièvement, les principaux stades proposés par Freud, de cette évolution.

Stade oral

C'est le premier temps de l'évolution psychosexuelle de l'enfant, qui correspond à la première année de vie.

Le bébé est, dans les premiers temps de sa vie, totalement dépendant de sa mère et grandit dans un état totalement fusionnel à elle (ou avec son substitut). Pour le bébé, lui et la mère ne font qu'un. Les soins qu'il reçoit, le nourrissage au sein ou au biberon, construisent ses premières expériences dans une relation promiscue. Il se construit dans et par cette relation de proximité établie précocement avec sa mère. Cette phase est dite orale en raison de l'importance prise par la bouche et l'ensemble des organes liés à cette sphère orale : téter, s'alimenter, provoque un plaisir en soi qui se développe et qui apparaît même en l'absence de nourriture. Le sein de la mère, tout comme la tétine du biberon qui en est un représentant symbolique, conduit l'enfant à expérimenter ce plaisir autoérotique qui s'étaye sur cette zone orale. Le tout-petit ne se perçoit pas différencié du monde extérieur et son mode relationnel passe par la bouche : pour s'approprier le monde extérieur il faut l'incorporer ou autrement dit, ce qu'il met dans sa bouche devient sa chose ; ce dont témoignent ces touts petits qui mettent à leur bouche tous les objets et jouets à disposition. Peu à peu, le bébé grandit et se perçoit progressivement différencié du monde extérieur et des objets qui le constituent. Mais cette perception induit des angoisses toutes particulières face à cette perte qui s'annonce. « La peur de l'étranger » qui se manifeste souvent aux alentours de six mois signe cette étape de différenciation de l'enfant d'avec sa mère et ses craintes face à des objets inhabituels perçus comme dangereux car différents de lui-même.

Stade anal

Passée cette première année et cette phase où la zone buccale est la principale source pulsionnelle corporelle, le tout-petit va investir d'autres zones. En se percevant distinct du monde extérieur, le jeune enfant se différencie de sa mère. Parallèlement sa maturité cognitive lui permet d'accéder au cours de sa seconde année puis de la troisième, à des acquisitions fondamentales dont celle de la marche et du langage. Grandir lui permet de faire des expériences où il dépend de moins en moins de l'autre. Il devient plus autonome et la principale zone corporelle pulsionnelle devient celle de l'anus : orifice source d'enjeux multiples dont celui de la propreté. Il perçoit que devenir propre ou rester sale, n'est pas sans incidence sur ses relations avec son environnement. Ses selles sont tout aussi bien des cadeaux faits pour satisfaire l'attente anxieuse du parent pour qu'il devienne propre, que des objets de chantage à l'égard du parent. Garder en soi, garder pour soi ou sortir de soi et donner à l'autre cette part de soi que représentent les fèces, conduisent à une période souvent conflictuelle entre l'enfant et ses proches. Les oppositions sont multiples tout autant que l'intolérance à la frustration. Le petit enfant acquiert une image corporelle et un sentiment de propriété de son corps qu'il explore à tous niveaux. Il compare avec les autres, s'interroge, théorise et finit par comprendre qu'il est soit une petite fille soit un petit garçon.

Stade phallique

La prise de conscience de la différence anatomique des sexes coïncide avec une période où la source corporelle pulsionnelle devient l'urètre avec, comme au stade précédent pour la zone anale, le plaisir de contrôler la rétention ou l'émission. Passée la troisième année, la curiosité sexuelle infantile se développe parallèlement à l'angoisse de castration qui s'explique par le déni initial de cette différence : garçons et filles théorisent sur les origines de leur différence anatomique pour tenter d'y donner sens. Cette période d'expérimentations et d'interprétations conduit à des jeux sexuels et des théories sexuelles infantiles particulièrement riches. L'information donnée par les adultes n'est pas toujours intégrée si elle ne fait pas sens pour l'enfant et est trop éloignée de son élaboration théorique. Ce qu'il apprend de cette expérimentation est aussi l'impact de certaines de ses interrogations sur les adultes de son entourage. Il expérimente ainsi très précocement la gêne de certains adultes et leur refus de répondre à certaines questions.

Période œdipienne

L'enfant qui grandit atteint vers quatre ans une période toute particulière, décrite par Freud comme la phase œdipienne. La référence est faite au mythe grec d'Œdipe dans lequel Œdipe finissait par tuer son père en ignorant qui il était puis épouser sa mère, sans savoir que c'était elle. Pour Freud l'interdit fondamental de l'inceste n'empêche pas le désir inconscient de l'accomplir : le jeune enfant éprouve un désir sexuel pour le parent de l'autre sexe et entre en rivalité avec le parent du même sexe. Cette période, où l'enfant dépasse l'autoérotisme, est source de conflits et d'angoisses multiples en particulier celle de perdre l'amour du parent rival. Cela se traduit par des peurs inexpliquées, des angoisses de séparation et des réactivations de craintes passées. La relation triangulaire établie entre l'enfant et ses parents s'inscrit sur le rapport constant à cet interdit fondamental de la transgression de l'inceste. Lorsqu'un (ou les deux) parent(s) laisse l'enfant dans la perspective possible qu'il puisse prendre la place du parent rival, il le place dans une confusion des sens et des identifications. Lorsque les parents assurent cette fonction sécurisante du rappel de la prohibition de l'inceste, l'enfant finit par accepter qu'il ne peut pas prendre la place du parent rival. Ce renoncement lui permet d'investir son énergie vers d'autres centres de préoccupations dégagés de tout investissement sexuel. C'est une période marquée par un investissement important du monde extérieur dorénavant affranchi des enjeux sexuels précédents.

Période de latence

Freud différencie cette étape des précédentes en utilisant le terme « période » et non « stade ». Il considère que le développement de la sexualité infantile atteint un niveau où il n'y a pas véritablement de bouleversement dans l'organisation libidinale. Cette période est loin d'être une étape neutre de la vie de l'enfant où rien ne se passerait au niveau des interactions. Elle est simplement caractérisée par un mode relationnel marqué par la désexualisation des relations d'objet. Elle n'est pas marquée par des conflits spécifiques ce qui permet à l'enfant d'investir le monde extérieur sans que les enjeux sexuels ne soient si envahissants. La scolarité, les loisirs, les relations au sein de la famille (parents, fratrie) et avec les camarades sont ainsi des supports de processus de sublimation. Cette phase de latence n'est pas pour autant une période où aucune référence sexuelle ne se manifeste comme en témoignent le vocabulaire et l'attitude de certains (concours de lexique de mots obscènes, provocations sur un mode hétérosexuel ou homosexuel, etc.).

Adolescence

Ces dernières années, de nouvelles évolutions ont conduit les pédopsychiatres à utiliser un nouveau terme, celui de « préadolescence » pour décrire la période précédant l'adolescence. Dans les cabinets de consultation, ils prennent en effet en charge des pathologies historiquement décrites comme étant spécifiques de l'adolescence (conduites dangereuses, troubles du comportement alimentaire, troubles oppositionnels, attitudes auto-agressives, etc.), mais manifestées par des jeunes ne présentant aucun signe pubertaire. Pour distinguer la période du jeune enfant de celle de l'adolescent pubertaire, ce terme de préadolescent (qui n'a toujours pas de définition scientifique précise), vise à spécifier la période précédant juste l'entrée dans la puberté.

Si le terme de préadolescence n'est pas encore précisément défini, l'adolescence a un sens culturel, social et médical, bien spécifique. Au niveau psychique, cette période, marquée par l'explosion libidinale, engage des enjeux spécifiques nouveaux par la participation subjective inconsciente aux phénomènes biologiques inhérents à cette période. Le « pubertaire » comme le décrit Philippe Gutton, est souvent décrit par les adolescents comme un bouleversement corporel et un débordement pulsionnel. Cette période peut être vécue comme source d'angoisses profondes : les poils poussent, la voix des garçons mue, des seins se développent, le poids et la taille augmentent, sans que l'adolescent ne puisse contrôler tous ces bouleversements. La survenue de la puberté change radicalement le rapport de l'adolescent à son corps : sensations nouvelles, formes corporelles différentes, pensées et désirs inconnus, souvent envahis de désirs anciens abandonnés en fin de période œdipienne, tout concourt à le rendre méconnaissable à lui-même. Les angoisses face à ce corps qui se transforment peuvent être multiples, avec des inquiétudes pouvant se fixer sur certaines parties du corps (le nez, les dents, les seins, les fesses, etc.) et conduire à une dysmorphophobie corporelle (conviction obsédante concernant un défaut de son apparence, en l'absence de réelles imperfections). Les ressentis face à ce corps devenu d'une singulière étrangeté peuvent être vécus avec enthousiasme mais aussi avec appréhension. La transformation de leur corps en corps adulte réactive les désirs incestueux de l'enfance car elle permet désormais leur réalisation. La confrontation à cette image de soi qui ne cesse de se transformer et à cette réactivation du conflit œdipien peut être à l'origine d'une profonde souffrance psychique liée à la perte. Il doit refuser définitivement l'accès à ses désirs œdipiens ; il est confronté à la perte d'une enfance idéalisée, perte de relations privilégiées avec le parent, perte des repères habituels du monde de l'enfance pour un monde adulte qui le fascine, tout autant qu'il l'effraie.

Ses gestes et son comportement témoignent des effets de ces bouleversements : il devient plus pudique, manifeste des attitudes d'opposition souvent de principe à l'encontre de ses parents, multiplie reproches et revendications, teste la force des interdits parentaux et la valeur des limites qui lui ont été transmises... autant d'expressions qui peuvent complexifier les échanges avec les parents. Mais c'est aussi un temps où, du fait de ce processus d'individuation et d'autonomisation, l'adolescent acquière une maturité affective et cognitive qui lui permet d'accéder à d'autres ressources pour comprendre ce qu'il vit, mettre en mot ses expériences et ses ressentis.

Souvent décrite comme un temps de crise narcissique et identitaire, l'adolescence n'est pas une maladie. C'est une période de créativité extraordinaire, un temps de passage, de mutation et de maturation, déterminant qui change définitivement le rapport à l'autre.

La place des adultes, et tout particulièrement des parents, est ici essentielle pour ne pas majorer l'anxiété des adolescents. Mais elle n'est pas forcément simple à tenir car voir se transformer son enfant en adulte, ne se fait pas toujours facilement. Cette période de l'adolescence vient réactiver leur propre histoire infantile et réinterroger leur position d'enfant comme de parent. Rester disponibles pour répondre de façon adaptée aux interrogations de son adolescent, nécessite, pour les parents, de ne pas projeter sur leur adolescent leurs propres rapports à l'intime, voire leurs éventuelles difficultés.

Les caractéristiques d'une sexualité infantile équilibrée

Pour l'enfant comme pour l'adolescent, il est essentiel de pouvoir s'identifier à l'adulte, tout en étant sécurisé et protégé par celui-ci. Devenir adulte ce n'est pas s'opposer, voire diaboliser l'enfance ou l'adolescence, mais réinterroger les limites posées et contenir l'infantile qui est en chacun de nous (adulte, comme jeune). L'infantile c'est ce rapport au monde qui conduit à ne pas voir les choses telles qu'elles sont ; à être dans une confusion entre ses désirs et la réalité ; à ne pas supporter la frustration et le nécessaire rapport au temps ; à être convaincu de pouvoir faire advenir les choses par le simple fait de le vouloir ; à être dans une indécision permanente et irrésolue face aux choix à effectuer (car choisir, c'est aussi savoir renoncer), etc. C'est de cette rencontre avec un adulte, que l'enfant pourra progressivement se construire, grandir, apprendre et s'autonomiser, en particulier au niveau de sa sexualité. Les fondements de la sexualité adolescente puis adulte s'inscrivent ainsi précocement dans l'expérience de l'enfance. Nous avons rappelé combien la sexualité s'y organise d'une manière complexe, s'enrichit et se complexifie tout au long de la vie de l'enfant. Les repères acquis durant l'enfance sont ainsi continuellement réinterrogés et les enjeux de séparation-individuation réactivés à chaque étape du développement de l'enfant puis de l'adolescent. La sexualité infantile se construit donc progressivement, et représente une énergie vitale pour l'enfant, comme pour les interactions qu'il va élaborer avec son entourage. Un rapport harmonieux à la sexualité est possible parce que, comme le rappelle Hayez (2002), l'enfant est animé :

- de son désir d'apprendre et de découvrir ;
- de sa quête d'identification à ses aînés et en particulier à ses parents ;
- de sa curiosité et de son intérêt pour le fonctionnement du corps, la différence des sexes et entre individus du même sexe ;
- de l'acquisition des interdits fondamentaux et de la notion de transgression face à ces règles tacites et explicites ;
- de la capacité de s'imposer et de s'affirmer par rapport aux autres ;
- de l'accès progressif à cette conscience qui différencie l'être humain des autres espèces animales.

Les normes culturelles et les valeurs éducatives familiales participent aussi à la construction de cette sexualité infantile. Elles peuvent permettre un développement serein et harmonieux ou beaucoup plus chaotique, voire dangereux pour l'enfant comme pour ses pairs. L'attitude inadaptée de certains parents à l'égard de leur enfant ou de leur adolescent peut ainsi conduire à une multitude de manifestations, parfois inquiétantes : certains enfants peuvent, par exemple, présenter un comportement sexualisé inadéquat, répétitif dans la durée. Il s'agit parfois d'enfants vivants dans un environnement familial incestuel, totalitaire, fusionnel, permissif ou promiscue et indifférencié. Cela peut également être le cas d'enfants maltraités sexuellement mais aussi d'enfants qui manifestent à travers des comportements sexuels compulsifs, une anxiété mal contenue et une souffrance à établir une relation empathique vis-à-vis des autres.

Différenciations possibles entre jeux sexuels et abus sexuels

Ces référentiels rappelés, il devient plus accessible de repérer ce qui peut être compris comme un jeu sexuel ou comme l'expression d'un abus subi par l'enfant. La curiosité sexuelle de l'enfant est un phénomène adapté, moteur de toute curiosité intellectuelle et non un signe de perversité comme l'affirmaient les théoriciens du XIXe siècle. C'est parce que l'enfant est protégé par les interdits tacites ou explicites des parents de la vue de leur sexualité, qu'il peut fantasmer et déplacer son désir d'apprendre sur d'autres sources d'intérêts.

Pour les adultes, être en mesure de différencier des jeux sexuels de manifestations réactionnelles à des abus et faire la part des choses entre ce qui relève de la sexualité infantile ou ce qui témoigne d'une agression sexuelle, reste complexe et difficile. Dans le contexte actuel post-jugement d'Outreau, où la parole de l'enfant est soumise d'emblée à suspicion, les professionnels hésitent en effet bien souvent entre le doute éclairé, les interprétations assurées, la conviction profonde et les certitudes absolues. Le risque majeur est de banaliser les agressions sexuelles commises sur les enfants, voire de les dénier en partant du présupposé que sa parole n'est pas fiable. De nombreux professionnels constatent, ces dernières années, le retour en arrière en matière de protection de l'enfance avec, pour certains, la théorie selon laquelle l'enfant serait un être pervers, menteur, dangereux, facilement suggestionnable et aliénable. Il ne s'agit plus de croire *a priori* l'enfant et de penser qu'il puisse être victime, mais d'avoir comme présupposé que l'enfant ne dit pas la vérité et qu'il a des intérêts à faire de fausses allégations. Après des années pour tenter de faire reconnaître la réalité des abus sexuels sur les enfants, l'évolution actuelle s'inscrit dans une logique de déni de l'existence des violences, en particulier sexuelles, sur les enfants. La méconnaissance de la dynamique de la sexualité infantile et de ses manifestations, tout comme l'ignorance de la spécificité de l'expression des troubles post-traumatiques conduit bien souvent, dès que des expressions sexuelles se produisent, à deux interprétations extrêmes : l'enfant serait victime d'agression ou l'enfant ne serait qu'un pédophile en culotte courte.

Il s'agit avant tout pour les adultes travaillant auprès d'enfants et d'adolescents de connaître les différents déterminants de la sexualité infantile, pour être en mesure de comprendre les manifestations sexuelles entre mineurs, sans confusion et sans connotation de gravité ou de banalisation, voire de déni d'une réalité d'abus. Ne pas rester seul, évaluer au sein d'équipe pluridisciplinaire et inscrire sa pratique au sein d'un réseau, sont aussi des précautions d'usage dans ce domaine. Selon les recommandations de la Conférence de consensus (CdC) sur les abus sexuels de 2003 et les références actuelles de la littérature, les critères permettant d'évaluer des comportements sexuels chez l'enfant comme de probables signes d'abus sont :

- un décalage important entre les manifestations de la sexualité habituelles à son âge et ce que l'enfant dit ou met en scène (par exemple référence à l'odeur ou à la texture du sperme : « ça pique », « odeur bizarre » ; « comme de la colle à papier peint » ; « c'est gluant » ; « ça colle et ça ne sent pas bon » ; « ça sort du zizi comme du pipi mais c'est blanc ») ;
- les notions d'intimidation, de menaces lorsque l'enfant parle du mis en cause ;
- un abus de pouvoir d'un plus fort sur un plus faible (sans que l'écart d'âge soit nécessairement en cause ; par exemple « un grand » peut être un enfant du même âge, voire plus jeune, mais qui a intimidé l'enfant victime) ;
- l'expressivité de troubles spécifiques (traces médico-légales) ;
- l'existence de troubles évocateurs (rituels de lavage, troubles de la propreté, troubles post-traumatiques) dont les manifestations peuvent être immédiates, mais aussi différées ;
- l'usage de la force, de la manipulation, de la menace ;
- l'emprise ou le contexte de séduction. Certains enfants subissent des actes qui seraient qualifiés d'agressions par des magistrats, mais sont en incapacité de les élaborer comme tels au moment où ils se passent. Ils peuvent par exemple, être perçus comme des jeux, si l'auteur agit dans un contexte de séduction (traitement privilégié, cadeaux, etc.). Dans d'autres cas, c'est un processus d'emprise qui est à l'œuvre et qui peut placer l'enfant dans une confusion mettant à mal ses capacités discriminatoires relatives à ce qui est permis et ce qui est interdit.

Parents, jeunes, sexualité et école

Un enfant seul n'existe pas. Pour grandir, s'autonomiser, apprendre et se construire, l'enfant a besoin de l'autre ; c'est-à-dire d'un parent (ou de son substitut) capable de s'ajuster à lui, de répondre à ses inquiétudes, de lui transmettre les connaissances, les informations et les repères nécessaires pour qu'il puisse grandir en confiance vis-à-vis de lui-même comme des autres. Seul, sans adulte à ses côtés pour prendre soin de lui affectivement, l'enfant ne peut survivre psychiquement et peut même se laisser mourir comme l'ont si bien montré les travaux de René Arped Spitz (1945) et de Mary Ainsworth (1978). Les bébés et les enfants les plus jeunes ne savent pas toujours réclamer de l'aide ou ne l'expriment pas comme le font les plus grands. Les adolescents ne sont pas forcément plus habiles pour solliciter de l'aide. Le manque, le délaissement ou la désolation sont autant d'états non spectaculaires, mais pourtant psychiquement destructeurs auxquels peuvent être confrontés les enfants ou les adolescents ; auxquels s'ajoutent parfois la réelle hostilité, l'agressivité, voire le rejet à leur égard. Sans l'autre, sans cette matrice langagière et affective, sans adulte transitionnel lui permettant de donner sens à ce qu'il vit, l'enfant ne peut se construire psychiquement et développer la capacité d'altérité essentielle à l'établissement de relations constructives avec le monde extérieur. La place de l'éducation familiale et la façon dont les parents ont « porté » psychiquement leur enfant sont essentielles, en particulier ce qu'ils ont pu lui transmettre de l'estime de lui-même, de la confiance en lui et dans les autres, de la transmission des interdits fondamentaux et de la façon de communiquer ses émotions. Les parents (ou leurs substituts) ont donc une fonction fondamentale pour l'enfant et sont ses ressources primaires principales. Ils lui communiquent leurs valeurs, lui donnent leurs repères éducatifs et lui transmettent leurs références culturelles. L'éducation à la sexualité fait partie des repères transmis par les parents, en référence (ou en opposition) bien souvent à leur propre éducation : mode de relations parents/enfants ; rôle de chaque parent en fonction de son sexe ; respect de l'intimité et du rapport au corps (le sien comme celui de l'autre) ; tolérance aux différences ; rapport filles/garçons ; etc. Les parents (ou leurs substituts) ont donc une place essentielle dans l'éducation à la sexualité de leur enfant, dès le plus jeune âge, car ce sont eux qui transmettent les interdits fondamentaux mais aussi leurs valeurs et références. Dans une étude menée en 2000 par Somers et Paulson, la majorité des adolescents (près de 79 %) se sont dits « influencés » ou « très influencés » parce que leurs parents leur avaient transmis au sujet de la sexualité et des relations amoureuses et les considèrent comme une source importante d'information. Certains y adhèrent et calquent leur cheminement sexuel sur le modèle parental ; d'autres influencés négativement vont totalement à l'inverse de ces valeurs familiales, quitte à adopter des comportements sexuels à risque. Une communication positive entre enfants et parents au sujet de la sexualité conduit à des comportements sexuels sereins (relations amoureuses épanouies et valorisantes ; capacité à discuter avec le partenaire d'éventuelles difficultés et d'affirmer ses choix ; utilisation des contraceptifs sans difficulté ; réseau de personnes ressources à solliciter si nécessaire, etc.). Par contre une communication ressentie comme négative avec les parents, voire une réelle hostilité de la mère et/ou du père, entraîne bien souvent des difficultés importantes (première relation sexuelle très précoce et souvent sous contrainte ; relation amoureuse jugée peu satisfaisante ; difficulté à se faire respecter du partenaire voire violences sexuelles ; difficulté dans l'utilisation du préservatif ; multiples oublis du contraceptif oral ; grossesses précoces ; addictions ; isolement et impossibilité d'instaurer des liens de confiance suffisante avec des personnes en cas d'aide nécessaire).

D'autres études confirment cette influence parentale sur les comportements sexuels de leurs enfants en termes d'âge de la première relation sexuelle ; de conduites sexuelles à risque, de recours à des moyens contraceptifs, de grossesses précoces, etc. (Martino *et al.*, 2008). Ils sont tout autant à déclarer être influencés dans ce qu'ils vivent de leur sexualité (ou ne vivent pas), parce qu'ils croient que leurs parents vont penser d'eux. Cette étude constate que plus les relations entre le jeune et ses parents s'inscrivent sur un registre de confiance partagée, plus il est facile pour l'enfant ou l'adolescent d'échanger avec ses parents au sujet de la sexualité. Par contre, lorsque les relations sont considérées comme mauvaises par le jeune (perception qui n'est pas toujours celle des parents), toute discussion sur ce sujet est difficile et les enfants et adolescents déclarent s'abstenir de tenter le moindre échange sur ce thème. Un dernier élément de cette recherche souligne qu'ils recherchent souvent en première intention auprès de leurs camarades des informations jugées trop intimes pour être abordées d'emblée avec leurs parents ; ce n'est qu'en seconde intention qu'un certain nombre d'enfants et d'adolescents interpellent leurs parents, pour vérifier la véracité de ce qu'ils ont pu apprendre auprès de leurs pairs et se rassurer sur des informations qui les ont inquiétés. Les adolescents ne sont pas dupes de ce qui peut être échangé entre eux et n'accordent qu'une confiance toute relative à des informations souvent incomplètes, erronées, « dites pour frimer », « par ceux qui en rajoutent toujours pour faire croire des choses » et qui « se racontent des films pour se la jouer ».

Mais si les enfants et les adolescents sont majoritairement en attente de communication au sujet de la sexualité avec leurs parents, cela ne signifie pas que ce thème soit aisément supporté par ces mêmes jeunes. Leur attitude peut paraître ainsi paradoxale : si les parents n'en parlent pas, ils leur reprochent leur manque d'intérêt ou de ne pas être assez disponibles pour leur parler ; mais quand les parents tentent d'aborder le sujet ils réagissent souvent de façon désagréable par un refus de répondre (« ça ne te regarde pas » « c'est ma vie » ; « de quoi tu t'occupes ») ; une apparente indifférence (« ça ne m'intéresse pas » ; « ah oui ? et alors... ? ») ; de rejet (« de toute façon je te déteste ») ; une mise en cause de leur confiance ou une fausse réassurance visant à mettre à distance le sujet (« pourquoi tu me poses cette question, tu ne me fais pas confiance ? », « pour qui tu me prends ? » ; « qu'est-ce que tu t'imagines ? » ; « ne t'inquiète pas, je ne le fais pas », etc.). Et si le parent tente de faire part directement de son expérience (ce que quêtent nombre d'adolescents), il est fréquent qu'il s'entende répondre « de toute façon tu n'y comprends rien... tu ne peux pas me comprendre... tu ne comprends rien... » ; « moi je ne suis pas comme toi, ça n'a rien à voir » ; « tu ne sais faire que comparer à toi et ça ne sert à rien » ; « ça, c'est de ton époque », etc. Ces réactions, formulées avec le comportement et la tonalité adaptés, pourraient apparaître comme autant de marques d'insolence à l'égard de leurs parents, mais elles peuvent aussi être comprises comme les traces paradoxales de ce désir d'autonomisation empreint de craintes et d'incertitudes : paraître agacé, agresser le parent, le remettre en cause, l'opposer aux repères de l'autre parent ou le pousser dans ses retranchements éducatifs, sont autant de stratégies plus ou moins conscientes pour se rassurer sur le fait qu'il est bien là, qu'il assure malgré tout son rôle de parent protecteur, rassurant et aimant. Entre eux, les jeunes ne se gênent d'ailleurs pas pour exprimer ce qu'ils ressentent à leurs égards. Certains étiquettent leurs parents de qualificatifs positifs (« cool » ; « bon feeling » ; « ouverts ») ; d'autres sont plus négatifs (« mon vieux », « il/elle est has been » ; « il/elle ne fait que des reproches » ; « il/elle ne comprend rien » ; « il/elle ne veut pas voir que j'ai grandi et que je ne suis plus un bébé »)... En général, selon l'humeur des uns et des autres et des enjeux en cours, les parents n'échappent pas à des allers-retours entre ces différents points de vue... S'il est « dur, dur d'être un adolescent », il l'est tout autant d'être le parent d'un adolescent et, pour prendre l'expression de certains, « de trouver le nouveau mode d'emploi pour communiquer »... Établir une communication positive avec son enfant c'est accepter d'être son paratonnerre émotionnel, supporter son éventuelle agressivité et l'amener à comprendre que le parent est disponible s'il veut lui parler et qu'il est de bonne volonté pour comprendre les questions posées ; et il est souvent utile d'utiliser ses propres ressentis comme leviers relationnels, ce qui l'amène également à apprendre à exprimer ses émotions...

Pour exemple Au lieu d'être dans une formulation directive, affirmative et stigmatisante qui condamne le jeune à la représentation qu'en a son parent (« ton copain t'a quittée, c'est pour ça que tu es insupportable »), il est préférable d'utiliser une formulation plus bienveillante qui ouvre sur un sujet plus général et qui rassure le jeune sur ce qu'il est (« j'ai l'impression que tu es triste... et je me demande si ce n'est pas lié à ton copain... il y a des histoires d'amour facile, d'autres plus compliquées car chacun est différent et ça n'est pas parce que l'on quitte quelqu'un ou que l'on est quitté, que l'on est moins bien que d'autres... je ne sais pas si tu veux en parler, mais je voudrais juste te dire que si tu le veux, je suis là pour toi... je n'ai pas toutes les réponses, mais je ferai tout pour essayer de te répondre au mieux »).

Il est également préférable de remplacer les formules qui figent l'enfant dans un état, par une ouverture sur le fait qu'il peut aussi être différent. Savoir expliquer, sans tomber dans le piège de la justification est tout aussi important pour éviter d'inverser les rôles et de laisser croire à l'enfant ou à l'adolescent que c'est lui qui contrôle la situation.

Pour exemple « Tu es odieux » devient « quand tu fais ça tu es odieux ou ce comportement-là est odieux, mais je sais/je suis convaincu que tu peux être autrement ». « Tu as le droit de penser certaines choses mais je voudrais comprendre pourquoi ; est-ce que tu pourrais m'expliquer ce qui t'amène à dire cela ? » ; « quand tu fais cela, je ne suis pas d'accord car je pense que... » ; « ce que tu dis est important, même si j'ai du mal à le comprendre parce que pour moi telles ou telles valeurs sont essentielles... »

Et quelles que soient les tensions et situations de conflits, il est indispensable que les parents ne rejettent pas leur enfant et ne lui laissent pas croire qu'il a eu le pouvoir de les atteindre, voire de les anéantir car un tel sentiment l'insécurise grandement et ne fait qu'aggraver son agressivité à l'égard du parent.

Pour exemple Les hurlements, cris et autres invectives seraient à remplacer par une tonalité calme, posée sans rage ni désespoir. Les phrases du type « ça ne sert à rien de te parler, tu n'écoutes rien » ou « qu'est ce que je vais bien pouvoir faire de toi » ou « je ne peux plus rien pour toi... il n'y a plus rien à en tirer... tu le fais exprès... j'abandonne... je ne veux plus rien savoir, c'est ton problème ça ne me regarde pas », peuvent être remplacées par : « j'ai l'impression que quoi que je dise, tu n'écoutes pas » ; « c'est comme si tu faisais tout pour te mettre en danger... » ; « tu peux t'énerver, ne pas être d'accord mais cela ne m'empêchera pas de te mettre des limites » ; « tu me pousses à te dire que je ne peux plus rien pour toi mais même si tu n'es pas d'accord, mon job de parent c'est aussi te mettre des limites et si tu crois que je ne peux pas te comprendre, c'est ton avis mais pas le mien » ; « il est bien plus facile de dire oui à tout et de ne pas s'opposer, mais t'aimer c'est aussi te donner un cadre et savoir te dire non, même si ce n'est pas toujours facile... quoi que tu fasses, je serais là », etc.

Le premier et principal lieu d'attention portée à la santé de l'enfant est l'espace familial. Mais comme nous l'avons rappelé, la sexualité touche la question fondamentale de l'intime et notre société est marquée par son histoire culturelle rigoriste à l'égard de la sexualité infantile. Pour les parents, il peut être difficile d'aborder certains sujets dont ceux relatifs à la sexualité et pour l'enfant, il peut être tout aussi délicat d'aborder des questions qui touchent son intimité. Si les parents ont un rôle essentiel pour offrir à leur enfant un espace de parole et d'échanges permanents, ils doivent aussi comprendre et accepter que leur enfant ait besoin de parler de certains sujets avec d'autres (camarades, professionnels) et qu'ils puissent solliciter des réponses à leurs questions auprès de personnes extérieures. Parler de sexualité avec son enfant ne signifie pas « parler de tout ». Ressentir de la gêne à aborder avec ses parents certains sujets relatifs à la sexualité, n'est pas nécessairement un signe de désamour ou de manque de confiance des jeunes à l'égard de leurs parents. Cela témoigne avant tout d'une réelle pudeur et d'une volonté de maintenir leurs parents à une juste distance de leur sphère privée et de leur intimité. C'est aussi une réaction adaptée, lorsque l'adolescent est en pleine période d'autonomisation à l'égard de son parent, que de ne pas souhaiter son aide directe et de faire la part des choses entre ce qu'il veut lui dire et ce qu'il souhaite ne pas lui expliquer.

Si les parents ont transmis à leur enfant qu'il est important d'exprimer ses sentiments et de pouvoir parler à un autre en qui il a confiance, il pourra s'autoriser à solliciter de l'aide en dehors de ses parents sans craindre de les trahir. Tout enfant peut, un jour, ne pas souhaiter parler directement de sexualité à ses parents : par gêne, par honte, par crainte de l'inquiéter, par peur de ne plus être regardé de la même façon, par appréhension des réactions éventuelles, par crainte d'être sanctionné, par certitude d'être confronté à leur incompréhension et leur manque d'ouverture, par peur d'être rejeté (en particulier pour les jeunes qui souhaitent révéler leur homosexualité, une relation amoureuse avec une personne d'une autre appartenance communautaire ou religieuse ; une grossesse, etc.). La discussion sur ce sujet intime et source d'émotivité est donc limitée par de multiples facteurs, possiblement changeant dans le temps. Les parents ont ici un rôle d'éducateurs fondamental pour permettre à leur enfant d'acquérir les ressources suffisantes et nécessaires qui faciliteront sa capacité de communication sur des sujets difficiles le jour où il en aura besoin. Autrement dit, lui donner les repères pour prendre soin de lui au niveau de sa santé physique et émotionnelle tout en étant en capacité de faire des choix éclairés et respectueux de sa personne et de l'autre.

Pour exemple Face à une tenue vestimentaire très sexy mise pour aller au collège, rappeler à l'adolescente qu'il y a des codes vestimentaires à respecter et lui interdire de s'habiller de cette façon.

La difficulté éducative de nombreux parents est d'ajuster leur attitude pour permettre une autonomisation suffisante de leur enfant sans tomber dans un laxisme délétère ou un rigorisme accusateur. Poser des limites et les tenir est tout aussi essentiel que d'écouter, d'informer ou de conseiller. Les parents doivent accepter de mettre un cadre éducatif à leur enfant et supporter des réactions de frustration, des attaques contre ce cadre d'autant plus fortes, qu'il le percevra comme fragile.

Le respect de l'autre, de son intimité, fait aussi partie de l'élaboration du lien de confiance entre parents et enfants et il est essentiel que les parents ne soient pas intrusifs dans leur comportement comme dans leur discussion. Lorsqu'il n'existe plus d'espace distinct et que les parents deviennent sans aucune limite les interlocuteurs de leurs enfants, tous les risques de contexte incestuel (inceste « moral », sans passage à l'acte) voire incestueux, sont à craindre.

Pour exemples

- Ce parent vérifiant la pilosité de son enfant au niveau du sexe en rentrant systématiquement dans la salle de bain lorsque celui-ci se lave.
- Cet autre parent « s'amusant » à comparer la taille de son sexe avec celui de son adolescent.
- Cette mère passant son adolescente à l'interrogatoire pour connaître le moindre détail de sa première relation amoureuse.
- Cette autre mère vérifiant régulièrement l'évolution des seins de sa fille par des palpations quotidiennes.
- Ces parents laissant le lit conjugal à leur adolescent et à sa dernière conquête.
- Ce père demandant à sa fille de lui offrir des caleçons pour la fête des pères ou cette mère sollicitant les conseils de son garçon pour ses achats de lingerie.
- Ce père réalisant dit-il « pour s'amuser », des photomontages équivoques avec ses enfants comme avec la photo d'amis.
- Ce père donnant à sa fille le prénom de sa maîtresse.
- Ces parents se filmant pendant leurs ébats amoureux et laissant le support vidéo au milieu de la vidéothèque et inévitablement accessible à leurs enfants.
- Ce garçon de huit ans qui continue de dormir dans le lit de ses parents et qui assiste à leurs relations sexuelles.

Les enfants qui subissent un tel contexte finissent par percevoir son dysfonctionnement. Ils témoignent de leur malaise, de leur souffrance à ne pas être respectés par leurs parents, voire d'un réel ressenti d'agression. L'enfant et l'adolescent qui posent des questions relatives à la sexualité aux parents, cherchent avant tout à faire un lien entre leurs théories, le savoir qu'ils ont pu acquérir (en particulier auprès de leurs pairs et de plus en plus via les écrans) et ce que pensent leurs parents. S'ils ont besoin de se construire leurs propres repères et de s'autonomiser du giron parental, les adolescents ont tout autant besoin d'être rassurés sur leur identité, sur l'affection et l'attention de leurs parents.

Au-delà de cette dimension privée, de l'importance du respect des interdits fondamentaux et de l'intimité de l'enfant, la sexualité s'inscrit également dans l'espace public du quotidien : dans leur rapport aux autres camarades ; dans les images auxquelles ils peuvent être confrontés (place des rôles sexuels transmis par les médias) ; dans les règles fixées par l'institution scolaire (où ils passent une grande partie de leur temps) et la société. Cette double inscription dans la sphère privée et dans la sphère publique peut conduire à des confusions, des attentes inconsidérées et des malentendus de toutes sortes. Le rôle des parents est fondamental mais n'est pas exclusif dans la construction de l'enfant et dans son développement, en raison de l'existence du monde extérieur. Mais de l'autre côté, l'école, lieu des savoirs et des apprentissages, ne saurait être l'unique espace où les repères éducatifs, de toutes sortes, sont à transmettre. Certains parents en perte de repères et sans ressources pour parler de sexualité avec leur enfant, attendent que l'éducation sexuelle se fasse en milieu scolaire et n'hésitent pas à demander des comptes en cas de difficultés (grossesse précoce). Si l'école est devenue un espace reconnu pour l'éducation à la santé et en particulier à la sexualité, elle n'est pas et ne peut être le lieu exclusif où ces questions sont traitées. Être parent s'inscrit comme le rappelle Élisabeth Badinter dans un contexte culturel, social, anthropologique. C'est une donnée qui se construit sur un registre inévitablement distinct de la logique scolaire, soignante ou judiciaire. Rien ne saurait remplacer l'amour, l'attention et la protection que doit apporter un parent. Des substituts peuvent s'imposer, des tuteurs de développement être trouvés, mais leur apport ne sera pas identique à celui d'une mère ou d'un père. Tenter de comparer parents et professionnels, voire de les opposer, n'a pas de sens, car leurs apports s'articulent les uns avec les autres et sont avant tout complémentaires. L'éducation à la sexualité devrait se comprendre comme une démarche de co-construction entre jeunes, parents et institution scolaire, sans que les responsabilités ne se reportent exclusivement sur l'un ou l'autre ; sans que les enjeux de valeurs ne s'invalident mutuellement ; sans que des conflits de loyauté des enfants ou des adolescents ne s'expriment à l'égard de leurs parents ; sans que monde de l'école et espace familial ne se perçoivent comme des rivaux se renvoyant mutuellement leurs responsabilités quand des problèmes se posent. L'éducation à la sexualité transmise par les parents et celle faite en milieu scolaire sont de deux registres distincts et complémentaires ; mais si les responsabilités doivent être partagées et mutuellement comprises, nous constatons bien souvent la persistance d'une certaine méfiance, voire d'une défiance de part et d'autre. Tenter de disqualifier l'une ou l'autre, insinuer de part et d'autre que ce sont les défaillances du milieu parental ou du milieu scolaire qui seraient à l'origine de tous les maux de notre société, ne peut conduire qu'à une impasse. Le regard porté de part et d'autre devrait davantage être un regard positif, sans idéalisation et quête d'un perfectionnisme illusoire.

La multiplication des discours au sujet de la sexualité, ne signifie pas que notre société actuelle connaît et comprend mieux tous les enjeux de la sexualité infantile. L'information, l'éducation et la prévention restent indispensables pour les enfants comme pour leurs parents et les professionnels. Mais elles ne devraient pas s'envisager sans prise en compte de toutes les dimensions identitaires. Les réduire, comme cela est encore bien souvent le cas, à une perspective bio-physiologique et hygiéniste, représente le risque de faire l'impasse sur la spécificité même de la sexualité humaine : l'altérité. Dans un contexte où la politique de soin laisse place à une logique comptable et où le relationnel disparaît derrière des organisations technicistes, l'élève, (tout comme le parent et le professionnel) est à risque de n'être plus qu'un objet investi en fonction de ce qu'il coûte ou de ce qu'il rapporte et non plus un sujet. L'enjeu est considérable pour permettre à l'enfant d'être respecté dans sa singularité, d'expérimenter la confiance en un interlocuteur en capacité de lui répondre, mais aussi d'être protégé des incompréhensions, des doutes, voire du déni d'autres adultes lorsqu'il est exposé à des situations difficiles voire à des agressions. Comment, alors, parvenir tant du côté de l'institution scolaire que du côté des parents, à se situer avec justesse mais aussi avec le respect de ce que chacun peut apporter aux enfants et aux adolescents ? Chacune de ces logiques, politique, institutionnelle, parentale, infantile a ses propres priorités, exigences, forces, mais aussi ses limites. Les reconnaître sans les confondre et sans chercher à les opposer, est sans doute une perspective à penser pour que l'enfant et l'adolescent restent sujets d'attentions bientraitantes et qu'ils puissent se construire avec des adultes confiants dans leur capacité à les soutenir vers l'avenir.

LA SEXUALITÉ DES JEUNES EN FRANCE : ÉTAT DES LIEUX

Dernières données épidémiologiques

S'il existe plusieurs enquêtes faites au sujet de la sexualité des jeunes, la plupart ne présente pas les critères méthodologiques suffisants. La dernière étude, faite dans le respect des recommandations éthiques, déontologiques et scientifiques en vigueur, est celle de 2006 sur l'évolution du comportement sexuel des Français. Elle fait suite aux deux précédentes enquêtes nationales : en 1970 (recherche *Simon*) et en 1992 (effectuée par l'ACSF, Analyse des comportements sexuels en France). L'enquête de 2006 a été conduite auprès de 12 364 personnes âgées de 18 à 69 ans et publiée un an plus tard sous le titre : *Contexte de la sexualité en France.* Elle a été réalisée à l'initiative de l'ANRS (Agence nationale de recherches sur le SIDA et les hépatites virales), par une équipe pluridisciplinaire (sociologue, démographe, épidémiologiste) de l'Inserm (Institut national de la santé et de la recherche médicale), du CNRS (Centre national de la recherche scientifique), de l'Ined (Institut national des études démographiques) et de l'INVS (Institut de veille sanitaire). Cette nouvelle enquête est réalisée dans le contexte des années 2000 marquées par la révolution des images et l'évolution de la structure familiale : l'augmentation des divorces et la multiplication des familles monoparentales ; les lois sur le PACS ; les lois relatives à la parité ; la crise économique ; l'évolution des connaissances sur le SIDA ; l'explosion des nouvelles technologies comme support relationnel ; la généralisation de l'autonomie sociale et économique des femmes, etc. L'objectif de cette étude était d'analyser l'incidence de tous ces bouleversements sur les représentations de la sexualité et les pratiques sexuelles.

Les résultats publiés en 2007 permettent de constater que si la sexualité des Français a évolué sur certains points, il reste de nombreux aspects intangibles. Nous proposons de synthétiser les résultats concernant les représentations de la sexualité chez les jeunes et l'évolution de leur comportement sexuel.

L'âge médian du premier rapport sexuel

Si les NTIC induisent un nouveau mode de relation et d'autres accès possibles à l'information, le comportement sexuel des jeunes français apparaît relativement stable. En comparant leurs résultats aux enquêtes précédentes, les chercheurs ont en effet conclu qu'il n'y a pas, sur ces vingt dernières années, une augmentation de la précocité sexuelle.

Par contre, l'âge moyen de la puberté diminue : 11 ± 2 ans pour les filles et 12 ± 2 ans pour les garçons. Mais contrairement aux idées reçues, si les premiers signes pubertaires semblent plus précoces (avec de multiples hypothèses évoquées en particulier les changements de mode d'alimentation, le manque d'activité physique, l'incidence de polluants environnementaux, etc.), cela ne conduit pas à une avancée significative de l'âge du premier rapport sexuel.

L'âge médian du premier rapport sexuel varie selon le niveau scolaire, avec une moyenne (toutes filières confondues) de 17 ans et 3 mois pour les garçons et 17 ans et 6 mois pour les filles.

- en lycée général et technologique : 17 ans et 7 mois pour les garçons et 17 ans et 8 mois pour les filles ;
- en lycée professionnel : 15 ans et 10 mois pour les garçons et 17 ans et 3 mois pour les filles ;
- en CFA – centres de formation d'apprentis : 16 ans et 9 mois pour les garçons et 17 ans et un mois pour les filles.
- 90 % des jeunes utilisent un préservatif dès leur premier rapport.

Ces résultats montrent que l'écart d'âge entre filles et garçons diminue, avec un âge actuellement très proche, pour le premier rapport sexuel : « l'âge médian des hommes au premier rapport sexuel s'est abaissé d'un an et demi (de 18,8 ans pour les générations âgées aujourd'hui de 65 à 69 ans, à 17,2 ans pour les plus jeunes), alors que celui des femmes, initialement beaucoup plus élevé (20,6 ans), a chuté de trois ans (17,6 ans pour les femmes âgées de 18 ou 19 ans). »

La différence d'âge entre hommes et femmes lors du premier rapport est ainsi passée, en deux générations, de deux ans à quelques mois de différence (actuellement quatre mois).

Les résultats de cette étude sont loin du discours souvent catastrophique rapporté actuellement au sujet de la sexualité des jeunes par les adultes avec la diabolisation des supports médias (téléphone, réseaux sociaux, internet) ; la conviction d'une sexualité des jeunes débridée et de plus en plus précoce ; l'anxiété face aux risques du SIDA ; la conviction que les seuls repères des jeunes seraient ceux de la cyberpornographie, etc.

Les représentations de la sexualité

L'étude rappelle que les normes des générations précédentes au sujet de la sexualité étaient multiples et fortement marquées par les limites imposées par les références religieuses : virginité jusqu'au mariage, cadre familial imposant la distance générationnelle, interdiction des grossesses hors mariage, vie amoureuse avec un unique partenaire, etc. Les résultats de l'enquête permettent de constater que ces repères sont aujourd'hui surannés et les représentations de la sexualité en pleine mutation. Les chercheurs font l'hypothèse que cette révolution dans les représentations de la sexualité serait liée à différents facteurs :

- mutation de la famille (compositions/recompositions et décompositions familiales, familles monoparentales, homoparentales) ;
- maîtrise de la fertilité grâce à la révolution de la contraception ;
- représentation de la sexualité fortement marquée par la dimension hygiéniste (se protéger des IST ; éviter les grossesses non désirées, etc.) ;
- importance des écrans dans la divulgation d'images de nature sexuelle, etc.

L'enquête constate que les plus grands changements dans le comportement vis-à-vis de la sexualité, concernent les femmes, ce que les auteurs expliquent en particulier par la diffusion des moyens de contraception médicale qui permettent aux femmes depuis les années 1970, d'avoir une vie sexuelle, indépendamment des enjeux de grossesse. Mais l'analyse plus précise de cette évolution des représentations de la sexualité témoigne toujours d'un clivage hérité de notre culture marquée par une vision du monde fondée sur les différences biologiques hommes/femmes. Ainsi et au-delà de tous les bouleversements récents, la différence persiste entre une sexualité féminine qui continue de s'inscrire dans le registre de l'affectivité et de l'importance du couple et une sexualité masculine marquée par le primat du plaisir dégagé de tout enjeu affectif.

Du côté des enfants et des adolescents, ils construisent leur sexualité en partie à travers les représentations qu'on leur propose mais aussi des outils de leur époque, à savoir pour la génération actuelle, les écrans. Contrairement à ce que de nombreuses personnes pensent, les résultats de l'étude observent qu'il n'y aurait pas de conséquences spécifiques pour la majorité d'entre eux. Mais ces résultats datent déjà de 2006, à une période où la vulgarisation des écrans n'était pas la même qu'actuellement et où l'accès des plus jeunes aux NTIC était encore limité. Il serait intéressant de pouvoir réaliser une enquête actualisée prenant en compte cette place grandissante des écrans dans le monde relationnel des enfants et des adolescents. Dans une société où le sexuel s'expose sans limite, les jeunes restent en risque d'être projetés dans une hypersexualisation désubjectivante où ils ne sont que les objets d'adultes ; des objets perdus, sans repère, sans parole, sans espace pour mettre du sens à la multitude des images et des messages sexuels auxquels ils sont exposés. Les enquêtes annuelles réalisées par le service téléphonique Fil santé jeune, qui reçoit des appels anonymes, confirment ce ressenti de nombreux jeunes qui se décrivent comme « abandonnés » dans un environnement sociétal où la multiplicité des moyens de communication n'est pas corrélée à la qualité des échanges entre jeunes et parents. Le décalage entre la réalité et le discours social nous rappelle combien la subjectivité, les certitudes et les interprétations peuvent biaiser la réalité et combien la place de l'adulte reste ici essentielle.

Les violences sexuelles dans le couple adolescent

Le sujet des violences sexuelles au sein du couple adolescent n'est abordé que depuis récemment. Il peut être très difficile pour les adolescents de reconnaître qu'ils sont exposés à un contexte de violences et, quand ils en ont conscience, la difficulté à en parler est majeure : la honte, la peur de représailles, l'inquiétude d'être quitté(e), la peur de devenir victime de moqueries, la culpabilité, condamne bien souvent les jeunes au silence. Le temps même de l'adolescence où le jeune perd ses repères et se trouve dans une nouvelle période de découverte de lui-même, des autres, de son corps et de sa sexualité peut prêter à confusion : il/elle ne sait pas si ce qui se passe est « normal » ; il/elle ne sait pas ce qu'il faut faire ou non. Sans référence et sans personne de confiance pour parler de ses inquiétudes et de ses interrogations, l'adolescent est très vulnérable et devient une proie facile pour certains jeunes qui n'hésiteront pas à abuser de leur crédulité, de leur ignorance et de leur confiance.

La violence est souvent comprise comme quelque chose qui fait des traces (hématomes, bleues) et les contraintes psychologiques conduisant à des actes sexuels ne sont que rarement entendues comme des violences. La capacité à pouvoir se faire respecter, la volonté de pouvoir quitter un(e) ami(e) violent(e), la possibilité de dénoncer ces violences, ne se décrètent pas. Pour les dénoncer il faut déjà pouvoir les reconnaître en tant que tel, ce qui est loin d'être le cas de nombreux adolescents ; il faut pouvoir ne pas tomber dans le piège culpabilisant de l'emprise ; il faut savoir qui solliciter ; il faut avoir déjà expérimenté la confiance en soi et la confiance en l'autre. La place des ressources antérieures (individuelles, familiales, sociales) est ici considérable et permet de comprendre pourquoi certains adolescents ne parviennent pas à se dégager de ces situations déstructurantes qui ne leur apportent qu'humiliation et violence ; et combien d'autres ne cessent de répéter avec chaque nouvelle relation, les mêmes dysfonctionnements. Les rares études menées sur ce sujet permettent de relever certaines données.

La violence sexuelle amoureuse est définie comme « un contrôle abusif lié à la sexualité au sein d'un couple » (Lavoie, Pacaud et Roy, 2005). En reprenant l'ensemble des situations relevées dans la littérature (Guénette-Robert, 2009) il s'agit de :

- « Faire pression sur l'autre, rire de lui, le harceler, le rabaisser afin qu'il accepte un acte sexuel. Par exemple des phrases (prononcées aussi bien à l'encontre de filles que de garçons), telles que « tu es bien la seule à ne pas le faire », « tu es une peine à jouir », « tu n'es même pas capable » ; « personne ne veut de toi », etc.
- Menacer de salir la réputation ou de rompre si le/la partenaire refuse les actes sexuels demandés, en usant de l'importance que représentent les pairs à cet âge-là. Par exemple « de toute façon si tu me quittes, tout le monde saura que tu n'es qu'une chaudasse, une allumeuse » ; « si tu ne me fais pas ça, je mettrai en ligne les photos qu'on a prises la dernière fois », etc.
- Obliger l'autre à avoir une relation sexuelle contre sa volonté ou l'obliger à regarder un matériel pornographique.
- Ne pas cesser un acte sexuel malgré les demandes de l'autre. Par exemple un moment où le couple adolescent échange des baisers et des caresses, ne signifie pas toujours la même chose du côté du garçon et de la fille. L'un peut croire qu'elle a envie d'aller plus loin et qu'elle est d'accord pour avoir des relations sexuelles, quand pour l'autre, ces échanges sont des marques de tendresse qui ne signifient en rien son accord à aller plus loin. Accepter d'entendre le refus de l'autre, à tout moment, n'est pas si simple, en particulier chez certains jeunes intolérants à la frustration et habitués à ne pas porter attention aux sentiments et aux volontés de l'autre.
- Contrôler la sexualité du partenaire par exemple en refusant de mettre un préservatif ou/et en contrôlant la prise de contraceptif.
- Se livrer au chantage sexuel. Par exemple menacer de quitter l'autre s'il refuse de faire tel ou tel acte sexuel ou s'il refuse d'acheter tel cadeau ou de prêter une chose qui a de l'importance.
- Blesser intentionnellement le partenaire physiquement ou psychologiquement au cours d'acte sexuel. Par exemple, insultes et propos dégradants sur le corps de l'autre (forme des seins, des organes génitaux ; pilosité ; poids) ; avoir des commentaires désobligeants sur la performance sexuelle de l'autre ; donner volontairement des coups, morsures ou griffures pendant l'acte sexuel, etc.

Au niveau des réactions au sein du couple adolescent :

- 25 % de jeunes expliquent avoir été victimes de violences sexuelles avec leur petit(e) ami(e) (Études d'Avery-Leaf *et al.*, 1997).
- Les garçons seraient plus souvent auteurs de ces violences que les filles (Fernet *et al.*, 2003 ; Lavoie et Vézina, 2002).
- Les filles sont plus sensibles aux pressions que les garçons et se sentent d'emblée responsables des actes de violences commis sur elles (Coker *et al.*, 2000).
- Les garçons ont plus de difficulté à admettre qu'ils puissent subir des pressions d'ordre sexuel de leur amie (Lavoie *et al.*, 1994).
- La société est beaucoup plus attentive aux violences sexuelles commises sur les filles que sur les garçons (Romano, 2013).

Les conséquences de cette violence sont multiples, à la fois au niveau sexuel, au niveau psychologique et physique. Elles concernent aussi bien les victimes que les auteurs de ces violences.

Du côté des victimes les conséquences les plus fréquemment relevées sont :

- la perte de confiance en soi et en l'autre, la perte d'estime de soi, le repli social ;
- la peur de l'autre ;
- une asthénie généralisée, des troubles dépressogènes, des troubles post-traumatiques ;
- des difficultés de concentration et de mémorisation pouvant conduire à un décrochage scolaire voire des troubles d'évitements scolaires ;
- des conduites auto-agressives : troubles addictifs (alcool, drogue, médicaments, tabac), pratiques dangereuses, troubles du comportement alimentaire, tentative de suicide et suicide, scarifications et blessures volontaires du corps, fugue ;
- insomnie ou hypersomnie, cauchemar ;
- troubles de l'humeur, labilité émotionnelle, irritation inhabituelle ;
- vie sexuelle perturbée : refus de nouvelle relation, absence de désir sexuel, dysfonctionnement sexuel (vaginisme, dyspareunie) ; conduites sexuelles à risque (multiplication des partenaires sans aucune protection ; prostitution) ;
- grossesse non désirée, infection sexuelle.

Du côté des auteurs, les expertises médico-psychologiques permettent de relever un certain nombre de troubles ; leurs actes de violence ne sont pas sans conséquence et varient fortement d'un jeune à l'autre en fonction de leurs ressources personnelles et de leurs failles antérieures.

- Pour ceux qui ne sont pas dans le déni de la gravité de leur acte : blessure psychologique avec perte d'estime de soi et des autres, sentiments de honte et de culpabilité ; difficulté à avoir de nouvelles relations sexuelles ; troubles post-traumatiques ; difficultés scolaires ; troubles de l'humeur ; irritabilité ; retrait social ; renfermement sur des pratiques virtuelles via internet.
- Pour ceux qui ne reconnaissent aucune responsabilité dans leur acte : progression des actes violents et impossibilité d'établir des relations sereines et respectueuses avec un(e) autre partenaire ; comportements asociaux dans d'autres domaines.
- Pour tous : risque d'IST et conséquences judiciaires possibles si les faits sont dénoncés.

Grossesse et adolescence

La grossesse et le fait de devenir mère ont un sens bien spécifique selon les cultures, les religions d'appartenance et les époques. Actuellement en France, l'âge moyen de la première grossesse a reculé : il est aujourd'hui de 29 ans alors qu'il était, dans les années 1990, à 24 ans. Dans ce contexte sociétal où les grossesses sont de plus en plus tardives, les jeunes adolescentes enceintes apparaissent comme des exceptions et les grossesses précoces suspectes ; inquiétude qui était inexistence pour des jeunes filles du même âge, il y a deux générations. Si les risques médicaux sont souvent mis en exergue, la crainte pour ces futures jeunes mamans, est surtout portée en raison de leur situation affective et sociale, bien souvent des plus précaires : elles sont fréquemment abandonnées par le père (qu'elles n'informent d'ailleurs pas toujours de leur grossesse) ; doivent bien souvent suspendre voire arrêter leurs études ; ne sont pas autonomes financièrement, etc. Prévenir les grossesses et maternités précoces est donc devenu une des priorités de l'État via l'éducation à la sexualité dans les établissements scolaires du secondaire et via la réalisation de plusieurs textes législatifs : circulaires sur l'éducation à la sexualité dans les collèges et les lycées ; accès à la contraception d'urgence ; élargissement du délai légal d'IVG (interruption volontaire de grossesse) de 12 à 14 semaines. Malgré toutes ces actions et les moyens mis en œuvre en termes de prévention, les rapports récents de l'Inspection générale des affaires sociales (IGAS), constatent des chiffres constants des grossesses adolescentes :

- 18 000 grossesses par an chez les adolescentes, dont 6 700 donnent lieu à une IVG.
- Les jeunes filles de 15 à 24 ans représentent environ 40 % des avortements réalisés en France en 2010.
- Il naît 4 500 bébés par an de ces grossesses précoces (contre 11 000 il y a 30 ans) avec de grandes disparités entre les régions comme à la Réunion, où il y a sept fois plus de grossesses chez des mineures qu'en métropole.
- En Grande-Bretagne, ces taux sont quatre fois plus élevés. Et aux États-Unis, 10 fois.
- Dans 80 % des cas, les couples ne durent pas plus de cinq ans et les jeunes mères se retrouvent alors seules, avec un bébé dont elles doivent s'occuper.
- Dans 35 % des cas, une seconde grossesse survient moins de 2 ans après.
- Selon le baromètre Santé Jeunes, 2,8 % des adolescentes de 15-19 ans ont déjà été enceintes, ce qui représente 6,2 % des filles sexuellement actives de cet âge. Dans deux tiers des cas, ces jeunes filles font le choix de l'IVG.
- La grande majorité (99,4 %) des jeunes de 15-24 ans a entendu parler de la contraception d'urgence.
- La contraception d'urgence ne cesse d'augmenter : 9 % en 2000, 15 % en 2005 et 24 % en 2010 des femmes âgées de 15 à 49 ans l'ont utilisé au moins une fois.
- L'accès des jeunes femmes à la contraception est déterminé par :
  - les aides et personnes ressources qu'elles peuvent mobiliser pour être informées et y accéder si nécessaire ;
  - la disponibilité et l'accessibilité des possibilités contraceptives ;
  - les caractéristiques de leur vie sexuelle (active ou non) ;
  - la reconnaissance sociale de leur sexualité ;
  - la perception qu'elles ont de leur corps, de leur fertilité et de leur féminité ;
  - leur souhait de ne pas être enceinte ;
  - le caractère normatif du discours sur la contraception ;
  - le caractère dominant du risque SIDA.
- L'accès des jeunes femmes à l'IVG et le vécu de cet acte sont déterminés par :
  - leur âge et leur maturité ;

– les normes en vigueur dans leur religion et leur culture vis-à-vis de la sexualité, de l'IVG, des grossesses hors mariage ;
– les réseaux mobilisables (dans et hors la famille) et leur accessibilité ;
– les ressources en termes d'accompagnement social et de prise en charge médicale.

Au-delà des risques médico-obstétricaux et des questions sociales, la grossesse chez une mineure relève aussi d'enjeux psychiques particuliers selon le sens donné à cette grossesse par la jeune et son entourage (partenaire, parents, professionnels). Nous avons rappelé combien l'un des principaux enjeux de la puberté est de construire son image sexuée d'adulte et de s'autonomiser du parent. Ce corps qui s'est peu à peu transformé, permet la réalisation plus ou moins consciente, pour la jeune fille comme pour le jeune adolescent, du désir d'enfant, déjà fort présent à la période œdipienne. L'apparition des règles est un signe qui prouve à la jeune fille qu'elle a bien un corps de femme, mais cela ne la rassure pas pour autant sur le fait qu'elle soit capable de « faire » un bébé. Du côté des garçons, les questions liées à la puberté sont aussi multiples et peuvent trouver, pour certains, une réponse dans le fait de devenir père ; mais les études sur le ressenti et le vécu des pères-adolescents manquent pour comprendre les enjeux spécifiques les concernant.

Être mère alors que l'on est tout juste femme et encore dans un statut de dépendance aux adultes pose des questions multiples qui témoignent de la complexité de ces situations. Est-ce une façon de mettre à l'épreuve leur féminité et d'attaquer leur corps ou de se rassurer sur son bon fonctionnement par la constatation de leur capacité procréatrice ? La grossesse est-elle à comprendre comme une prise de risque à l'image des conduites dangereuses de certains adolescents ? S'inscrit-elle dans un désir de réparation chez des jeunes filles au passé carentiel et violent, qui viendrait compenser des souffrances infantiles (maltraitance ; vécu d'abandon) en espérant donner vie à un bébé qu'elles pourront protéger, contrairement à ce qu'elles ont vécu ? Cela témoigne-t-il d'un déni de leur féminité (en passant directement au statut de mère) ou d'une affirmation de celle-ci ? Est-ce une façon de provoquer leur parent, et en particulier leur mère, ou un cadeau qu'elles veulent leur faire ? Sont-elles convaincues qu'être mère leur permettra d'acquérir un autre statut ? Est-ce un bébé conçu avec un amoureux investi d'un projet de couple, ou un bébé « fait toute seule » en excluant le père dans une actualisation d'un désir œdipien ? Est-ce l'échec d'une contraception mal vécue ou une volonté délibérée d'être enceinte ? Est-ce une volonté de s'identifier à leur mère ou au contraire le témoignage d'une rivalité agressive à son égard ? Est-ce la preuve d'une immaturité affective conduisant à une irresponsabilité quant aux enjeux ? Est-ce un rite de passage permettant d'accéder au monde adulte ou comme le proposent certains auteurs, un risque « d'adolescence avortée » (Marcelli et Braconnier, 1999) ? Cette grossesse leur permet-elle d'affirmer leur identité culturelle (jeunes filles issues de cultures où la grossesse précoce est courante et permet d'accéder au statut d'adulte) ou est-elle une façon de s'opposer aux représentations culturelles familiales qui n'acceptent pas les grossesses précoces et plus encore celles hors mariage ? Est-ce, comme Monique Bydlowsky le propose, une régression à la mère de la période préœdipienne (celle protectrice des premiers soins) ou un passage à l'acte agit à l'encontre de cette mère archaïque ? Est-ce le souhait d'être enceinte et/ou celui de devenir mère ? Est-ce une façon de se donner un but dans la vie et de se raccrocher à un devenir ou une manière inconsciente de se projeter dans la continuité des difficultés ? etc.

Toutes ces hypothèses et ces questions autour de la filiation, de la maternité, de la procréation et de l'enfantement, témoignent de leur passé et engagent leur avenir de future femme, de future mère. Chaque situation reste singulière. Il ne s'agit pas comme le rappelle Michèle Uzan, de « méconnaître la souffrance de l'adolescente, de méconnaître les difficultés de cette jeune fille à prendre soin d'elle, prendre soin de son corps, à assumer les tensions psychiques inhérentes à la sexualité, à tolérer d'attendre ». Mais il nous semble aussi essentiel de ne pas trop rapidement stigmatiser ces jeunes filles dans ce statut d'adolescentes enceintes, qui seraient obligatoirement carencées et vulnérables psychiquement. Une telle représentation ne ferait que les culpabiliser et mettre en souffrance les liens d'attachement avec leur bébé. Et ce type de convictions montre ses limites lorsque l'on constate que les actions de prévention qui y font majoritairement référence, ne permettent pas de limiter ces grossesses adolescentes.

Accompagner les jeunes adolescentes avec un désir de grossesse, enceintes ou déjà jeunes mères, nécessite de la part des intervenants un ajustement constant pour rester disponibles et ne pas les stigmatiser. Il s'agit pour cela de reconnaître et comprendre la multiplicité de ce que signifie ce rêve de mère, ce projet qui leur paraît si facile et si réalisable. Ces adolescentes, comme les adolescents, vivent des expériences, qui sont aussi à comprendre et à respecter. Ne leur proposer qu'un rappel à la loi, ne leur parler que sous le registre de l'injonction à être ou ne pas être, ne présenter que les difficultés à venir, ne leur fournir que plus d'informations sur la contraception, n'est malheureusement pas efficace : cela les maintient dans une position passive où aucun choix ne leur parait possible ; vécu insupportable à la période adolescente où l'un des enjeux est de s'autonomiser des adultes. Le taux constant de grossesse-adolescente nous rappelle que l'approche actuellement proposée sur la prévention de ces grossesses, trop souvent infantilisante, culpabilisante et techniciste, n'est visiblement pas suffisamment adaptée pour répondre à ce risque. S'inscrire dans une volonté de prévention efficace, ne peut s'envisager dans le déni de ce qui peut être un réel désir d'enfant et de ce qu'il représente pour ces jeunes filles.

ÉDUCATION À LA SEXUALITÉ, ÉCRAN ET PORNOGRAPHIE

L'évolution des NTIC conduit à un accès inévitablement plus facile, et de plus en plus précocement, aux images de toutes sortes. Face à l'évolution de ce rapport à l'image et à la transmission par les médias d'affaires sordides où des adolescents sont impliqués dans des agressions sexuelles, il est fréquent d'entendre les adultes dénoncer l'influence de la cyberpornographie dans le comportement des jeunes. Parler de cyberpornographie nécessite de définir avant tout ce que désigne le terme de pornographie, en précisant d'emblée qu'au-delà du sens, l'usage qui en est fait a évolué selon les périodes. Nous verrons qu'au-delà de cette évolution, la place donnée par notre société à la pornographie impose de ne pas faire l'impasse sur le sujet lorsqu'il s'agit de mettre en place des interventions sur l'éducation à la sexualité.

Définition

Au niveau étymologique « pornographie » vient du grec *porne* qui signifie « prostitué » et *graphein* qui signifie « écrire ». Initialement le terme pornographie correspondait aux représentations (dessins, peintures, photos) de choses obscènes destinées à être communiquées au public. Le terme obscène du latin *obscenus* « mauvais augure » signifie « qui blesse délibérément la pudeur en suscitant des représentations d'ordre sexuel ». Autrefois et dans les premiers écrits qui y font référence (1789, avec l'ouvrage de Retif de La Bretonne sur *le Pornographe),* la pornographie était donc un terme réservé aux traités sur la prostitution, c'est-à-dire aux descriptions faites sur les prostitués et les proxénètes, par des pornographes (auteurs spécialisés sur ce sujet). Aujourd'hui l'usage de ce terme a évolué. Il n'est plus exclusivement réservé à la question de la prostitution mais s'est vulgarisé pour faire référence à toute représentation de nature sexuelle, directe et concrète, visant à heurter celui à qui elle s'adresse. Et l'évolution technologique a conduit à étendre le mode de représentation à tout type de support, y compris les écrans.

Une société « pornophage »

La pornographie n'est pas un fait nouveau. Par contre ce qui constitue une évolution récente est la révolution numérique qui a conduit à une accessibilité sans limite, donnant lieu à une multiplication des supports d'images. La pornographie a progressivement envahi notre quotidien, pour s'imposer sur tous les écrans possibles. Désormais plus besoin de se cacher pour visionner des revues ou accéder à des lieux spécialisés : les écrans rendent accessibles en une fraction de seconde des images de toute sorte, y compris des images pornographiques. Autrefois limités aux chaînes télévisées câblées, aux revues ou cassettes de location soigneusement mises à l'écart des autres, les films et les images pornographiques sont désormais accessibles par tous et sans avoir l'obligation de payer. Le constat de l'accessibilité de la pornographie n'est qu'un révélateur d'une société où les images sexuelles sont diffusées sans interdit, où le respect de la différence sexuelle fait débat ; où les enfants sont projetés dans des comportements hypersexualisés d'adultes dès leur plus jeune âge.

Pour exemples

- La mode vestimentaire de sous-vêtements sexy pour les petites filles.
- L'utilisation publicitaire de préadolescentes pour vendre des produits prévus pour des femmes adultes.
- L'évolution du comportement vestimentaire des collégiennes, maquillées et habillées de plus en plus fréquemment comme des jeunes femmes en quête de séduction, etc.

Pour tenter d'évaluer l'incidence des images pornographiques dans le quotidien des enfants et des adolescents, différentes études ont été menées sur ce sujet. Elles présentent toutes un biais lié au déclaratif des participants : certains jeunes peuvent en effet se vanter d'avoir vu des images pornographiques alors que ce n'est pas le cas, quand d'autres qui ont visionné des images, n'oseront pas le dire. Mais les chiffres sont, d'une étude à l'autre, relativement proches. En 2003, l'étude européenne de l'ESPAD (*European School Survey on Alcohol and Other Drugs*) a été réalisée auprès de plus de 16 000 jeunes de 12 à 18 ans : 71 % des garçons interrogés et 40 % des filles ont expliqué avoir déjà visionné des images pornographiques. Le Conseil supérieur de l'audiovisuel français a profité de cette enquête pour initier la même année une étude auprès de 9 764 adolescents à partir d'un échantillon par tirage au sort de classes de collèges et de lycée. Cette enquête a été assurée sous la direction de Marie Choquet par l'Inserm (Marie Choquet, Delphine Morin, Christine Hassler) et de l'Observatoire français des drogues et des toxicomanies-OFDT (François Beck, Stéphane Legleye, Stanislas Splilka). Nous reprenons les résultats aux questions que se posent le plus souvent les adultes :

Combien d'adolescents (14-18 ans) ont vu des images pornographiques durant les douze derniers mois ? (Cette question était très large et ne précisait pas le support des images : photos, film.)

- 80 % des adolescents déclarent avoir vu, au moins une fois, des images pornographiques durant les douze derniers mois (principalement sur internet et en vidéo).
- 45 % des adolescentes déclarent avoir vu, au moins une fois, des images pornographiques durant les douze derniers mois (principalement à la télévision).

Combien de fois les garçons et les filles ont vu des films pornographiques (TV, vidéo) durant les douze derniers mois ?

- Un adolescent sur quatre et une adolescente sur cinquante déclarent visionner régulièrement des films pornographiques (au moins dix dans l'année).
- La proportion des jeunes qui visionnent des films pornographiques augmente particulièrement entre 14 et 15 ans pour se stabiliser au-delà.

Que pensent les garçons et les filles des images pornographiques ?

Les adolescents en ont majoritairement une image plutôt positive :

- 54 % trouvent que « cela les amuse et les distrait » ;
- 34 % disent que « cela leur plaît » ;
- 16 % considèrent que cela « les instruit et leur est utile ».

Les adolescentes expriment de leurs côtés des avis plutôt négatifs :

- 56 % des filles déclarent que « cela les dégoûte » ;
- 28 % des filles disent que cela les « met mal à l'aise » ;
- 26 % expliquent « être choquées ».

Quelles sont les caractéristiques sociales des jeunes qui regardent régulièrement des films pornographiques ?

- Selon l'étude, la principale variable est liée au niveau d'étude du père : plus le niveau est élevé, moins les jeunes (filles comme garçons) regardent de films X.

Quelles sont les caractéristiques scolaires des jeunes qui regardent régulièrement des films pornographiques ?

- Les conclusions de l'étude relèvent qu'il n'y a pas de différence selon le type d'établissement (situé en zone d'éducation prioritaire ou non), la zone géographique (milieu rural ou urbain), le statut (privé ou public).
- Il existe par contre un lien entre la fréquence de visionnage et les variables liées aux appréciations scolaires, au niveau d'absentéisme et aux résultats scolaires (redoublement ou non).

Quelles sont les caractéristiques personnelles des jeunes qui regardent régulièrement des films pornographiques ?

- Les jeunes qui consomment régulièrement de l'alcool, du tabac ou des drogues illicites, sont plus nombreux à visionner des films pornographiques.
- Les jeunes qui ont fait une tentative de suicide sont plus nombreux à avoir visionné auparavant des films pornographiques (sans que l'étude ne conclue à une relation de cause à effet).

Cette étude, la première et l'unique en France de cette envergure, a confirmé que la pornographie n'était pas un phénomène marginal et qu'elle touchait la majorité des adolescents. Dix ans après, il serait précieux que des données actualisées puissent être transmises, ce qui permettrait de mieux comprendre l'incidence éventuelle des supports NTIC qui se sont largement répandus depuis.

Autrefois circonscrite à certains supports et à un certain public, la pornographie, comme les autres images de violence, s'affiche désormais au grand jour, et s'expose autant qu'elle s'impose, à la vue de tous en particulier des plus jeunes. Notre société « pornophage » ne parvient plus à contenir ce qu'elle a elle-même produit : les « filtres » sur les ordinateurs ne préservent pas de l'intrusion subite d'images choquantes ; l'accès aux téléphones portables ne permet plus de limiter l'accès à internet de leurs jeunes (et plus en plus jeunes) utilisateurs.

Ce que nous constatons, c'est que notre société manifeste à l'égard des écrans en général une sorte de fascination scopique qui la place dans une appétence compulsive face à ce qu'elle voit. Processus qui s'explique par l'exhibitionnisme mis en scène à travers ces images visant à susciter en un minimum de temps le maximum d'excitation du spectateur et qui le fige dans un voyeurisme inévitable. Des flux des images des journaux télévisés, aux séries télévisées, en passant par les reportages dits d'information, le spectateur est submergé d'images où la mort, le sexe, la violence et la détresse envahissent sans fin nos espaces de vie. Les images pornographiques ne sont qu'un exemple parmi d'autres, d'images « trash » qui se sont banalisées, qui ont envahi notre quotidien et dont les auteurs ne semblent motivés que par le « toujours plus ». Ce que ces images représentent (la réduction de l'individu à un objet sexuel), ce qu'elles valorisent (la toute puissance de l'homme et la soumission de la femme), est une violence radicale pour l'être humain.

Le 1er mars 2013, l'Académie des Sciences a publié un communiqué intitulé *Les enfants et les écrans* où Serge Tisseron propose avec François Bach, Olivier Houdé et Pierre Léna différentes recommandations sur l'usage des technologies numériques. Ils rappellent l'importance de prendre conscience du choc culturel en cours et d'envisager des préventions multiples adaptées aux âges de l'enfant. Les principes qu'ils édictent, s'appuient non seulement sur leur expérience de professionnels mais également sur les derniers travaux de neurobiologie (risques potentiels des ondes émis par les NTIC sur le développement cérébral ; incidence sur l'attention et sur les apprentissages d'un temps d'exposition trop important derrière les écrans, etc.). Avant trois ans, ils déconseillent toute exposition passive des enfants devant des écrans et reconnaissent, qu'accompagnés par l'adulte et utilisés de façon non exclusive, les tablettes et certains jeux d'ordinateurs peuvent être un support au développement sensorimoteur de l'enfant. Ils rappellent qu'il est essentiel d'offrir aux jeunes enfants d'autres supports pour enrichir leur créativité et de limiter le temps passé derrière ces médias. Leurs recommandations pour les jeunes enfants et les adolescents ne visent pas à diaboliser ces nouveaux espaces numériques qui sont aussi un champ d'expérimentations pour la génération actuelle. Ils insistent surtout sur l'importance d'éduquer aux images pour limiter les risques pathologiques des écrans (pratiques excessives). Autrement dit, il s'agit très tôt, de leur apprendre à avoir un regard critique face à ce qu'ils voient et à comprendre que ces images ne sont pas LA réalité ; mais elles ne font que refléter la volonté de celui qui les a produites.

Sur le domaine des images de nature sexuelle, l'analyse critique de l'évolution actuelle des films érotiques vers une pornographie toujours plus provocante et violente, permet ainsi de relever de multiples décalages avec la réalité : les acteurs en tant que sujets n'existent pas, ils ne sont que des objets payés pour exhiber leur corps et leur sexe, sans limite ; les contenus pornographiques apparaissent sans aucun interdit avec la multiplication de pratiques sexuelles réalisées sans la moindre attention à la volonté du ou de la partenaire ; les prises de vue en gros plan fixent le regard du spectateur et lui donnent une vision surdimensionnée des organes génitaux ; les effets sonores amplifient de façon disproportionnée les gémissements et les cris au cours de l'acte sexuel ; les rapports sexuels marqués par la domination de l'homme n'engagent aucun sentiment mais sont réalisés de façon purement techniciste et hédoniste. La pornographie interroge la question du corps, de l'intimité, du respect de l'autre et de la commercialisation du corps par notre société. Le décryptage de ces images permet de constater combien elles sont stéréotypées : elles interdisent tout recourt à l'imaginaire car elles sont filmées avec un rythme volontairement soutenu pour capter l'attention du spectateur, provoquer son excitation et s'imposer sans qu'il puisse se la représenter.

La pornographie peut ainsi être comprise comme une sexualité sans affect, sans émotion, sans séduction, sans sentiment et sans respect de l'autre. Elle restreint l'acte sexuel à un rapport technique nécessairement violent et à une pratique sans intimité et sans altérité. L'homme est réduit à la fonction d'étalon, quand la femme apparaît telle une poupée gonflable, unique objet de satisfaction à la jouissance et à la puissance masculine. Sodomie et viol sont présentés comme des pratiques courantes.

Si les jeunes qui visionnent ces images n'ont aucun autre repère éducatif quant à la sexualité et quant aux écrans, le risque est grand qu'ils perçoivent ces images comme la norme et qu'ils tentent de les reproduire : les filles peuvent se sentir contrainte de subir et de céder à tout ce que leur partenaire leur imposera et se convaincre qu'elles ne peuvent avoir que cette position d'objet de plaisir pour être avec un garçon. Elles ne savent pas dire non, n'osent pas dire non et ne comprennent pas qu'elles ont à être respectées ; ce qui a d'inévitables conséquences sur leur vie sexuelle d'adulte. Philippe Brenot, psychiatre et sexologue, a ainsi constaté dans son étude de 2012 menée auprès de 3 000 femmes sur le plaisir féminin, une évolution inquiétante liée aux nouvelles normes qui s'imposent. Il constate « un terrorisme de l'organisme vaginal, des coïts ininterrompus, une obligation de jouissance. Souvent la technique l'emporte sur la découverte de sa propre envie. Nous voyons ces femmes en consultations, adultes, avec une plainte liée à l'absence de plaisir et à la disparition du désir. »

De leurs côtés, les garçons peuvent croire qu'ils ont tout pouvoir sur le corps de la femme, qu'ils peuvent tout faire et qu'ils doivent être performants en toutes circonstances. Certains s'imaginent que toute relation avec une femme se réduit à un acte sexuel sans le moindre sentiment, sans la moindre attention.

L'éducation aux images par leur analyse critique permet, passé le temps de l'impact émotionnel, d'élaborer une compréhension de ce qu'ils ont visionné et de décrypter le sens de ces images et de ce qu'ils en ont ressenti. Ils peuvent alors comprendre que les montages et trucages permettent d'obtenir des effets qui ne sont pas la réalité, mais qui sont purement fictionnels (en particulier que la disponibilité érectile n'est pas sans limite ou la jouissance systématique). Ils peuvent réaliser qu'il ne s'agit que d'un film, mis en scène avec des acteurs choisis pour leurs spécificités physiques (taille du sexe, volume des seins, plastique parfaite) et rémunérés pour jouer la comédie (leur performance physique et leurs vocalises ne signifient pas qu'ils ont du plaisir). Il ne s'agit pas de nier le pouvoir des images mais de restaurer les compétences de chaque jeune à pouvoir s'en dégager pour retrouver son libre arbitre. Autrement dit, ne plus être un spectateur objet passif de consommation, mais un sujet capable de comprendre et de ne pas limiter la réalité à ce qui lui est donné à voir.

L'impact psychotraumatique des images pornographiques

L'impact des images pornographiques sur les jeunes est fort différent selon les contextes. Cela dépend non seulement de l'âge et du niveau psychoaffectif de l'enfant ou de l'adolescent mais aussi de son niveau d'anticipation face aux images. Si certains jeunes disent que cela les « amuse » ; que cela « leur apprend », d'autres témoignent de la dimension réellement traumatique de ces images en raison du caractère d'effraction psychique qu'elles ont eu pour eux.

Chaque enfant, chaque adolescent vit l'image qu'il regarde en fonction de ses propres repères. Le sens qu'il lui donne est intimement lié à ses repères personnels, à son niveau de développement psychoaffectif, à ses ressources cognitives et à celles qui lui ont été transmises antérieurement face au décryptage des images. La même image aura donc un impact bien différent selon les enfants ou les adolescents qui en sont spectateurs.

Si l'enfant ou l'adolescent ne s'attend pas à visionner ce type de contenu, les images sont d'autant plus violentes qu'il n'a pas de ressources pour s'en dégager ; ce qui peut être le cas des très jeunes enfants. Elles le surprennent et le bouleversent car la sexualité est présentée sous une forme dérisoire, dégradante ou effrayante et ne fait aucun sens par rapport à ses références. L'amour, la morale, les interdits, qui font partie de l'éducation sexuelle en sont exclus ou transgressés.

Pour exemples Dans une école primaire de province, l'enseignant est en train d'animer une séance d'informatique avec ses élèves de CM1 dans la salle municipale aménagée à cet effet. Il explique : « soudain, alors que nous étions en train de faire une recherche documentaire sur la géographie, les ordinateurs ont tous été bloqués avec des images pornographiques. Dans un premier temps il y a eu une sorte de torpeur et un silence inhabituel puis les élèves se sont mis tout à coup à hurler. » La mairie avait équipé les PC de système de protection.

Dans une classe de CP, l'enseignante donne comme exercice à ses élèves de rechercher des informations sur leur prénom et des gens célèbres ayant eu le même prénom. Clara lance sa recherche aussitôt rentrée chez elle et tombe sur le site de Clara Morgane, ancienne star du X.

De jeunes élèves de primaire racontent que leurs écrans sont régulièrement parasités, malgré l'existence de filtres parentaux, par des publicités et autres pop-ups qui s'imposent lorsqu'ils visitent un site tout à fait banal.

Les détournements des pages d'accueil ; l'utilisation de fautes de frappe ou le recours à des mots-clés cachés (noms de séries télé, de dessins animés, de jouets) pour enfermer l'internaute dans une boucle de sites pornographiques.

Pour l'enfant très jeune qui a déjà du mal à sérier la réalité du virtuel, la confrontation à des images pornographiques vient effracter son monde psychique : le jeu des fantasmes est bloqué, il peut se convaincre que ces scènes sont la réalité, voire qu'il est à l'origine de leur existence. Lorsqu'il parvient à distinguer un homme et une femme, il peut interpréter ce qu'il voit comme la scène primitive entre ses parents et penser qu'il a été conçu suite à une scène similaire. Sans ressources cognitives et maturité suffisante, l'enfant sera dans une inévitable confusion entre ce qu'il voit et la réalité et sera bien en peine de se distancier de ces images.

Lorsque l'enfant a anticipé sur le contenu pornographique des images, par exemple lorsqu'il va sur un site qui lui a été « recommandé » par des camarades ou qu'il visionne avec d'autres un film pornographique, le niveau d'effraction n'est pas aussi violent ; car dans ce cas-là, l'enfant s'est plus ou moins « préparé » à voir des images de ce type, même s'il n'anticipe pas toujours sur le niveau de violence qu'elles peuvent avoir. Ce qui ne signifie pas que ces visionnages de photos ou de films ne font pas trace dans leur vécu, mais la dimension traumatique est moindre. Lorsque les jeunes n'ont pas les ressources nécessaires pour se dégager de ce qu'ils voient et comprendre que ces images ne sont pas la réalité, ils peuvent se sentir face à une réalité inaccessible et être envahis par des craintes et des peurs irraisonnées de ne pas être suffisamment performants. Loin de les apaiser et de répondre à leurs questions, les images pornographiques viennent davantage créer d'autres inquiétudes et les exposer à une certaine ambivalence : la curiosité et l'envie de voir étant en collusion avec la crainte de ce qu'ils voient. Pour certains, la confusion entre image et réalité devient prégnante et aucune mise en sens n'est possible. D'autres peuvent être submergés par des angoisses quant à leur normalité lorsqu'ils comparent leur sexe ou leur corps à celui d'acteurs à la plastique virtuelle (corps bodybuildés, maquillés, liftés et siliconés). Cette anxiété plus ou moins consciente peut déborder leurs ressources psychiques : les images sont regardées au premier degré, sans possibilité de les symboliser, sans personne autour d'eux pour en parler. Les émotions ne peuvent pas être élaborées et cette vision reste une confrontation à des images vides de sens. Cette trace à l'état brute peut venir s'enkyster durablement.

> Damien, jeune élève de 6e, est intrigué par ce que racontent ses camarades au sujet d'un site où ils peuvent voir « des femmes, des vraies ». Il explique s'attendre à voir « des filles en maillots de bain, un peu sexy mais en fait les images ce n'étaient que des gros plans sur des sexes dans tous les sens ». Depuis il décrit régulièrement des flashs de ces images à chaque fois qu'il croise les élèves qui l'avaient incité à se connecter sur ce site.

Pour les enfants et les adolescents confrontés à des images qui projettent violemment et crûment des sexes, des rapports sexuels et des corps, avec une obscénité recherchée, il peut y avoir un véritable choc visuel. Les termes qui reviennent alors le plus souvent sont ceux de « gênant », « dégoûtant », « choquant », « peur ». Ils peuvent se sentir eux-mêmes souillés par ce qu'ils ont vu et se convaincre d'être tout aussi dégoûtants que les images qu'ils ont visionnées. « Voyeurs à l'insu de leur plein gré » au même titre que le serait une victime d'exhibitionniste. La difficulté est alors le fait qu'ils restent souvent très seuls face à ce qu'ils ont vu, n'osant pas en parler par crainte de jugement de valeur. Fermer l'image, éteindre l'ordinateur ou arrêter la télé ne va pas de soi car la sidération peut bloquer leur capacité de réaction et ne pas les amener à se protéger en ayant l'attitude adapter de supprimer la vision qui s'impose à eux. Ne pas en parler et ne trouver personne avec qui exprimer ce qu'il a ressenti, présente le risque que ces images traumatisantes deviennent traumatiques, c'est-à-dire qu'elles s'enkystent psychiquement dans sa mémoire et que celles-ci s'expriment insidieusement. L'impact psychotraumatique n'est pas tant d'avoir vu les images pornographiques que de se croire coupable de les avoir visionnées. La crainte de ce que pourraient penser leurs parents s'ils l'apprenaient les condamne souvent au silence et au secret.

Lorsque les images ont cette dimension d'effraction psychique, certaines scènes peuvent s'imposer en différé dans le quotidien de l'enfant ou de l'adolescent. Un bruit, un lieu peut surgir à son insu et le mettre dans le même état de sidération dans lequel il s'était trouvé lors du visionnage initial. Ces reviviscences envahissent sa vie alors sur un mode obsédant et peuvent perturber durablement son quotidien (relation amoureuse, vie familiale et sociale, scolarité). Ils peuvent le conduire à adopter des attitudes d'évitement, d'hypervigilance et de retrait social dont le décrochage scolaire est un des signes.

> Albin, treize ans, qui a passé son week-end a visionné des films pornographiques avec des copains à l'occasion d'un stage de foot, ne parvient plus à rester concentrer en cours : « j'en ai plein la tête... dès que j'essaye d'écouter le prof, j'ai ces images qui reviennent et qui m'empêchent d'entendre ce qu'il dit... c'est comme si j'étais dans un film muet avec deux images en même temps : celle du film et celle de mon prof devant son tableau. »

Les réactions défensives à l'œuvre peuvent conduire le jeune à rechercher dans une quête addictive incontrôlée toujours plus d'images avec le risque de développer une véritable addiction aux films pornographiques, en raison de la libération régulière d'hormones et de neuromédiateurs puissants, telle que l'endorphine qui sécrétée à haute dose déclenche une sensation d'euphorie et a un effet anesthésiant. En janvier 2013, une étude britannique a alerté sur les effets dévastateurs de cette dépendance aux images pornographiques sur la sexualité de ces « pornseachers », incapables de ne pas dépendre des sensations ressenties lors du visionnage des films X. Les chercheurs ont constaté que ce phénomène concernait l'ensemble des pays européens et l'expliquent en raison non seulement de l'évolution dans l'accessibilité à ces films (en un clic sur son ordinateur personnel), mais également en raison de la nouvelle dimension prise par la sexualité depuis l'épidémie du SIDA (la crainte d'attraper le virus conduirait à prendre des précautions supplémentaires, moins de rapports sexuels, voire abstinence prolongée). Le contexte sociétal actuel (crise et ses effets généralisés de sinistrose) conduirait également à des vies sexuelles tristes, et peu satisfaisantes.

D'autres jeunes adoptent la recherche de sensations similaires pour tenter de les vivre en les agissant et non plus en étant dans une position de soumission. Comme certains enfants abusés deviennent des abuseurs, les jeunes exposés aux images peuvent agir la violence subie par des actes violents et sans manifester la moindre empathie à l'égard de leur(s) victimes(s).

> En 2008, un préadolescent de onze ans, en sixième, invite un mercredi chez lui un camarade de classe avec sa sœur de dix ans. Après avoir visionné un film pornographique (qu'ils ont trouvé dans la vidéothèque familiale), ils reproduisent les mêmes scènes sur la petite fille. Ils la filment et mettent en ligne ces images via leur téléphone portable. Ces jeunes issus d'un milieu social très favorisé sont incapables de mettre des mots sur ce qu'ils

ont fait et encore moins d'expliquer une telle agression. Leurs parents ne comprennent pas davantage et sont dans un déni de ce viol ; malgré les constats médicaux et le film réalisé. Ces jeunes, qui comme cela est le cas dans des familles favorisées convaincues que l'argent et les cadeaux suffisent à l'éducation de leurs enfants, se sont trouvés confrontés, au sein même de leur domicile, à l'effraction d'images pornographiques qu'ils ne s'attendaient pas à visionner. Il ne s'agit pas, ici, de banaliser ou d'excuser un passage à l'acte criminel, mais de comprendre les effets déstructurants de l'impact d'images pornographiques chez de jeunes enfants. Leurs capacités de compréhension ont été subitement annihilées et leur seul ressort a été de répéter ce qu'ils avaient vu, de façon automatique et sans en avoir une pleine conscience. La violence subie devient une violence agie comme une ultime tentative de se dégager de l'état d'impuissance dans lequel ils se sont trouvés. Les expertises de jeunes auteurs, prépubères, nous permettent de constater la fréquence d'agressions sexuelles dans ce contexte, soit d'enfants eux-mêmes victimes d'abus sexuels, soit de jeunes confrontés à des images pornographiques qui les ont, psychiquement, traumatisés.

L'érotisation d'enfants dès le plus jeune âge et l'hypersexualisation d'enfants des années avant la puberté, bouleversent inévitablement leur rapport à leur propre corps et à l'autre. Elle les projette dans un monde adulte à un âge où leurs facultés de discernement ne sont pas suffisantes pour faire respecter leur intimité et leur pudeur. D'autres ne s'autorisent même pas ou même plus le risque de la rencontre avec un(e) partenaire par crainte de ne pas réussir à être à la hauteur de ce qu'ils s'imaginent devoir être : les films et les images pornographiques deviennent alors leur seul support à la sexualité, avec pour certains, pris dans une relation aliénante, des dérives addictives inévitables. L'image pornographique (qu'elle soit sur papier ou sur écran) leur permet de maintenir un évitement avec une réalité qui leur apparaît inaccessible. Les spectateurs (jeunes et moins jeunes) très réguliers de films pornographiques ont souvent des angoisses de persécution à l'égard du monde extérieur. La virtualité du monde pornographique leur permet de se projeter à une place qu'ils pensent inatteignable et qui leur évite les déceptions liées à des difficultés ou à des échecs passés dans leurs relations (ou qu'ils craignent de vivre). Le tiers que représente l'écran leur donne une illusion de contrôle mais les condamne à une relation désubjectivante dont ils deviennent rapidement dépendants.

Dans une société « pornophage », vouloir, comme certains le souhaiteraient, interdire l'accès des jeunes à la pornographie serait illusoire. La pornographie s'est imposée et constitue une réalité qu'il s'agirait de mieux comprendre pour pouvoir s'en dégager. Une telle évolution sociétale engage en effet à la fois dans le rapport à la sexualité ; dans la représentation de la femme et de l'homme ; dans les modes de relations entre individus ; dans le respect aux lois et à l'autorité. La multiplication récente de faits divers sordides relatifs à des abus entre jeunes laisse percevoir toute l'importance de redevenir acteurs face aux écrans et non plus spectateurs passifs, comme impuissants face au spectacle donné par la pornographie. Parmi les changements, les professionnels constatent en effet sur le terrain une évolution dans les agressions sexuelles entre mineurs. S'il n'existe pas de statistiques officielles des agressions sexuelles entre jeunes qui ont de tout temps existé, force est de constater qu'elles sont actuellement particulièrement violentes et qu'elles impliquent bien souvent des agressions collectives et mettent en jeu les supports des NTIC (par les vidéos réalisées lors des agressions et mise en ligne sur les réseaux sociaux). Les auteurs, issus de tous milieux sociaux, sont le plus souvent des garçons mais les filles peuvent également être mises en cause : soit en tant qu'auteurs directes, soit comme « appât » pour entraîner la future victime dans un piège, soit comme témoin.

Lorsque ces jeunes auteurs sont poursuivis, certaines caractéristiques communes sont retrouvées dans les expertises médico-psychologiques :

- leur absence de culpabilité, avec la capacité de retourner contre la victime, fille ou garçon, la responsabilité de ce qui s'est passé : « elle n'avait qu'à pas venir » ; « elle n'avait qu'à dire non » ; « elle n'a pas dit qu'elle ne voulait pas » ;
- l'absence de référence aux interdits et leurs difficultés à respecter les règles et à accepter la loi : « pourquoi ça serait de ma faute à moi ? On ne m'a jamais dit que je n'avais pas le droit » ;
- le faible niveau de tolérance à la frustration : « elle n'a pas à me dire non » ; « j'ai toujours ce que je veux et je ne vois pas pourquoi il faudrait que je lui demande son avis et tout le reste » ;
- l'absence d'empathie à l'égard des victimes : « il/elle souffre ? et alors, ce n'est pas mon problème » ; « elle n'avait qu'à pas venir, c'est elle qui m'a retrouvé » ;
- l'absence de reconnaissance de la gravité de leurs actes : « je l'ai sodomisée c'est vrai mais je ne l'ai pas violée : son hymen est intact » ; « elle m'a sucé et je lui ai fait sucer les autres, ce n'est tout de même pas un drame » ; « on l'a menacé avec un couteau peut-être mais on ne l'a même pas blessée » ;
- la banalisation par leurs parents de tels actes qui relèvent d'agressions sexuelles voire de viol « c'est la fille qui l'a provoqué, vous avez vu comment elle s'habille ? » ; « si cette fille était respectable, elle se ferait respecter » ; « c'est juste une expérience entre jeunes » ;

- l'incompréhension face aux (rares) sanctions : « je ne vois pas pourquoi je dois payer pour d'autres » ; « de toute façon c'est une salope alors pourquoi je serais condamné ? ».

Les adultes (parents et professionnels) ont ici un rôle essentiel pour ne pas banaliser et redonner du sens à des comportements qui témoignent du niveau de déliaison relationnelle que les jeunes peuvent avoir entre eux et à l'égard des autres. Une des difficultés, lorsque des comportements sexuels agressifs sont constatés, est la prise en charge thérapeutique non seulement de la victime, mais aussi du mis en cause ; il n'existe pas en France comme dans d'autres pays (Canada, Belgique) de lieux spécialisés dans la prise en charge des jeunes enfants et des adolescents agresseurs. Lorsque les agressions sont commises par des enfants, les actes paraissent tellement impensables qu'ils sont le plus souvent banalisés et étiquetés de « jeux sexuels », alors même que certains relèvent de véritables agressions. Lorsque les mis en cause sont des adolescents, leur violence sexuelle dérange et se trouve souvent interprétée comme un « dérapage » lié au débordement pulsionnel. Si certains auteurs n'agissent plus jamais leur sexualité sur le registre agressif, d'autres sont capables d'expliquer, bien plus tard, combien la non prise en compte de la gravité de ce qu'ils ont fait, les a confortés dans ce type d'agir. Offrir aux jeunes auteurs des espaces où ils pourront élaborer ce qui a conduit à de telles violences, leur permettre de comprendre les raisons de leurs actes, les amener à contrôler leur débordement pulsionnel, les aider à accéder à l'intégration de certains interdits et du respect de l'autre, nécessite du temps et des professionnels formés. Les rares espaces thérapeutiques proposés restent malheureusement confidentiels et circonscrits à la pratique de professionnels qui luttent pour une meilleure reconnaissance de cette clinique spécifique des jeunes auteurs. Prendre soin des victimes et prévenir d'autres agressions, ne peut s'envisager sans cette attention à porter, aussi, à ceux qui agissent les agressions. Il reste dans ce domaine d'infinis progrès à réaliser.

VIOLENCES SEXUELLES ET CONSÉQUENCES

Une réalité encore méconnue

La question des écrans et de la sexualité pose à un moment ou un autre, celle des violences sexuelles dont la reconnaissance se heurte à l'absence de données fiables : les chiffres ne correspondent qu'aux plaintes et signalements, alors que de multiples victimes ne dénoncent pas ce qu'elles subissent et que de nombreuses institutions ne signalent pas des faits de violence avérée. Dans son *Livre noir sur les violences sexuelles*, Muriel Salmona dénonce cette réalité qui méconnaît les violences sexuelles, les dénie, voire les tolère. Elle rappelle combien notre société est marquée par son histoire où le rapport hommes/femmes reste inégalitaire avec une discrimination persistante des femmes à l'égard de la puissance masculine. En résultent des confusions entre rapports amoureux et emprise ; entre sexualité et prédation ; un vocabulaire sexuel dénigrant à l'encontre des femmes ; une commercialisation du corps féminin (ex. du recours publicitaire à la nudité féminine pour vanter tout type de produits) et une banalisation constante des violences sexuelles faites aux femmes (prostitution, harcèlement, pornographie).

Si la réalité des violences sexuelles et de leurs conséquences reste méconnue, nous pouvons cependant rappeler que selon plusieurs études, les violences sexuelles toucheraient, dans les pays occidentaux, entre 20 et 30 % des personnes au cours de leur vie. Elles seraient le plus souvent commises par des proches connues des victimes (80 % des cas) et existeraient dans tous les milieux socio-professionnels.

Prise en charge des violences sexuelles en milieu scolaire

Au niveau de l'institution scolaire, la difficulté d'une évaluation juste des violences sexuelles se heurte, lorsqu'elles sont révélées, aux résistances institutionnelles et aux enjeux locaux. Pour exemple, la mission de prévention des violences sexuelles en milieu scolaire coordonnée en 1998 par Catherine Champrenault (magistrate) et Yves Bottin (inspecteur général), devait tenter de mener une étude pour évaluer au mieux l'épidémiologie des violences sexuelles dans les établissements du premier degré (classes maternelles et primaires). Les premiers chiffres, transmis au ministère par les établissements primaires ayant accepté de répondre, ont permis de constater l'étendue de ces faits. Elle relevait :

- 576 faits de violence sexuelle entre élèves, dont 12 % de viols ;
- 701 violences sexuelles imputées aux membres d'une même famille ;
- 513 violences sexuelles imputées à des tiers ;
- 131 affaires de pédophilie concernant directement des actes commis par des professionnels de l'institution scolaire.

Loin de conduire à une prise de conscience et à une mobilisation pour une meilleure reconnaissance de ces violences, ces résultats inquiétants se sont traduits par l'arrêt de l'étude et l'absence, depuis plus de quinze ans, de toute nouvelle évaluation sur ce sujet par le ministère de l'Éducation nationale.

Les chiffres transmis par d'autres structures comme l'ONED (Observatoire national de l'enfance en danger) sont des plus incertains car très peu de victimes révèlent et lorsque les faits sont dénoncés, les signalements ne sont pas systématiques. Au-delà de ce désert statistique lié à des données se trouvant très en-deçà de la réalité, la prise en charge médico-psychologique des victimes, nous permet une meilleure connaissance de la réalité de la symptomatologie psychotraumatique, sans pour autant signifier qu'elle soit toujours suffisamment reconnue.

Les enfants, puis les adultes victimes dans leur enfance, se construisent comme ils le peuvent pour survivre à l'innommable. Certains parviennent au prix d'un clivage coûteux psychiquement, à continuer de vivre en « faux self », comme si rien ne s'était passé. Il est alors fréquent qu'ils ne soient pas crus lors d'une révélation tardive et que le doute de leur entourage et des intervenants conduisent à un manque de reconnaissance de ce qu'ils ont vécu. D'autres présentent des troubles envahissants qui ne sont pas compris en tant que tels : combien d'enfants victimes sont ainsi étiquetés « d'hyperactifs », « d'autistes », « de transgresseurs » ou de « caractériels », par le milieu éducatif alors que leurs troubles du comportement sont liés aux violences subies ? Combien d'élèves deviennent des « décrocheurs », des « absentéistes », voire des « phobiques scolaires », alors que leurs difficultés ne sont que les symptômes d'une anxiété réactionnelle à des situations de harcèlement subies à l'école ? Combien d'enfants devenus adultes sont handicapés dans leur quotidien en raison de leurs troubles invalidants leur rapport aux autres ? Incomprises, déniées, méprisées, rejetées, les victimes de violences (qu'elles soient psychologiques, physiques ou sexuelles) subissent une peine à perpétuité. Non seulement elles doivent survivre à leurs blessures et à leurs symptômes, mais également supporter le déni social et bien souvent familial, de leur histoire traumatique. Et lorsque les troubles sont intériorisés, sans expressivité majeure, le mépris vient prendre la place de la suspicion.

> Comme en témoigne ce propos d'un avocat à l'encontre d'une jeune adolescente victime de harcèlement scolaire au lycée et abusée sexuellement dans son enfance : « compte tenu des violences subies dans son enfance, elle devrait être totalement perturbée et présenter des troubles majeurs ; si ce n'est pas le cas, c'est bien la preuve qu'elle est folle. »

Nous souhaitons rappeler que si la violence sexuelle peut faire trace directement sur le corps, elle blesse aussi et surtout psychiquement les victimes et particulièrement les enfants en plein développement. Les manifestations possibles peuvent s'exprimer rapidement ou en différé, plusieurs mois, voire plusieurs années après les faits. Le déni des proches, l'absence de reconnaissance judiciaire, le rejet de la société, sont autant de faits survictimisants, c'est-à-dire majorant le vécu traumatique. L'attention à donner à cette blessure psychique invisible est donc tout aussi essentielle que les soins portés aux conséquences physiques. Si les violences sexuelles sont rarement dénoncées, leurs répercussions sur la santé restent aussi insuffisamment repérées et prises en charge.

Les traces physiques

Le corps de l'enfant ou de l'adolescent agressé sexuellement, peut être blessé de multiples façons mais le plus souvent ces violences ne font pas de traces visibles et constatables. Lorsqu'elles existent, ces traces physiques sont pour le professionnel, des éléments importants, permettant d'attester de la réalité des violences subies et de servir de preuve. Pour qu'elles puissent servir de preuves lors de procédures judiciaires, il est indispensable qu'elles soient constatées par des professionnels assermentés (urgences médico-judiciaires).

Il existe des lésions directement observables telles que :

- ecchymoses et hématomes à tout niveau du corps ;
- lésions : griffures, déchirures de l'hymen ou de l'anus (en sachant que celui-ci cicatrise rapidement), lacérations, plaies par l'utilisation d'objets divers ;
- brûlures par application de supports brûlants (exemple d'impact de cigarettes).

Il peut aussi être constaté des lésions internes ; mais celles-ci ne sont le plus souvent révélées que par des examens médicaux plus approfondis :

- hémorragies, lésions viscérales (liées à l'introduction d'objets perforants) ;
- fractures (liées à des coups reçus lors de l'agression) ;
- infections de maladies sexuellement transmissibles (HIV, hépatite, etc.) ;
- grossesses non désirées issues de viol.

L'absence de traces physiques ne signifie pas que les faits n'ont pas eu lieu, comme certains professionnels (dont des avocats, magistrats et forces de l'ordre) le pensent encore trop souvent.

Les blessures psychiques

Les violences sexuelles exercées contre un enfant ou un adolescent, le sont dans un contexte où les violences psychologiques sont toujours associées : humiliation, chantage, menace, brimade, cruauté mentale, terreur, dénigrement, rejet, insulte, etc. L'agression sexuelle lui dénie toute humanité, bouleverse ses croyances et met à mal son sentiment de sécurité à l'égard de ses pairs comme des adultes, indispensables pour se construire sans crainte d'effondrement. Les conséquences sur sa vie à venir peuvent être importantes avec des troubles psychotraumatiques pouvant hypothéquer durablement son développement et son futur, si aucune prise en charge de ces blessures psychiques ne lui est proposée.

Au niveau international, les troubles post-traumatiques chez l'enfant sont référencés par les classifications scientifiques (DSM V et CIM-10) sous le terme PTSD (*post-traumatic stress disorder*) ou état de stress post-traumatique (ESPT). Pour les enfants, en particulier les plus jeunes, il existe une classification diagnostique spécifique appelée CD 0-3 (version proposée par l'organisation *Zero to Three, National Center for Infants, Toddlers and Families*, NCITF). Ces troubles psycho-traumatiques comprennent l'ensemble des manifestations psychopathologiques qui sont observables après un traumatisme psychique et qui durent au moins un mois.

Des symptômes de reviviscence

Ils sont liés au fait que la victime revit la scène traumatique et se retrouve dans la même situation de désespoir qu'au moment des faits. Les reviviscences peuvent être spontanées ou déclenchées par des éléments extérieurs (bruits, dates, odeurs, lieux, etc.). Elles se traduisent par des :

- « jeux » post-traumatiques : l'enfant remet en scène les violences subies de façon compulsive ;
- souvenirs récurrents et intrusifs ;
- cauchemars répétés ;
- détresse physiologique lors des situations rappelant l'agression ;
- épisodes de flash-backs ou de dissociation lors des reviviscences.

Des symptômes d'émoussement de la réactivité ou d'interférence développementale

Les violences subies confrontent les victimes à quelque chose d'indicible, dont il leur est très difficile de parler et quand elles y parviennent, les proches ont beaucoup de mal à entendre et à accepter cette réalité. Le sentiment de désappartenance et de ne plus faire partie du même monde est fréquent : il peut conduire à des attitudes exprimant la difficulté à réinvestir la vie et le monde extérieur :

- retrait social ;
- restriction des affects ;
- diminution des intérêts et des engagements dans les activités habituelles ;
- des efforts d'évitement.

Des symptômes d'hyper-éveil et d'hypervigilance

Lutter contre les reviviscences et ces images traumatiques qui ne cessent de l'envahir, ne se fait pas sans difficulté. L'enfant victime peut exprimer des attitudes de contrôle à l'égard du monde extérieur pour tenter d'éviter d'être submergé par les reviviscences, ce qui a un coût au niveau psychique, physique et émotionnel :

- refus d'aller se coucher ;
- troubles de la concentration et de mémorisation (pouvant conduire à des difficultés scolaires, sans que la chute des résultats soit systématique) ;
- hypervigilance et réactions de sursaut ;
- accès de colère et irritabilité inhabituelle ;
- labilité émotionnelle (enfant qui passe brutalement et sans raison apparente du rire aux larmes).

Une pluralité d'autres troubles

Si les troubles décrits dans le PTSD se retrouvent souvent auprès d'enfants et d'adolescents victimes de violences sexuelles (comme auprès d'adultes), ils ne sont pas spécifiques aux conséquences des violences sexuelles car ils peuvent être retrouvés dans d'autres situations où l'enfant est en souffrance psychique (deuil, maladie, etc.) Ils sont donc toujours à contextualiser (fréquence, éléments déclencheurs, intensité, contexte, etc.) et à évaluer en prenant en compte leur dimension manifeste (ce qu'ils donnent à voir) et leur dimension latente (ce qu'ils signifient réellement). La clinique du traumatisme chez l'enfant ne saurait s'y réduire. Les enfants et les adolescents exposés à des violences sexuelles peuvent présenter également un grand nombre d'autres séquelles post-traumatiques qui ne sont pas à comprendre comme des troubles associés au PTSD mais comme des entités cliniques à part entière (Lachal *et al.*,

1997, Moro, 1991, Mouchenik *et al.*, 2003 ; Romano, 2013). Sont aussi à prendre en compte :

- les symptômes régressifs (langage, comportement, apprentissages, relation aux autres) ;
- les troubles psychosomatiques (après s'être assuré qu'il n'existe aucun problème d'ordre physiologique) : maux de tête, maux de ventre, fatigue chronique, nausées et vomissements, règles douloureuses ou aménorrhée ;
- les troubles de la sexualité et des conduites sexuelles : agressions sexuelles d'autres enfants ou d'animaux ; conduites masturbatoires compulsives et hétéro-agressives ; auto-mutilations sexuelles ; références sensorielles et connaissances sur la sexualité inadaptée à son âge ; comportements et propos sexualisés (exhibition, attitudes provocantes, tenues aguichantes) ; conduites sexuelles à risques, grossesse précoce ; IVG à répétition, puberté précoce ou très tardive, etc. ;
- les conduites agressives et auto-agressives : violences inexpliquées, tentatives de suicides répétées, suicide, automutilations (scarifications) ;
- les conduites addictives : drogues, alcool (biture express ou *binge drinking*), cyberaddiction (aux écrans) ;
- les pratiques dangereuses : « jeux » d'asphyxie, « jeux » de mort, « jeux » d'agression ;
- les troubles alimentaires : anorexie, boulimie, refus ou phobie alimentaire, vomissements subis et inexpliqués ;
- les troubles de la propreté : encoprésie et énurésie, sans cause physiologique;
- la suraccidentologie : enfants qui se blessent constamment ;
- les échecs scolaires : phobie scolaire, décrochage voire abandon scolaire, absentéisme scolaire, troubles de la concentration, de l'attention et de la mémoire.

Le devenir des victimes

La prise en charge d'enfants maltraités (Romano, 2013 ; Bailly, 2006, Baubet *et al.*, 2003 ; Scheeringa, 2001) permet aujourd'hui de savoir certaines choses.

- Les troubles post-traumatiques peuvent être multiples et s'exprimer de façon durable. Comme nous venons de le décrire, ils sont souvent caractérisés par des symptômes d'anxiété et des comportements d'évitement, une souffrance dans les liens d'attachement, une diminution de l'estime de soi et des relations interpersonnelles réduites, voire le développement d'une personnalité traumatique.

- Plus l'enfant est jeune et plus les violences s'inscrivent dans la durée, plus les conséquences sont dommageables pour son développement : l'enfant se trouve dans un contexte d'emprise et présente souvent face à celui qui l'agresse et le menace, une identification à l'agresseur qui le conduit, en particulier, à s'attribuer toute la responsabilité des violences subies. Le désaveu de la réalité infantile par l'auteur renforce la confusion psychique de l'enfant qui se retrouve sans aucun sentiment de sécurité interne, sans d'autre espace que celui de la contrainte par une sorte d'aimantation mutuelle, qui se traduit par l'adhésion psychique à l'auteur. Ce mécanisme permet de comprendre le silence des enfants mais également leur ambivalence à l'égard de l'auteur lorsque les faits sont enfin dénoncés.
- Chaque enfant a des ressources propres, liées à son niveau de développement et aux ressources internes et externes qu'il a pu élaborer progressivement dès ses premiers moments de vie. Ceci permet de comprendre que l'importance des troubles post-traumatiques n'est pas proportionnelle à la gravité des symptômes mais à l'intensité de leur impact dans l'histoire de chaque enfant et de ce qu'ils viennent réactiver : certains enfants avec peu de traces physiques peuvent ainsi présenter des troubles plus invalidants que des enfants pris en charge aux urgences avec de graves blessures physiques.
- Les violences subies peuvent conduire certains enfants à se structurer psychologiquement dans une relation d'agresseur/agressé et avoir tendance à inverser ces rôles lorsqu'ils grandissent : il est fréquent que les femmes victimes de violences conjugales aient un passé d'enfants abusés ou que des enfants maltraités se retrouvent dans des situations de harcèlement scolaire puis de harcèlement professionnel à l'âge adulte.
- Les enfants et les adolescents victimes peuvent manifester des conduites de violences agies contre eux-mêmes (conduites auto-agressives telles que des automutilations, jeux dangereux, jeux de mort) ou contre les autres (répétitions d'agressions) en particulier au sein des fratries.
- Certaines périodes de la vie de l'enfant victime sont susceptibles d'être des temps de fragilisation psychique réactivant les violences subies : l'adolescence, la grossesse, le devenir parent, leur propre enfant quand celui-ci atteint l'âge qu'ils avaient lorsqu'ils ont subi les maltraitances.
- Un grand nombre d'enfants victimes ne présentent pas de troubles apparents, continuent de grandir « comme si de rien n'était », en

tout cas rien dans leur comportement n'alerte les adultes de leur entourage. Ces enfants se construisent en « faux-self », avec des comportements hyperadaptés : ils ne se plaignent pas, n'ont pas de troubles relationnels, surinvestissent souvent l'école, ce qui ne signifie pas qu'ils ne souffrent pas. La blessure psychique est ici invisible et s'ils ne présentent pas de troubles bruyants, c'est bien souvent au prix d'un travail de survivance psychique considérable, très coûteux psychologiquement et susceptible d'être fragilisé par tout nouveau traumatisme. Ces enfants qui restent dans le silence sans parvenir à élaborer une plainte (tout comme les enfants qui ont tenté de solliciter de l'aide sans réponse), survivent sans rien espérer en termes de secours. Le risque est de les voir reproduire inconsciemment des situations traumatisantes et/ou d'adopter des attitudes d'autodestruction en particulier à l'adolescence ou à des périodes critiques de leur vie d'adulte.

- Les enfants victimes de violence sont susceptibles de voir leurs troubles majorés lorsqu'ils sont confrontés à l'incrédulité et au refus de les croire des adultes qu'ils sollicitent. Les risques de survictimisation sont d'autant plus forts que les traces physiques sont limitées et que l'enfant ne vit pas dans un milieu considéré par les professionnels comme « à risque » : par exemple un enfant dont les parents sont issus de catégories socio-professionnelles supérieures, aura beaucoup plus de difficulté à être entendu et cru, qu'un autre enfant victime de parents carencés, issus d'un milieu social précaire et déjà repérés par de multiples intervenants psychosociaux.

Chapitre 2

Repères juridiques

LES DIFFÉRENTS TYPES DE LOIS

Aborder la question de la sexualité et des écrans nous confronte, tôt ou tard, à la réglementation et aux lois en vigueur. Selon les périodes, les repères éducatifs et les systèmes familiaux sont différents, les modalités d'éducation et les lieux d'information sont variables, mais toute société, tout groupe social, se doit de fixer un minimum de règles fondamentales et d'interdits, qui permettent en particulier de réguler les questions relatives à la sexualité. Les interdits fondateurs de notre société sont l'inceste, le meurtre et l'anthropophagie. Ces lois symboliques relèvent de l'inconscient collectif et du processus de transmission entre générations et au sein de chaque filiation. Elles permettent de se situer dans le rapport à l'autre et dans l'ordre familial, communautaire et entre générations. Selon les cultures et les époques elles transmettent les règles relationnelles entre enfants et adultes ; les modes de représentation masculin/féminin et de relations entre homme et femme ; les codes langagiers, vestimentaires et comportementaux ; le rapport au corps et à la nudité ; les spécificités sociales (valeurs qui évoluent selon les milieux socio-culturels, selon les zones rurales ou urbaines), etc.

Au sein de chaque société deux types de lois se trouvent élaborés : les lois écrites qui fixent le cadre légal et les limites entre ce qui est autorisé et ce qui est interdit ; les lois tacites, transmises le plus généralement par les ascendants et sans la contrainte du pouvoir légal. Ces formes d'autorité s'expriment en latin par deux termes distincts qui ne sont pas toujours complémentaires.

- La *potestas* est la loi fondée sur le pouvoir légal (judiciaire, scolaire, institutionnel). Les institutions s'y réfèrent et tout le groupe social se doit de la respecter, quitte à faire l'usage de la contrainte ou de la sanction. En France, les lois s'appliquent ainsi à tous les individus et visent à la fois à protéger les citoyens, le groupe social et l'état. Certains professionnels se retrouvent investis d'une *potestas,* c'est-à-dire d'un certain pouvoir légal et habilités, selon leur fonction et leur statut, à en faire usage pour faire respecter la loi (juges, policiers, enseignants, etc.). Les règles et les lois qui s'y réfèrent, évoluent constamment pour s'adapter aux changements de la société (aussi bien au niveau des mœurs, des pratiques, que des bouleversements technologiques).
- L'*auctoritas* est le terme latin pour décrire l'autorité en particulier familiale et communautaire, qui ne se fonde pas sur un pouvoir légal, mais qui s'inscrit davantage sur la force de persuasion, l'influence et la reconnaissance liée au statut de celui qui l'impose. Par exemple le chef de famille ou le chef de clan a, pour son groupe d'appartenance, un pouvoir tout aussi important, voire plus, que ceux investis de la *potestas*. L'évolution n'est pas la même que pour la *potestas*, car cette forme d'autorité s'inscrit dans la culture et dans l'histoire des traditions de la famille et de la communauté.

Ces deux types d'autorité peuvent se compléter mais également entrer en concurrence quand des logiques s'affrontent, comme par exemple celle de l'institution scolaire et celle des familles au sujet de l'éducation à la sexualité. Pour autre exemple, celui de l'autorité parentale. Si sa signification varie selon les cultures et les traditions éducatives des familles, elle est aussi inscrite en France dans différents textes législatifs servant de cadre juridique à son expression. Les parents sont les premiers protecteurs de l'enfant et sont investis d'une autorité parentale qui est définie comme :

> « un ensemble de droits et de devoirs ayant pour finalité l'intérêt de l'enfant. Elle appartient au père et à la mère jusqu'à la majorité ou l'émancipation de l'enfant pour le protéger dans sa sécurité, sa santé et sa moralité, pour assurer son éducation et permettre son développement dans le respect dû à sa personne » (article 371-1 du code civil).

Au-delà de ce qui est du ressort de l'autorité parentale, l'État et les institutions qui le représentent, sont censés être également les garants des lois et des règles qui organisent notre société et en particulier le rapport entre individus. Si en milieu scolaire la discipline s'applique (de façon bien hétérogène d'un établissement à l'autre), l'institution scolaire, comme les parents, est avant tout contrainte au droit français qui impose certaines limites et fixe les interdits.

> **Pour exemples** L'abolition en France du droit de correction en 1935 interdit les châtiments corporels, qui peuvent désormais être qualifiés selon leur gravité de « violences légères » (article R. 624-1 du code pénal) ou de « violences habituelles » (article 222-14 du code pénal) ou de « violences aggravées sur mineur de quinze ans » (articles 222-11, 222-12 et 222-13 du code pénal). Si certains parents expliquent qu'ils ne donnent pas de fessées car leurs références cultuelles leur interdisent de toucher directement leur enfant et qu'ils utilisent pour le sanctionner par exemple un bâton c'est, quelles que soient les justifications des parents, la loi fondée sur le pouvoir légal qui s'impose.
>
> Des enfants qui se trouvent confrontés en milieu scolaire à des règles totalement opposées à celles existant au sein de leur famille et qui se trouvent dans un tel conflit de loyauté que leurs apprentissages scolaires deviennent des plus difficiles (troubles de l'attention, transgression des règles de vie de classe, etc.).

D'une culture à l'autre, les malentendus peuvent ainsi être multiples et nécessitent un minimum de connaissance sur les obligations légales fixées par le pays d'accueil. En France le système législatif s'organise à partir de deux codes :

- **le code civil** qui assure l'organisation sociale de la famille : filiation, autorité parentale, héritage, mariage, séparation, mode de garde des enfants, contribution alimentaire, etc. C'est « un corps de lois destinées à diriger et à fixer les relations de sociabilité, de famille et d'intérêt qu'ont entre eux les hommes qui appartiennent à la même cité » ;
- **le code pénal** fixe les interdits et les modes de sanction dès qu'il y a transgression de la loi, en particulier en matière de protection des mineurs et de lutte contre les violences sexuelles.

Pour les élèves, le règlement intérieur de l'établissement fait fonction de cadre administratif et reste dépendant du cadre légal. Nous proposons dans ce chapitre de rappeler les repères essentiels à connaître au niveau juridique car ce sont ces dispositions du droit qui fixent les définitions, les limites et les sanctions. En précisant qu'aborder les questions relatives à la loi auprès de jeunes, expose les intervenants à être interpellés sur ce qu'ils perçoivent comme une incohérence des adultes. Ainsi leur apprendre qu'il est obligatoire de respecter la loi, alors que certains responsables politiques ou institutionnels censés les garantir et les faire respecter, les transgressent, suscite du côté des enfants et des adolescents d'inévitables réactions interrogeant ce qu'ils perçoivent, non sans pertinence, comme autant d'incohérences du monde des adultes.

La responsabilité sexuelle

Pour le système judiciaire français, le terme « enfant » ou « adolescent » n'existe pas. La seule référence est celle de « mineur », qui sépare les justiciables en deux catégories : celle des « enfants » et celle des « adultes ». Ce terme ne permet pas de faire de réelles distinctions selon les âges des enfants dont les besoins comme les ressources sont pourtant fortement variables selon leur niveau de développement.

Une autre spécificité de la législation française est de différencier l'âge de la majorité légale, de l'âge de la responsabilité sexuelle. Cet âge de la responsabilité sexuelle a régulièrement évolué : de onze ans, fixée par une ordonnance du 28 avril 1832 la responsabilité sexuelle est passée à treize ans en 1863. Elle est fixée à quinze ans depuis l'ordonnance du 2 juillet 1945. L'expression usuelle au niveau juridique est celle de « mineur de quinze ans », ce qui signifie « mineur de moins de quinze ans ». En Europe il n'existe pas de consensus et la majorité sexuelle varie selon les pays : douze ans en Espagne, quatorze ans en Italie, au Portugal et en Allemagne, seize ans en Suisse et en Angleterre. La notion de majorité sexuelle permet de comprendre l'importance du consentement. Pour les jeunes, cela les confronte à leur responsabilité à l'égard de leur camarade s'ils devenaient auteurs de relations imposées. Mais cette notion de majorité sexuelle reste méconnue des adolescents et bien souvent des adultes.

Le critère d'âge pour la responsabilité sexuelle est important à connaître car il détermine la limite en deçà de laquelle le mineur est considéré comme irresponsable ; c'est-à-dire que tout mineur de moins de quinze ans est envisagé, *a priori* par le système judiciaire, comme non consentant : « la violence est présumée, étant posée *a priori* que les jeunes de moins de quinze ans n'ont pas le discernement voulu pour donner un consentement libre et sérieux ». La limite de quinze ans fixe aussi la limite d'âge au-delà de laquelle les peines encourues par les auteurs sont plus sévères. Ainsi :

- dans le cas où un mineur de moins de quinze ans aurait une relation sexuelle consentie avec un majeur (ne faisant pas autorité), la loi française s'applique. Lorsque la notion de relation amoureuse, hors contexte d'emprise, semble établie, l'adulte se trouve le plus souvent poursuivi pour « atteintes sexuelles » ;

- entre quinze et dix-huit ans, en cas de consentement du mineur, si le majeur est un adulte n'ayant pas autorité et si le mineur n'est pas considéré comme vulnérable (par exemple du fait d'un handicap ou d'une relation d'emprise), la loi ne poursuit pas car le mineur est *a priori* consentant ;
- entre quinze et dix-huit ans, même en cas de consentement du mineur, si le majeur est un adulte ayant autorité (parent, enseignant, proche, etc.), le mineur est considéré par la loi comme victime et les poursuites habituellement engagées par le Parquet du tribunal de grande instance (qui représente le ministère public).

LE MINEUR FACE AUX DÉMARCHES JUDICIAIRES

Modalités pour porter plainte

Toute personne victime d'une infraction est susceptible de porter plainte, y compris un mineur :

- en se rendant directement au commissariat de son domicile (pour les grandes villes) ou la gendarmerie (pour la province) ;
- en adressant personnellement un courrier au Procureur de la république, mais il lui faut alors expliquer les faits et les caractériser.

Des parents ou tout représentant chargé de l'autorité parentale (tuteur) peuvent aussi porter plainte pour l'enfant et l'adolescent mineur.

Par contre pour la constitution de partie civile, le mineur doit déposer sa requête par l'intermédiaire de ses représentants légaux (parents, tuteurs).

Si légalement toute personne peut porter plainte, dès lors qu'elle se considère victime d'une infraction et qu'elle demande à ce que l'auteur soit poursuivi, en pratique, certaines plaintes sont difficiles à déposer, en particulier lorsqu'il n'existe pas de trace (exhibition, harcèlement, menaces) ou que la victime craint des représailles. Les forces de l'ordre (police ou gendarmerie) peuvent alors décider d'une main courante qui est une simple déclaration sur un registre. La MC est enregistrée et pourra être utilisée si nécessaire pour une prochaine procédure. Si la victime insiste pour un dépôt de plainte, ils ne peuvent pas s'y opposer.

L'administrateur *ad hoc*

Lorsque la justice considère que les intérêts du mineur risquent de ne pas être assurés par ses proches, le magistrat peut décider de désigner un administrateur *ad hoc* qui exerce (selon les missions fixées par l'ordonnance qui le désigne) les droits du mineur au niveau des procédures (civiles comme pénales).

L'administrateur *ad hoc* est habituellement un professionnel du conseil général ou d'association spécialisée dans la protection de l'enfance. Il peut parfois être, une personne indépendante de ces services, mais désignée, si elle a fait acte de candidature, par le magistrat du fait de son expérience auprès des enfants.

L'avocat d'enfant

Le système judiciaire permet depuis 1933, qu'un avocat dédié à la défense de l'enfant, puisse être désigné. Cet avocat est désigné par le bâtonnier (Président du Conseil de l'ordre des avocats) pour assister l'enfant tout au long des procédures pour lesquelles il est concerné. Rémunéré comme un avocat commis d'office, il est totalement indépendant d'éventuels avocats intervenant au nom des parents. Un enfant, capable de discernement, peut solliciter personnellement un avocat soit en écrivant au bâtonnier, soit en se rendant à la permanence des avocats des tribunaux ; c'est à l'enfant, seul, de faire cette demande ; ce qui nécessite un niveau de maturité suffisant et qui ne permet pas aux enfants les plus jeunes, en incapacité de faire une telle démarche, d'en bénéficier. L'avocat d'enfants peut aussi être saisi par l'administrateur *ad hoc*. Ce ne sont jamais les parents qui effectuent cette requête et l'avocat d'enfant n'a pas à avoir de contact direct avec eux.

PRESCRIPTION DE L'ACTION PUBLIQUE

La prescription de l'action publique est un principe général du droit français qui fixe la durée au-delà de laquelle une action en justice ne peut plus être engagée. Autrement dit, passé ce délai, plus aucune plainte n'est possible.

Évolution de la prescription

La loi sur la prescription des crimes et délits a évolué selon les périodes, en particulier pour ceux de nature sexuelle avec en particulier :

- **la loi du 10 juillet 1989,** relative à la prévention des mauvais traitements à l'égard des mineurs et à la protection de l'enfance. Elle fixe la prescription des crimes sexuels à l'encontre des victimes mineures à la date des faits et non à la majorité de la victime. Le délai de prescription est de dix ans à compter de la majorité de la victime uniquement si l'auteur était un ascendant ou une personne ayant autorité. Pour tous les autres cas, le délai était de dix ans à compter des faits, sans aucune prise en compte de l'âge de la victime ;
- **la loi n° 98-468 du 17 juin 1998,** dite loi Guigou, relative à la prévention et à la répression des infractions sexuelles, ainsi qu'à la protection des mineurs, a généralisé le délai de prescription à l'ensemble des crimes commis contre les mineurs (et non plus uniquement à ceux commis par ascendant ou personne ayant autorité). Elle augmente également à dix ans le délai de prescription pour certains délits lorsque la victime est mineure ;
- **la loi du 10 mars 2004**, dite loi « Perben II » fixe de nouveaux délais, en fonction de l'âge des victimes au moment des faits et non plus en fonction de la qualification pénale des faits.

Au niveau pénal

La loi distingue les délais de prescription selon les faits commis, crimes ou délits. Comme la loi Perben II a fait évoluer les délais de prescription, il peut être particulièrement complexe, en fonction de l'âge de la victime au moment des faits et au moment de leur révélation, de savoir si la prescription s'applique encore.

Prescription pour les crimes et le viol en 2013

Les victimes majeures au moment des faits ont le droit de porter plainte au pénal jusqu'à dix ans après les faits.

Les victimes mineures au moment des faits peuvent porter plainte vingt ans à compter de leur majorité, quel qu'ait été leur âge au moment des faits. C'est-à-dire qu'une victime qui avait de quelques mois à 17 ans et onze mois au moment d'un viol, aura jusqu'à la veille de ses 38 ans pour porter plainte.

En pratique, les lois successives sur la prescription rendent, selon l'âge des victimes, le calcul de certains délais délicat en particulier pour les faits commis avant la loi du 10 mars 2004 : seules les victimes de crimes qui étaient mineures et pour lesquelles les faits n'étaient pas déjà prescrits, bénéficieront de cet allongement de délai. Pour savoir si une victime peut encore porter plainte, il est donc indispensable de prendre en compte les délais de prescription des différentes lois :

- si les faits n'étaient, au moment de la loi Perben II, pas encore prescrits, c'est-à-dire que si la victime n'avait pas encore 28 ans le 10 mars 2004, elle peut porter plainte jusqu'à ses 38 ans ;
- si la victime avait le 10 mars 2004 plus de 28 ans, ce sont les délais de prescription des lois antérieures qui s'appliquent.

De nombreuses associations militent pour que les faits de viol soient imprescriptibles et qu'aucun délai ne soit posé. Mais en pratique, de nombreuses plaintes déposées tardivement sont classées sans suite car il est très difficile pour les victimes (dont certaines ont eu besoin de beaucoup de temps avant d'oser parler des violences subies) de faire la preuve de ce qu'elles révèlent. Le système pénal français reste un système pensé dans sa conception pour les auteurs et toute la logique pénale en résulte : sans preuve et sans aveu du mis en cause, la parole des victimes n'est pas suffisante. Cette méconnaissance de la logique pénale conduit à de nombreux malentendus du côté des victimes qui, bien souvent, ne comprennent pas les décisions rendues de classement sans suite ou de non-lieu et qui pensent ne pas avoir été crues. La procédure judiciaire est alors une violence supplémentaire si personne n'explique aux victimes ce que signifient ces décisions ; par exemple un classement sans suite « pour infraction insuffisamment caractérisée » ne signifie pas que la victime a menti ou que les faits ne se sont pas produits ; mais que la justice n'a pas de preuve suffisante pour poursuivre. Conseiller à une victime de porter plainte, ne peut se faire sans l'informer clairement des enjeux et des suites possibles, afin de limiter tout espoir vain de condamnation du mis en cause. Dans certains cas, il peut être préférable de ne pas inciter la victime à déposer plainte afin que cette démarche ne se retourne pas contre elle.

Pour exemples Une jeune femme victime de violences conjugales de son compagnon qui voit, en l'absence de témoin, toutes ses plaintes classées sans suite. L'auteur des violences se positionne alors bien souvent comme victime d'une femme qu'il n'hésite pas à qualifier de « procédurière ».

Un lycéen victime de harcèlement en milieu scolaire qui dépose une plainte, immédiatement classée sans suite et qui se trouve en retour dans une situation où il est stigmatisé par ses camarades comme « balance » ce qui l'expose à de nouvelles violences et à l'aggravation du harcèlement.

Un enfant ou un adolescent victime de menaces sexuelles ou de harcèlement et qui s'entend dire par des professionnels, alors qu'il porte plainte, qu'il est en âge de se protéger lui-même et que « ce n'est pas si grave ».

La restauration psychique n'est pas la réparation judiciaire et il serait un leurre que de laisser croire à des victimes, surtout jeunes et vulnérables, que la procédure judiciaire réglera toutes les difficultés et les violences auxquelles elles sont confrontées ; tout comme serait illusoire de penser que le « tout thérapeutique » permettra magiquement de mettre fin à toutes les souffrances. Connaître les dispositifs et la législation évite de majorer les risques de survictimisation des différentes procédures (médicales, sociales comme juridiques). Cela permet d'informer justement l'enfant et l'adolescent et lui donne les ressources pour comprendre les démarches possibles et les décisions judiciaires qui sont susceptibles d'être prises.

Prescription pour les agressions sexuelles en 2013

Les victimes majeures au moment des faits peuvent porter plainte au pénal jusqu'à trois ans après les faits.

Les victimes mineures au moment des faits peuvent porter plainte dix ans à compter de leur majorité, quel qu'ait été leur âge au moment des faits ; c'est-à-dire jusqu'à la veille de leurs 28 ans. S'il y a des circonstances aggravantes (moins de quinze ans au moment des faits ; agression par personne faisant autorité, agression collective, agression avec arme, etc.), le délai est porté à vingt ans après les faits.

- Là encore, pour les faits antérieurs à la loi de 2004, si les faits n'étaient pas encore prescrits au moment de la loi (c'est-à-dire que la victime n'avait pas encore 21 ans), les victimes peuvent porter plainte ;
- si la victime avait plus de 21 ans le 10 mars 2004, il faut prendre en considération les délais de prescription des lois précédentes.

Au niveau civil

En dehors et indépendamment de la plainte pénale, une victime majeure (ou mineur si elle est représentée par un adulte faisant autorité) peut engager une plainte au civil pour réclamer des dommages et intérêts à la personne mise en cause. L'article 2270-1 du code civil prévoit des délais de prescription de dix ans après les faits (qu'il s'agisse de viol ou d'agression sexuelle ou de l'aggravation du dommage).

La loi du 17 juin 1998, fixe ce délai à vingt ans, lorsque les faits concernent des violences commises sur un mineur et quand les dommages sont qualifiés de « tortures ou actes de barbarie ».

LES CONDITIONS POUR QU'IL Y AIT CONDAMNATION

Les principes généraux

Pour qu'une personne mise en cause soit poursuivie et condamnée, la justice fixe un certain nombre de conditions :

- la responsabilité pénale : pour être poursuivi et jugé, un mis en cause doit être considéré comme responsable, c'est-à-dire qu'il « possède l'aptitude de répondre pénalement des conséquences de son acte délictueux ». Le magistrat chargé de l'instruction peut considérer, aux vues des expertises psychiatriques effectuées, que le mis en cause était atteint « au moment des faits, d'un trouble psychique ou neuropsychique ayant aboli son discernement ou le contrôle de ses actes ». Il peut aussi évaluer qu'il y avait une simple atténuation de la responsabilité si les facultés mentales de la personne étaient juste altérées ;
- l'infraction à l'état simple : les faits doivent être constitués par la réunion de trois types d'éléments constitutifs : matériel, moral et légal ;
- l'infraction aggravée : le code pénal prévoit une « élévation de la peine au-dessus du maximum prévu pour l'infraction à l'état simple » si les faits s'accompagnent de circonstances aggravantes ;
- les circonstances aggravantes s'appliquent obligatoirement dès qu'elles sont portées à la connaissance des magistrats ;
- la condamnation doit être proportionnelle à la gravité de l'acte ET aux circonstances qui l'entourent ;
- le type de peine : le code pénal prévoit une peine maximale, mais le quantum de la peine fixé après procès peut être plus bas. Les juges ont donc une liberté d'appréciation.

La classification pénale des circonstances aggravantes

Le code pénal prévoit plusieurs types de circonstances aggravantes.

- Le profil de la victime : *âge, niveau de vulnérabilité, fonction (témoin, partie civile, personne dépositaire de l'autorité publique ou chargée de mission de service public).*
- Le lien de parenté avec la victime : *ascendant légitime, naturel ou adoptif, adulte faisant autorité (enseignant, éducateur, proche à qui a été confié l'enfant etc.) ; qualité de conjoint.*
- Le niveau de préparation : *préméditation ou non.*
- Le moyen d'exécution : *avec ou sans arme ; avec ou sans menace.*

- Le mode d'exécution : *simultanéité d'infractions (par exemple vol et viol).*
- Le lieu de l'infraction : *lieu d'habitation ; transport collectif.*
- La répétition de l'acte délictueux : *récidive.*
- La pluralité d'auteurs : *en réunion, en bande organisée (exemple des viols collectifs).*

Les circonstances aggravantes en matière sexuelle

En matière d'infraction de nature sexuelle, le code pénal retient particulièrement comme circonstances aggravantes les situations où les violences sexuelles sont commises :

- sur un mineur de quinze ans ;
- sur une personne dont la particulière vulnérabilité due à son âge, à une maladie, à une infirmité, à une déficience physique ou psychique ou à un état de grossesse, est apparente ou connue de l'auteur ;
- par un ascendant légitime, naturel ou adoptif ; ou par toute personne ayant autorité sur la victime ;
- par une personne qui abuse de l'autorité que lui confèrent ses fonctions ;
- par plusieurs personnes agissant en qualité d'auteur ou de complice (viol en réunion) ;
- avec usage ou menace d'une arme ;
- lorsqu'elles ont entraîné une mutilation ou une infirmité permanente ;
- lorsque la victime a été mise en contact avec l'auteur des faits grâce à l'utilisation, pour la diffusion de messages à destination d'un public non déterminé, d'un réseau de télécommunications ;
- en raison de l'orientation sexuelle de la victime ;
- par le conjoint ou le concubin de la victime ou le partenaire lié à la victime par un pacte civil de solidarité ;
- par une personne agissant en état d'ivresse manifeste ou sous l'emprise manifeste de produits stupéfiants.

LES INFRACTIONS SEXUELLES

Les violences sexuelles correspondent à de multiples situations possibles. Elles regroupent des violences plus ou moins facilement repérables, visibles ou invisibles selon qu'elles touchent ou non le corps, qu'elles le pénètrent, l'agressent et/ou le blessent. Le nouveau code pénal différencie les infractions sexuelles corporelles, des infractions sexuelles non corporelles. Nous rappelons ici que les conséquences psychotraumatiques de ces violences ne sont pas corrélées à la gravité pénale de ces agressions.

Atteintes sexuelles corporelles

Le viol (art. 222-23)

Le viol est un crime. Défini par l'article 222-23 du code pénal, c'est, pour la loi, l'agression sexuelle la plus grave. Elle est définie comme « tout acte de pénétration sexuelle de quelque nature qu'il soit, commis sur la personne d'autrui par violence, contrainte ou surprise. » Chaque terme est ici important :

- « pénétration sexuelle » : c'est ce qui différencie le viol des autres agressions sexuelles ;
- « de quelque nature que ce soit » : la pénétration peut concerner la zone orale (fellation), vaginale ou anale (sodomie). Elle peut être réalisée par un sexe, un doigt ou des objets ;
- « commis sur la personne d'autrui » : « autrui » signifie toute personne, quel que soit son âge, son sexe et quel que soit son lien de connaissance avec l'auteur. Il est nécessaire de préciser que la victime d'un viol doit être vivante : le coït avec un cadavre ne constitue pas un viol, mais peut être qualifié d'attentat à la pudeur ou de violation de sépulture ;
- « par violence, contrainte, menace ou surprise » : cela signifie que l'auteur a agi contre la volonté de la victime, sans son consentement et au mépris de son âge ou de son état de vulnérabilité.

Cette définition pose plusieurs difficultés en particulier celui de la qualification d'une agression sexuelle, en viol, dans le cas d'agression d'un garçon par une femme ; car juridiquement il s'agit d'une agression sexuelle et non d'un viol : les conséquences pénales sont différentes et le délai de prescription n'est pas le même. L'autre problème est lié (pour les majeurs) à la reconnaissance et à la prise en compte du non-consentement de la victime ; l'auteur se défendant systématiquement en affirmant que la victime était consentante pour avoir une relation sexuelle.

Le viol est un crime puni de quinze ans de prison. La tentative de viol est punie des mêmes peines. Le code pénal (article 222-24) précise qu'il est puni de vingt ans de prison lorsqu'il est commis avec des circonstances aggravantes. Il est puni de trente ans de prison si la victime meurt. Il est puni de la prison à perpétuité lorsqu'il est précédé, accompagné ou suivi, de tortures ou d'actes de barbarie.

L'agression sexuelle (art. 222-27)

L'agression sexuelle est un délit puni par le code pénal de cinq ans de prison et 75 000 € d'amende. La tentative d'agression sexuelle est punie des mêmes peines. Selon la classification juridique, l'agression sexuelle correspond à toute agression sexuelle autre que le viol. Il s'agit de « toute atteinte sexuelle commise avec violence, contrainte, menace ou surprise ». Les articles 222-27 et 222-29 du code pénal, précisent qu'elle est punie de sept ans de prison et 100 000 € d'amende lorsqu'elle est commise dans des circonstances aggravantes.

L'inceste

L'inceste peut être envisagé d'un point de vue psychodynamique, anthropologique, sociologique, biologique (individu de même sang) et d'un point de vue juridique (transgression de la loi). Juridiquement l'inceste est un crime qui a connu des traitements divers. Disparu du langage juridique depuis la Révolution (lois du 19 juillet, du 25 septembre et du 6 octobre 1791), il n'existait dans le code pénal qu'à travers les circonstances aggravantes et figurait sous la forme : « viol ou attentat à la pudeur par ascendant ». Après des années de débats et d'importantes revendications des associations de victimes d'inceste, le terme inceste a été réintroduit dans le code pénal à travers la loi du 26 janvier 2010.

Article 222-31-1 : Les viols et agressions sexuelles sont qualifiés d'incestueux « quand ils sont commis au sein de la famille sur la personne d'un mineur par un ascendant, un frère, une sœur ou par toute autre personne y compris s'il s'agit d'un concubin d'un membre de la famille ».

Article 222-22-1 : « La contrainte peut être physique ou morale. La contrainte peut résulter de la différence d'âge existant entre la victime mineure et l'auteur des faits et l'autorité de droit ou de fait que celui-ci exerce sur cette victime. »

Article 706-50 : « Le procureur de la République ou le juge d'instruction, saisi de faits commis volontairement à l'encontre d'un mineur, désigne un administrateur ad hoc lorsque la protection des intérêts de celui-ci n'est pas complètement assurée par ses représentants légaux ou par l'un d'entre eux. Lorsque les faits sont qualifiés d'incestueux [...], la désignation de l'administrateur ad hoc est obligatoire, sauf décision spécialement motivée du procureur de la République ou du juge d'instruction. »

Dès sa publication, cette loi a été mise en cause en raison des difficultés d'application liées à la définition même qu'elle proposait de l'inceste. Le conseil constitutionnel a décidé d'abroger le 16 septembre 2011, l'article 222-31-1 qui définissait l'inceste. Cette abrogation a eu des conséquences directes et regrettables pour les procédures en cours : des personnes accusées et condamnées pour « viol qualifié d'incestueux » en ont profité pour saisir les cours de cassation et obtenir l'annulation de leur jugement. Il n'y a, actuellement, aucun projet de reprise de ce texte.

Les mutilations sexuelles féminines

Selon le code pénal, les mutilations sexuelles (MSF) sont des crimes. La loi française s'applique aussi lorsque la mutilation est commise à l'étranger, que les auteurs soient ou non français, à condition que la victime mineure réside habituellement sur le territoire français, qu'elle soit ou non de nationalité française (article 222-16-2 du code pénal). Elles correspondent à toutes les interventions pratiquées sur les organes génitaux féminins sans raison médicale. Réalisées à tous les âges (du bébé, à la jeune fille ou à la jeune mère juste après la naissance de son premier enfant), ces mutilations continuent, malgré toutes les actions de prévention, d'être effectuées à l'étranger par certaines ethnies d'Afrique subsaharienne, d'Asie du sud-est et du Proche-Orient ; voire clandestinement en France par des communautés originaires de ces régions. L'argument avancé par les auteurs de ces actes de barbarie est celui d'un rituel traditionnel réalisé pour des raisons culturelles et religieuses. Il s'agit :

- des actes d'excision de type I : ablation totale ou partielle du clitoris ;
- des actes d'excision de type II : ablation des petites lèvres ;
- des actes d'excision de type III (infibulation) : ablation du clitoris et de la totalité des petites et grandes lèvres, avec suture des berges de la vulve et rétrécissement de l'orifice vaginal. Elle vise à empêcher toute relation sexuelle la vulve devient une cicatrice très dure et seul un orifice minuscule est maintenu pour permettre l'écoulement des urines et des règles qu'il faudra inciser lors du mariage et des accouchements.

Article 222-9 : « Les violences ayant entraîné une mutilation ou une infirmité permanente sont punies de dix ans d'emprisonnement et 150 000 € d'amende. »

Article 222-8 : « Les violences ayant entraîné une mutilation ou une infirmité permanente sont punies de vingt ans de réclusion criminelle si la mutilation est commise sur un(e) mineur(e) de moins de quinze ans par un ascendant légitime, naturel ou adoptif ou par toute autre personne ayant autorité sur le mineur. »

En France, les données précises restent difficiles à obtenir, car elles ne correspondent qu'aux situations constatées. Selon les associations spécialisées, près de 30 000 femmes seraient excisées en France avec plus de 20 000 fillettes en risque de l'être. Toute personne informée d'une mutilation sexuelle et n'étant pas intervenue pour l'empêcher et n'ayant pas saisi les autorités est passible de poursuites judiciaires pour non-assistance à personne en danger (art. 223-6 du code pénal). Les articles 43 et 44 du code de déontologie médicale vont dans le même sens de poursuites des médecins en cas de non-signalement.

L'exhibition sexuelle (art. 222-32)

Anciennement intitulée « outrage public à la pudeur », l'exhibition sexuelle est décrite comme un « acte de nature sexuelle, imposée à la vue d'autrui dans un lieu accessible aux regards du public ». Elle est punie d'un an d'emprisonnement et de 15 000 € d'amende.

Le nombre de sujets poursuivis pour ce délit ne cesse de décroître depuis une dizaine d'années et cette diminution pose la question d'une évolution sociologique de ces auteurs qui utilisent possiblement d'autres supports, tel qu'internet.

Le harcèlement sexuel (art. 222-33)

Le harcèlement sexuel est un délit reconnu récemment puisqu'il n'existe dans le code pénal français que depuis la loi de 1992. Plusieurs textes législatifs l'ont depuis redéfini. La loi a d'abord été modifiée en 1998, puis par la loi du 17 janvier 2002 qui a élargi son champ d'application. Mais cette suppression a conduit à une saisie du Conseil constitutionnel par une personne mise en cause et le 4 mai 2012 le Conseil Constitutionnel a abrogé totalement la loi. Il faut attendre une nouvelle loi, le 6 août 2012, pour que ce délit soit rétabli ; avec un renforcement des procédures relatives au harcèlement sexuel sur le lieu de travail.

> « Le harcèlement sexuel est le fait d'imposer à une personne, de façon répétée, des propos ou comportements à connotation sexuelle qui, soit portent atteinte à sa dignité en raison de leur caractère dégradant ou humiliant, soit créent à son encontre une situation intimidante, hostile ou offensante.
>
> Est assimilé au harcèlement sexuel le fait, même non répété, d'user de toute forme de pression grave dans le but réel ou apparent d'obtenir un

acte de nature sexuelle, que celui-ci soit recherché au profit de l'auteur des faits ou au profit d'un tiers. »

La sanction prévue est de deux ans d'emprisonnement et de 30 000 € d'amende. Certaines situations peuvent conduire à une aggravation des peines avec les mêmes circonstances d'aggravation que pour le viol et les agressions sexuelles.

Atteintes sexuelles non corporelles

Corruption de mineurs (art. 227-22)

Il s'agit de « toute action visant à favoriser matériellement ou intellectuellement la débauche d'un mineur ». Pour exemple contraindre l'enfant à assister à des rapports sexuels entre adultes ; transmission de supports vidéo-pornographiques à un mineur ; etc.

Mise en péril des mineurs

Article 227-23. Création et diffusion d'image pédopornographique :

> « Le fait, en vue de sa diffusion, de fixer, d'enregistrer ou de transmettre l'image ou la représentation d'un mineur lorsque cette image ou cette représentation présente un caractère pornographique est puni de cinq ans d'emprisonnement et de 75 000 € d'amende. Le fait d'offrir, de rendre disponible ou de diffuser une telle image ou représentation, par quelque moyen que ce soit, de l'importer ou de l'exporter, de la faire importer ou de la faire exporter, est puni des mêmes peines.
>
> Les peines sont portées à sept ans d'emprisonnement et à 100 000 euros d'amende lorsqu'il a été utilisé, pour la diffusion de l'image ou de la représentation du mineur à destination d'un public non déterminé, un réseau de communications électroniques.
>
> La tentative des délits prévus aux alinéas précédents est punie des mêmes peines.
>
> Le fait de consulter habituellement un service de communication au public en ligne mettant à disposition une telle image ou représentation ou de détenir une telle image ou représentation par quelque moyen que ce soit est puni de deux ans d'emprisonnement et 30 000 € d'amende.
>
> Les infractions prévues au présent article sont punies de dix ans d'emprisonnement et de 500 000 € d'amende lorsqu'elles sont commises en bande organisée.
>
> Les dispositions du présent article sont également applicables aux images pornographiques d'une personne dont l'aspect physique est celui d'un mineur, sauf s'il est établi que cette personne était âgée de dix-huit ans au jour de la fixation ou de l'enregistrement de son image. »

Article 227-25 :

> « Le fait, par un majeur, d'exercer sans violence, contrainte, menace ni surprise une atteinte sexuelle sur la personne d'un mineur de quinze ans est puni de cinq ans d'emprisonnement et de 75 000 € d'amende. »

Dans le cas où les infractions sont commises à l'étranger par un Français ou par une personne résidant habituellement sur le territoire français, la loi française s'applique (article 227-27-1).

Article 227-26

> Si l'infraction est commise avec des circonstances aggravantes, « elle est punie de dix ans d'emprisonnement et de 150 000 € d'amende ».

Article 227-28

> « Lorsque les délits prévus aux articles 227-18 à 227-21 et 227-23 sont commis par la voie de la presse écrite ou audiovisuelle, les dispositions particulières des lois qui régissent ces matières sont applicables en ce qui concerne la détermination des personnes responsables. »

Il s'agit de la transmission d'un message violent ou pornographique par des médias de toutes sortes (ordinateur, téléphone, radio, télévision, presse écrite, etc.). L'évolution constante des nouvelles technologies a conduit à une nouvelle criminalité : Internet est un vecteur facile pour les pédophiles qui n'hésitent plus à l'utiliser.

En 2006, plus de 1,2 million de sites pédopornographiques ont été recensés. La loi vise à protéger les mineurs de l'exposition à des contenus préjudiciables (images, films), tout autant qu'à des risques de se trouver en contact direct avec des pédophiles. En pratique, la mise en œuvre de l'arsenal pénal en matière de lutte contre la cyberpédopornographie est parfois difficile à engager, notamment quand la procédure a été initiée à l'étranger.

Des atteintes volontaires à l'intégrité de la personne

Au-delà des violences sexuelles, l'institution scolaire se doit aussi de sensibiliser à d'autres violences susceptibles d'être subies ou commises par des élèves. Mais il est ici important de remarquer qu'il n'existe aucun article spécifiquement dédié au milieu scolaire, par exemple le harcèlement scolaire ne figure pas dans le code pénal alors qu'il correspond à des actes bien précis qui ne sont pas tous repris dans les articles juridiques.

Les menaces

Article 222-17

> « La menace de commettre un crime ou un délit contre les personnes est punissable de six mois d'emprisonnement et de 7 500 € d'amende lorsqu'elle est, soit réitérée, soit matérialisée par un écrit, une image ou tout autre objet. La peine est portée à trois ans d'emprisonnement et à 45 000 € d'amende s'il s'agit d'une menace de mort. »

Article 434-5

> « Toute menace ou tout autre acte d'intimidation à l'égard de quiconque, commis en vue de déterminer la victime d'un crime ou d'un délit à ne pas porter plainte ou à se rétracter, est punie de trois ans d'emprisonnement et de 45 000 € d'amende. »

Le harcèlement moral (art. 222-32-2)

Modifié par la loi n° 2012-954 du 6 août 2012 - art. 2 :

> « Le fait de harceler autrui par des agissements répétés ayant pour objet ou pour effet une dégradation des conditions de travail susceptible de porter atteinte à ses droits et à sa dignité, d'altérer sa santé physique ou mentale ou de compromettre son avenir professionnel, est puni de deux ans d'emprisonnement et de 30 000 € d'amendes. »

Le bizutage

Longtemps pratiqué dans le secret de certains établissements scolaires, à tous niveaux et dans tous les milieux, le bizutage est officiellement interdit depuis la loi du 17 juin 1998. Mais des pratiques très proches continuent d'être imposées à des élèves dans des contextes de rituels d'intégration avec des actes d'humiliation, de soumission et très souvent de nature sexuelle. Les plaintes restent rares car les victimes craignent non seulement les représailles mais aussi leur éviction d'établissements souvent très convoités. Le silence des responsables institutionnels, voire le déni sur ces pratiques (« ce ne sont que des "fêtes de bienvenue" » ; « il faut bien que jeunesse se passe » ; « ce sont juste des moments pour renforcer les liens et créer une cohésion entre les élèves », etc.) ne font que renforcer la loi du silence, isolant davantage les victimes souvent durablement psychiquement traumatisées.

Article 225-16-1

« Hors les cas de violences, de menaces ou d'atteintes sexuelles, le fait pour une personne d'amener autrui, contre son gré ou non, à subir ou à commettre des actes humiliants ou dégradants lors de manifestations ou de réunions liées aux milieux scolaire et socio-éducatif est puni de six mois d'emprisonnement et de 7 500 euros d'amende. »

Article 225-16-2

« L'infraction définie à l'article 225-16-1 est punie d'un an d'emprisonnement et de 15 000 euros d'amende lorsqu'elle est commise sur une personne dont la particulière vulnérabilité, due à son âge, à une maladie, à une infirmité, à une déficience physique ou psychique ou à un état de grossesse, est apparente ou connue de son auteur. »

Le recel

Article 321-1

« Le recel est le fait de dissimuler, de détenir ou de transmettre une chose, ou de faire office d'intermédiaire afin de la transmettre, en sachant que cette chose provient d'un crime ou d'un délit.

Constitue également un recel le fait, en connaissance de cause, de bénéficier, par tout moyen, du produit d'un crime ou d'un délit.

Le recel est puni de cinq ans d'emprisonnement et de 375 000 € d'amende. »

Article 321-2

« Il est puni de dix ans d'emprisonnement et de 750 000 € d'amende :

- lorsqu'il est commis de façon habituelle ou en utilisant les facilités que procure l'exercice d'une activité professionnelle ;
- lorsqu'il est commis en bande organisée. »

LÉGISLATION ET NTIC

L'évolution des nouvelles technologies de l'information et de la communication conduit à l'apparition de nouvelles délinquances : usurpation d'identité, piratage informatique, diffusion d'informations illégales, pédopornographies, escroqueries, infractions aux droits de la presse, etc. Le législateur tente d'adapter constamment la réponse pénale à l'évolution des technologies et de la cybercriminalité. De multiples textes ont ainsi été votés ces dernières années.

Loi du 5 janvier 1988, relative aux atteintes aux systèmes de traitement automatisés des données.

Loi du 17 juin 1998, relative aux infractions sexuelles et à la protection des mineurs ; instaure en circonstance aggravante le fait de recourir à l'utilisation d'un « réseau de télécommunication pour commettre des infractions au préjudice de mineurs ».

Décret du 15 mai 2000, institue l'Office central de lutte contre la criminalité liée aux technologies de l'information et de la communication (OCLCTIC). L'OCLCTIC est rattaché à la Direction générale de la Police nationale et dépend de la Direction centrale de la Police judiciaire. Il a pour mission de « procéder, à la demande de l'autorité judiciaire, à tous actes d'enquête et de travaux techniques d'investigations en assistance aux services chargés d'enquête de police judiciaire sur les infractions dont la commission est facilitée par ou liée à l'utilisation des technologies de l'information et de la communication ».

Loi du 15 novembre 2001, pour la sécurité quotidienne, dite loi LSQ.

Loi du 29 août 2002, d'orientation et de programmation pour la performance de la sécurité intérieure, dite LOPSI I en 2002. Ce projet de loi fixe les grandes orientations stratégiques de la politique de sécurité intérieure : mutualisation et coopération entre les forces de sécurité (police et gendarmerie), modernisation de leurs moyens par le recours accru aux nouvelles technologies et à la police scientifique et technique, rénovation du management et de l'organisation des services.

Loi du 19 mars 2003, sur la sécurité intérieure, modifie l'article 227-23 (rappelé dans le chapitre précédent).

> **Article 225-12-2** - Recours à la prostitution de mineurs via Internet
>
> « Les peines sont portées à cinq ans d'emprisonnement et 75 000 € d'amende :
>
> 1° Lorsque l'infraction est commise de façon habituelle ou à l'égard de plusieurs personnes
>
> 2° Lorsque la personne a été mise en contact avec l'auteur des faits grâce à l'utilisation, pour la diffusion de messages à destination d'un public non déterminé, d'un réseau de communication
>
> 3° Lorsque les faits sont commis par une personne qui abuse de l'autorité que lui confèrent ses fonctions

> 4° Lorsque l'auteur des faits a, délibérément ou par imprudence, mis la vie de la personne en danger ou a commis contre elle des violences.
>
> Les peines sont portées à sept ans d'emprisonnement et 100 000 € d'amende lorsqu'il s'agit d'un mineur de quinze ans. »

Loi du 9 mars 2004, sur l'adaptation de la justice à la cybercriminalité et la répression accrue de certains crimes ou délits (proxénétisme, traite des êtres humains, etc.).

Loi du 6 juin 2004, pour la confiance dans l'économie numérique.

Loi du 4 avril 2006, renforçant la prévention et la répression des violences au sein du couple ou commises contre les mineurs.

> Article 227-28-3 - Incitation à la commission d'actes pédopornographiques : « fait de faire à une personne des offres ou des promesses ou de lui proposer des dons, présents ou avantages quelconques afin qu'elle commette à l'encontre d'un mineur l'un des crimes ou délits visés aux articles 222-22 à 222-31, 225-5 à 225-11, 227-22, 227-23 et 227-25 à 227-28 est puni, lorsque cette infraction n'a été ni commise ni tentée, de trois ans d'emprisonnement et 45 000 € d'amende si cette infraction constitue un délit, et de sept ans d'emprisonnement et 100 000 € d'amende si elle constitue un crime ».

Loi du 5 mars 2007, sur la réforme de la protection de l'enfance, en particulier la refonte de certains articles relatifs à la cyberpédopornographie.

> Article 222-33-3 - L'*Happy Slapping*, de l'anglais « joyeuses claques », est défini comme « le fait d'enregistrer sciemment, par quelque moyen que ce soit, sur tout support que ce soit, des images relatives à la commission de ces infractions [violence, agressions sexuelles, torture]. Le fait de diffuser l'enregistrement de telles images est puni de cinq ans d'emprisonnement et de 75 000 euros d'amende. »

La personne qui filme la scène (et même si elle n'est pas l'auteur direct des violences filmées) est donc passible de sanctions pénales en tant que « complice » : « est constitutif d'un acte de complicité des atteintes volontaires à l'intégrité de la personne prévues par les articles 222-1 à 222-14-1 et 222-23 à 222-31 et est puni des peines prévues par ces articles le fait d'enregistrer sciemment, par quelque moyen que ce soit, sur tout support que ce soit, des images relatives à la commission de ces infractions. »

Article 227-22-1 - Proposition sexuelle à un mineur : « grooming »

« *Le fait pour un majeur de faire des propositions sexuelles à un mineur de quinze ans ou à une personne se présentant comme telle, en utilisant un moyen de communication électronique, est puni de deux ans d'emprisonnement et de 30 000 € d'amende.*

Ces peines sont portées à cinq ans d'emprisonnement et 75 000 € d'amende lorsque les propositions ont été suivies d'une rencontre. »

Article 227-24 - Fabrication, transport et diffusion de supports violents ou pornographiques

« *Le fait soit de fabriquer, de transporter, de diffuser par quelque moyen que ce soit et quel qu'en soit le support d'un message à caractère violent ou pornographique ou de nature à porter gravement atteinte à la dignité humaine ou à inciter des mineurs à se livrer à des jeux les mettant physiquement en danger, soit de faire commerce d'un tel message, est puni de trois ans d'emprisonnement et de 75 000 € d'amende lorsque ce message est susceptible d'être vu ou perçu par un mineur.*

Lorsque les infractions prévues au présent article sont soumises par la voie de la presse écrite ou audiovisuelle ou de la communication au public en ligne, les dispositions particulières des lois qui régissent ces matières sont applicables en ce qui concerne la détermination des personnes responsables. »

Loi du 27 mai 2009, renforce les mesures de répression spécifique face à la cybercriminalité, tout en prévoyant l'utilisation renforcer de ces NTIC pour lutter contre les infractions.

Loi du 14 mars 2011, d'orientation et de programmation pour la performance de la sécurité intérieure, dite LOPSI II. Un des objectifs est de faciliter le recours aux nouvelles technologies en matière de police administrative et judiciaire pour lutter contre la délinquance en série. Elle prévoit également :

Article 226-4-1 - Délit d'usurpation d'identité

« Le fait d'usurper l'identité d'un tiers ou de faire usage d'une ou plusieurs données de toute nature permettant de l'identifier en vue de troubler sa tranquillité ou celle d'autrui, ou de porter atteinte à son honneur ou à sa considération, est puni d'un an d'emprisonnement et de 15 000 € d'amende. Cette infraction est punie des mêmes peines lorsqu'elle est commise sur un réseau de communication au public en ligne. »

Article 4 de la loi LOPSI II

Obligation pour les fournisseurs d'accès à Internet d'empêcher l'accès aux sites diffusant des images pédopornographiques.

Signalements et informations préoccupantes

Le système français de protection de l'enfance a évolué au cours du temps et des progrès réalisés en matière de reconnaissance de l'enfant. Lorsque des enfants et des adolescents sont exposés à des violences, différentes obligations s'imposent aux professionnels. Souvent méconnus, les textes qui les organisent, engagent pourtant la responsabilité des professionnels. Ne pas se sentir concernés ou en faire un mésusage ne permet pas de protéger efficacement les enfants et expose également les intervenants à des poursuites judiciaires, ce qu'ils méconnaissent bien souvent.

Textes de référence

L'obligation de se taire doit, dans certaines situations, laisser place au devoir de parler, mais il n'est pas toujours simple pour le professionnel de concilier le devoir de signalement et les obligations du secret professionnel. Plusieurs textes sont incontournables.

Le secret professionnel

Article 226-13 du code pénal : « La révélation d'une information à caractère secret par une personne qui en est dépositaire soit par état ou par profession, soit en raison d'une fonction ou d'une mission temporaire, est punie d'un an d'emprisonnement et de 15 000 € d'amende. »

Article 26 de la loi n° 83-634 du 13 juillet 1983 portant statut général de la fonction publique : les fonctionnaires sont tenus au secret professionnel dans le cadre de règles instituées par le code pénal.

Article L. 1110-4 du code de la santé publique : « Le secret s'impose à tout professionnel de santé ainsi qu'à tous les professionnels intervenant dans le système de santé. Toute personne prise en charge par un professionnel, un établissement, un réseau de santé ou tout autre organisme participant à la prévention et aux soins, a droit au respect de sa vie privée et du secret des informations la concernant. »

Article R. 4127-4 du code de la santé publique : « Le secret professionnel s'impose à tout médecin dans les conditions établies par al loi. Le secret couvre tout ce qui est venu à la connaissance du médecin dans l'exercice de sa profession, c'est-à-dire non seulement ce qui lui a été confié, amis aussi ce qu'il a vu, entendu ou compris. »

Article R. 4312-4 du code de santé publique : « Le secret s'impose à tout infirmier ou infirmière et à tout étudiant infirmier dans les conditions établies par la loi. Le secret couvre non seulement ce qui lui a été confié mais aussi ce qu'il a vu, entendu, constaté ou compris. »

Article L. 411-3 alinéa 1 du code d'action sociale et familiale : « Les assistants de service social et les étudiants des écoles se préparant à l'exercice de cette profession sont tenus au secret professionnel dans les conditions et sous les réserves énoncées aux articles 226-13 et 226-14 du code pénal. »

La levée du secret professionnel

Article 226-14 du code pénal concernant la dérogation à l'obligation de secret professionnel posé par l'article 226-13 (loi n° 98-468 du 17 juin 1998, art. 15 Journal Officiel du 18 juin 1998).

> « L'article 226-13 n'est pas applicable dans les cas où la loi impose ou autorise la révélation du secret. En outre, il n'est pas applicable :
>
> 1° à celui qui informe les autorités judiciaires, médicales ou administratives de privations ou de sévices, y compris lorsqu'il s'agit d'atteintes ou de mutilations sexuelles dont il a eu connaissance et qui ont été infligées à un mineur ou à une personne qui n'est pas en mesure de se protéger en raison de son âge ou de son état physique ou psychique ;
>
> 2° au médecin qui, avec l'accord de la victime, porte à la connaissance du procureur de la République les sévices ou privations qu'il a constatés, sur le plan physique ou psychique, dans l'exercice de sa profession et qui lui permettent de présumer que des violences sexuelles ou psychiques de toute nature ont été commises. Lorsque la victime est un mineur ou une personne qui n'est pas en mesure de se protéger en ration de son âge ou de son incapacité physique ou psychique, son accord n'est pas nécessaire. »

Article 226-14 alinéa 4 du code pénal : « Le signalement aux autorités compétentes effectué dans les conditions prévues au présent article ne peut faire l'objet d'aucune sanction disciplinaire. »

Article 40-2 du code de procédure pénale : « Toute autorité constituée, tout officier public ou fonctionnaire qui, dans l'exercice de ses fonctions acquiert la connaissance d'un crime ou d'un délit est tenu d'en donner avis sans délai au procureur de la République et de transmettre à ce magistrat tous les renseignements, procès-verbaux et actes qui y sont relatifs. »

Les poursuites encourues en cas de non-signalement

Article 223-6 du code pénal - Non-assistance à personne en péril

Toute personne ayant connaissance d'un crime ou d'un délit doit faire un signalement :

« Quiconque pouvant empêcher par son action immédiate, sans risque pour lui ou pour les tiers, soit un crime, soi un délit contre l'intégrité corporelle de la personne s'abstient volontairement de le faire est puni de cinq ans d'emprisonnement et de 76 000 € d'amende. Sera puni des mêmes peines, quiconque s'abstient volontairement de porter à une personne en péril l'assistance que, sans risque pour lui ou pour les tiers, il pouvait lui prêter soit par son action personnelle, soit en provoquant un secours. »

Article 431-1 du code pénal - Non-dénonciation de crime

« Le fait pour quiconque ayant connaissance d'un crime dont il est encore possible de prévenir ou de limiter les effets, ou dont les auteurs sont susceptibles de commettre de nouveaux crimes qui pourraient être empêchés, de ne pas en informer les autorités judiciaires ou administratives, est puni de 3 ans d'emprisonnement et de 45 000 € d'amende ».

Article 434-3 - Non-dénonciation de mauvais traitements envers un mineur de 15 ans

« Le fait, pour quiconque ayant eu une connaissance de mauvais traitements ou privations infligés à un mineur de 15 ans ou à une personne qui n'est pas en mesure de se protéger en raison de son âge, d'une maladie, d'une infirmité, d'une déficience physique ou psychique ou d'un état de grossesse, de ne pas en informer les autorités judiciaires ou administratives est puni de 3 ans d'emprisonnement et de 45 000 € d'amende. »

Les sanctions en cas de signalement abusif

Article 226-10 - Dénonciation calomnieuse

« La dénonciation, effectuée par tout moyen et dirigée contre une personne déterminée, d'un fait qui est de nature à entraîner des sanctions judiciaires, administratives ou disciplinaires **et que l'on sait totalement ou partiellement inexact**, lorsqu'elle est adressée soit à un officier de justice ou de police administrative ou judiciaire, soit à une autorité ayant le pouvoir d'y donner suite ou de saisir l'autorité compétente, soit aux supérieurs hiérarchiques ou à l'employeur de la personne dénoncée, est punie de cinq ans d'emprisonnement et de 45 000 € d'amende. »

Autrement dit, la personne dénonçant les faits doit avoir connaissance du caractère mensonger des éléments dénoncés pour qu'un délit de dénonciation calomnieuse soit constitué à son encontre. Un alinéa a été ajouté suite à la loi du 9 juillet 2010 relative aux « violences faites spécifiquement aux femmes, aux violences au sein des couples et aux incidences de ces dernières sur les enfants » : « la fausseté du fait dénoncé résulte nécessairement de la décision, devenue définitive, d'acquittement, de relaxe ou de non-lieu, déclarant que le fait n'a pas été commis ou que celui-ci n'est pas imputable à la personne dénoncée ». Cet ajout à l'article du code pénal visait à ne plus autoriser les poursuites pour dénonciation calomnieuse dans les cas où l'auteur présumé des faits, avait fait l'objet d'un acquittement, d'une relaxe ou d'un non-lieu. Pour qu'une action en dénonciation calomnieuse soit recevable, il faut que l'acquittement, la relaxe ou le non-lieu soit prononcé au motif que « les faits n'ont pas été commis ou qu'ils ne sont pas imputables à la personne dénoncée ».

Articles 29 à 31 de la loi du 29 juillet 1881

Les actions en diffamation sont ici envisagées via une loi concernent la liberté de la presse ; elles y sont définies comme « toute allégation ou imputation d'un fait qui porte atteinte à l'honneur ou à la considération de la personne. »

Les deux niveaux de signalements

Selon la définition du dictionnaire, signaler c'est « dénoncer, désigner, rendre remarquable par quelque action », mais la notion de signalement, n'est étonnamment pas définie dans les textes légaux et réglementaires. Le signalement est une démarche, après évaluation pluridisciplinaire et si possible pluri-institutionnelle, qui vise à saisir une autorité (judiciaire ou administrative) en vue d'une intervention institutionnelle. Cette démarche se traduit par la rédaction d'un document écrit, transmis aux autorités compétentes en vue d'une mesure de protection judiciaire ou administrative. Il n'y a pas, quel que soit le professionnel, obligation, légale ou déontologique, d'avertir les détenteurs de l'autorité parentale ou d'obtenir leur consentement pour le signalement, si le professionnel évalue que cela est de l'intérêt du mineur (cas des maltraitances intrafamiliales). Il est alors recommandé de le spécifier dans le signalement, par exemple en indiquant : « les parents de l'enfant n'ont pas été avertis en raison des propos de l'enfant. Suite à notre évaluation, nous considérons que cette information ne serait pas de l'intérêt du mineur et risquerait de l'exposer à des pressions, des menaces, de nouvelles violences, etc. »

En France il existe, depuis la loi du 5 mars 2007, deux niveaux de signalement pour les victimes mineures :

- **en cas de « risque »,** transmission d'une information préoccupante (« signalement administratif ») auprès du Président du Conseil général du lieu de domicile de l'enfant. Celui-ci à un *« rôle de coordination* *en matière de recueil, de traitement et d'évaluation de ces situations, quelle qu'en soit l'origine et à tout moment* » (art 226-3 du CASF) ;

- **en cas de danger,** transmission d'un signalement judiciaire au Procureur du Tribunal de Grande Instance du lieu de domicile de l'enfant ou des faits supposés.

L'information préoccupante

L'information préoccupante est, depuis mars 2007, un nouveau terme dans le dispositif de la protection de l'enfance. Elle est définie comme :

> « Tout élément d'information y compris médical, susceptible de laisser craindre qu'un enfant se trouve en situation de danger ou de risque de danger, qu'il puisse avoir besoin d'aide et qui doit faire l'objet d'une transmission à la cellule départementale pour évaluation et suite à donner. »

S'il reste des spécificités locales, le principe fixé par la loi de mars 2007 est celui d'adresser l'IP à la Cellule départementale de recueil d'information préoccupante (CRIP ou service assimilé) qui est sous l'autorité du président du conseil général. C'est le service chargé du traitement de toutes les informations préoccupantes concernant des mineurs en danger ou en risque de l'être. Elle doit adresser un accusé de réception des informations qui lui sont transmises, aux services qui en sont à l'origine en précisant habituellement, qu'elle transmet aux unités territoriales d'action sociale (UTAS) en vue d'évaluations médico-sociales complémentaires éventuelles, ainsi que les coordonnées de l'UTAS concernée et de l'inspecteur « enfance famille » (IEF) chargé du dossier. L'IEF notifie les suites données à l'information préoccupante : classement s'il n'y a aucune inquiétude sur la situation après l'évaluation, proposition de mesures administratives (qui ne peuvent pas être imposées aux familles) ou transmission aux autorités judiciaires si la situation ressort d'une situation de danger avéré pour l'enfant.

C'est une équipe conçue pour être pluridisciplinaire et pluri-institutionnelle avec l'intervention de professionnels médico-sociaux et administratifs. Elle représente un sas entre les services du département (PMI, ASE, action sociale) et le parquet (procureur, substitut des mineurs). La cellule départementale a également un rôle de conseils et d'informations de l'ensemble des professionnels.

Le signalement judiciaire

Selon les textes, le signalement immédiat au Procureur de la République doit être réalisé :

- **mise à l'abri immédiate :** les circonstances (révélation, constat direct) imposent de ne pas laisser l'enfant exposé à l'agresseur présumé. Par exemple si l'enfant victime d'inceste révèle les violences qu'il subit, il ne peut retourner à son domicile sans danger d'être à nouveau exposé à des actes incestueux ;
- **constat médico-légal immédiat et soins d'urgence.** Par exemple : enfant ou adolescent qui révèle une agression le jour même ou découvert dans un état second et dénudé ou en train d'être agressé sexuellement. L'examen médico-légal permet la réalisation de constats, de prélèvements éventuels et surtout la prescription d'un traitement prophylactique.

Pour l'ensemble des autres situations, en particulier dans les cas de révélations tardives, l'urgence ne signifie pas pour autant la précipitation : il est souvent nécessaire de prendre le temps de l'évaluation avant de procéder à un signalement différé, afin d'éviter les risques de survictimisation et de rétractation.

> **Pour exemple** Cindy, une jeune adolescente de treize ans, se confie au mois de novembre à l'infirmière de son collège sur les agressions sexuelles qu'elle a subies l'été précédent dans le camping situé en province où elle passait ses vacances avec ses parents. Elle n'a plus jamais eu le moindre contact avec ce jeune dont elle ne connaît que le prénom. Elle refuse dans un premier temps que ses parents soient informés par crainte de leur réaction. Il faudra plusieurs jours pour que l'infirmière ait le temps nécessaire pour permettre à Cindy de comprendre l'importance d'une démarche judiciaire et pour préparer au mieux cette révélation auprès de ses parents.

Modalités de signalement

Le professionnel n'a pas à être sûr de la maltraitance, ni à en apporter la preuve, pour faire un signalement ; cela sera la mission de la CRIP ou des autorités judiciaires. Policiers, gendarmes et magistrats constatent souvent que les informations transmises dans les signalements le sont suite à des évaluations qui s'apparentent bien davantage à des auditions.

Contenu du signalement et de l'information préoccupante

Le signalement et l'information préoccupante sont des écrits pour des autorités (judiciaires ou administratives). Il ne s'agit pas de faire une audition et de se substituer aux autorités judiciaires en désignant un auteur, mais de transmettre des éléments précis, qu'il reviendra à la justice de qualifier. Ils doivent permettre aux services sollicités d'avoir les éléments minimums pour comprendre la situation, mettre en œuvre l'évaluation adaptée et apporter la réponse appropriée. Ce document :

- est factuel, objectif et descriptif, sans interprétation personnelle ;
- précise le nom, fonction de celui qui signale et les références du lieu d'exercice (nom et coordonnées de l'institution ; service de rattachement, etc.) ;
- précise le nom de l'enfant et les coordonnées connues (domicile, établissement scolaire) ;
- comporte la date, la signature et la fonction du rédacteur et le tampon du service ;
- donne les éléments de contexte de cette évaluation : quels types de faits ont conduit à sa réalisation ; qui l'a demandé ; délais entre les faits supposés et l'évaluation ; durée et nombre des entretiens ; supports à l'évolution (objets de médiations, dessins) et consignes éventuelles etc. ;
- contient des constats et des observations mais pas d'accusations ou de dénonciations ;
- reste centré sur l'enfant supposé victime et non sur la ou les personne(s) mise(s) en cause (sauf si elle a été rencontrée) ;
- rapporte textuellement tous les propos de l'enfant (ou de l'adulte vulnérable). La retranscription doit impérativement être fidèle et indiquée entre guillemets, même si les propos apparaissent crus et vulgaires. Par exemple : « Il m'explique que cet élève lui aurait dit dans le couloir du collège qu'il allait "me niquer" et plein de fois que j'allais être obligé de le "sucer" » ;
- fait référence à l'attitude de l'enfant au cours de l'évaluation ;
- doit proscrire les affirmations ;
- doit privilégier l'usage du conditionnel, par exemple « selon les propos de l'enfant son camarade *l'aurait* menacé ». Chaque professionnel est responsable de son écrit qui l'engage pénalement, civilement et administrativement. Il est donc indispensable d'éviter les signalements « fourre-tout » où les différents professionnels cosignent le rapport d'évaluation. Chaque professionnel concerné doit transmettre de façon succincte ce qu'il a pu évaluer et un responsable joint l'ensemble des écrits aux autorités judiciaires ou à la CRIP. Il est essentiel de ne pas « faire répéter » l'enfant ce qui ne peut que le survictimiser et parasiter sa parole avec une inévitable évolution de son récit. Un professionnel

peut tout à fait transmettre un avis par exemple sur l'état médical général de l'enfant, son niveau scolaire et des changements constatés, sans le contraindre à parler encore des faits.

De la théorie à la réalité du terrain

Cette analyse de la classification juridique et des modes de signalement permet de constater que les violences consécutives aux abus sexuels ou au mésusage des NTIC regroupent des situations, des actes de toutes sortes. Au-delà de cette terminologie, la gravité pénale des délits et des crimes n'est pas corrélée avec l'impact traumatique sur l'enfant : des attouchements sexuels peuvent avoir un retentissement psychologique tout aussi important que celui lié à un viol ; des insultes et des rumeurs sur le net peuvent conduire à des suicides tout autant que des violences directes.

Sur le terrain, la pratique du signalement reste particulièrement difficile pour différentes raisons :

- la notion de « danger » reste éminemment subjective avec des biais d'interprétation selon les circonstances et les intervenants ;
- la qualification du danger au niveau pénal, nécessite de reposer sur des frais précis et de multiples violences (harcèlement, menaces, etc.) ne peuvent pas être prouvées matériellement par les victimes ;
- il reste une absence de formation réelle de nombreux professionnels sur les modalités et techniques d'évaluation de ces situations ;
- les obligations légales et les évolutions juridiques restent méconnues des professionnels ;
- de nombreux intervenants ne signalent pas, avec l'illusion d'être protégés par l'institution censée faire le signalement pour eux ;
- des professionnels dépités par l'absence de suite donnée à des signalements précédents, hésitent à saisir à nouveau les services compétents ;
- par crainte de se tromper, des professionnels veulent être sûrs et certains des faits avant de signaler, quitte à réaliser eux-mêmes de véritables auditions et de survictimiser involontairement les victimes ;
- des professionnels se convainquent de pouvoir gérer seuls la situation, sans la signaler à qui que ce soit.

Chapitre 3

L'éducation à la sexualité au cours du temps

Le temps de la répression

Si la question des écrans est une problématique récente dans l'histoire de l'humanité, il n'en va pas de même de la sexualité qui mobilise depuis toujours l'être humain. La sexualité, étymologiquement *secare*, est ce qui sépare l'espèce en deux catégories, les femmes et les hommes. Elle engage l'être tout entier. C'est à la fois une question individuelle, intrapsychique et intersubjective, qui relève du domaine de l'intime, mais c'est aussi une question collective qui reste un enjeu culturel, religieux et social, car toute société se doit de réguler les rapports entre les sexes et les agirs-sexuels entre individus ; les débats sur le mariage et la parentalité homosexuelle nous le rappellent.

La France est marquée par son héritage judéo-chrétien et ses références aux interdits bibliques qui conduisent à un rapport marqué à la faute et à la culpabilité, en particulier au sujet de la sexualité. Les règles qui en résultent ont longtemps valorisé une perception hygiéniste de la sexualité où toute notion de plaisir était proscrite pour n'envisager que la finalité de reproduction. Ce référentiel culturel, permet de mieux comprendre l'histoire de la sexualité en France, marquée par des périodes de répression qui ont alterné avec des époques plus laxistes et permissives.

Si la sexualité ne se réduit pas à un système organique complexe et à sa dimension bio-physiologique, c'est pourtant cet aspect-là qui est, dans un premier temps et pour une longue période, abordé par l'institution scolaire ; l'attention à la dimension psychique à l'œuvre est quant à elle des plus récentes. Cette attention portée au corps a connu des orientations multiples au cours des différentes périodes, avec une volonté, dès la création des premières écoles publiques par Charlemagne en 787, de porter attention à la santé des écoliers (dans une logique préventive collective bien plus qu'individuelle). À cette période et jusqu'à la révolution, c'est le maître qui a le devoir de contrôler la santé de ses élèves. Si nous reprenons brièvement dans cette introduction l'évolution historique sur la représentation de la sexualité en France, nous constatons qu'elle est intimement liée à la place donnée à l'enfant. Philippe Ariès a ainsi rappelé combien le sentiment de l'enfance avait évolué au cours de l'histoire : au Moyen Âge et au cours des siècles suivants, la vie d'un enfant ne valait pas celle d'un adulte et aucune attention spécifique ne lui était portée. La mortalité infantile, à cette époque considérable, participait au non-investissement des enfants confrontés à des conditions de survie difficiles tant au plan matériel qu'au niveau affectif. Souvent non désiré, l'enfant a longtemps été considéré comme une charge. Loin d'être perçu de façon positive il était alors envisagé comme un adulte non développé, un être imparfait, versatile, inconséquent et inutile qui provoquait indifférence voire chez certains, gêne, dégoût et rejet. La représentation même de l'enfance et de cette période spécifique de la vie, était alors inaccessible. Pour exemple, cette description de l'enfance faite par Saint-Augustin comme « l'état le plus vil et le plus abject de la nature humaine après celui de la mort ». Les hommes d'Église pensaient que l'enfant privé de raison était un objet de péchés et de malices. Seul le baptême pouvait le laver du péché originel dont il était issu mais sans lui donner pour autant accès à l'amour de Dieu.

Au XVe siècle, les prémices d'un nouveau regard sur l'enfant et sur l'enfance apparaissent avec les écrits de Jean Gerson. Loin de diaboliser l'enfant, il insiste sur la nécessité d'y prêter une attention spécifique, de s'intéresser à lui en tant que tel, sans le percevoir *a priori* comme un être effrayant et dangereux. Gerson est souvent décrit comme le principal représentant du courant moraliste de cette époque, mais si nous nous reportons au contexte historique, nous constatons qu'il est probablement le premier à avoir inscrit des recommandations en direction des enfants, avec une véritable reconnaissance de leur statut de sujet. Il ne dénonce pas véritablement la représentation alors à l'œuvre, d'enfants faibles et vils, mais son approche novatrice vise avant tout à les protéger des dérives du monde adulte auxquelles ils étaient exposés sans limite. Si ses propositions de mesures ont pour objectif de préserver l'enfant des dangers de la sexualité adulte, ses recommandations restent marquées par la culture répressive de son époque. Pour exemple le règlement qu'il élabore pour l'école de Notre-Dame de Paris : les confesseurs devaient éveiller précocement le sentiment de culpabilité chez leurs petits pénitents ; les enfants devaient rester isolés et soumis à la surveillance constante des enseignants ; les amitiés particulières entre enfants étaient interdites, tout autant que les familiarités entre adultes et élèves, etc.

Reconnaissance de la spécificité de l'enfant

L'image de l'enfance évolue lentement à partir du XVIe puis du XVIIe siècle avec une attention et des comportements inédits portés sur l'enfant par une certaine élite sociale. L'instruction devient inévitable pour prétendre exercer des charges importantes et le clergé catholique assure, seul, l'organisation des institutions enseignantes et ouvre collèges et internats pour les garçons (Jésuites et Oratoriens) comme pour les filles (Visitandines et Ursulines) des classes dirigeantes. La reconnaissance de la spécificité de l'être enfant et l'attention naissante portée à cet âge de la vie qu'est l'enfance, conduisent au XVIIIe siècle à des évolutions au niveau éducatif, en particulier au sujet de l'éducation sexuelle. À cette époque, l'idéologie familiale est établie autour de la triade mariage-sexualité-reproduction. Jos-Van-Ussel rappelle que des sujets comme l'éducation sexuelle, la masturbation, la contraception, l'amour libre, le nombre d'enfants, la prostitution, sont à cette époque sources de nombreux débats. L'enfant, pour devenir un adulte respectable, doit recevoir une éducation et des soins adaptés. L'attention portée à sa santé physique et morale est donc pensée en ce sens. C'est d'ailleurs dans la seconde moitié de ce siècle que s'affirment véritablement les premiers mouvements favorables ou défavorables à une éducation sexuelle systématique et formalisée. Si l'enfant est reconnu progressivement comme un être singulier, avec des besoins spécifiques et un développement qui lui est propre, la pensée dominante de ce XVIIIe siècle est marquée par une représentation d'un enfant innocent qu'il s'agit de préserver de toute « impureté », c'est-à-dire de toute référence à la sexualité. Ce courant mène à une représentation désexualisée et désexualisante de l'enfant : on l'envisage comme un être asexué, on le dépouille de tout signe sexuel, on lui refuse tout droit à une sexualité infantile ; seule est reconnue la sexualité adulte et matrimoniale. Ce nouveau rapport à une représentation d'enfant immaculé coïncide avec une période où la société bourgeoise du XVIIIe siècle aspire à une vie familiale en opposition avec ce qu'elle dénonce comme la décadence aristocratique. Et cette évolution se traduit non seulement dans le rapport éducatif aux enfants mais aussi dans le lexique sexuel. Si pendant plusieurs siècles la langue française possédait près de trois cents mots pour désigner l'acte sexuel et quatre cents pour désigner les parties sexuelles, la répression sexuelle qui caractérise cette période se traduit, comme le rappelle Michel Foucault dans son *Histoire de la sexualité*, par une censure à la liberté du langage sexuel :

> « Nommer le sexe serait, de ce moment, devenu plus difficile et plus coûteux. Comme si, pour le maîtriser dans le réel, il avait fallu d'abord le réduire au niveau du langage, contrôler sa libre circulation dans le discours, le chasser des choses dites et éteindre les mots qui le rendent trop sensiblement présent. » (Foucault, 1976).

La suppression progressive de toute référence à la sexualité dans le vocabulaire, conduit à une rhétorique de l'allusion et de la métaphore : « saleté » devient par exemple le terme générique pour désigner tout ce qui se rapporte au sexe ; « indécence » et « péché » sont les termes utilisés pour désigner le pénis. Les écrits de Rousseau portent ce discours répressif en particulier à l'égard des plus jeunes. Selon lui, la sexualité ne correspond pas à un véritable besoin chez l'enfant mais il reconnaît qu'un besoin peut naître si des influences extérieures agissent sur son imagination, et éveillent ses sens. La sexualité infantile est considérée soit comme la trace d'une souillure, soit comme une provocation. Il s'agit alors de réprimer toute possibilité de manifestation d'agirs-sexuels chez l'enfant par une éducation dans la peur et le dégoût de la sexualité ainsi assimilée à la saleté et au péché. Il faut donc isoler l'enfant, « l'a-sexualiser » et le maintenir dans une totale ignorance de la sexualité.

La masturbation, maladie du siècle

La demande d'éducation sexuelle en milieu scolaire réclamée au XVIIIe siècle ne correspond ni à une ouverture morale et sociale, ni à une meilleure tolérance face à la sexualité infantile et adolescente. Bien au contraire, elle est revendiquée non « parce que la jeunesse était ignorante ou parce que son savoir était partiellement inexact ou parce qu'elle accordait une valeur trop négative à la sexualité, mais seulement pour pouvoir mieux combattre l'autosatisfaction » (Ussel, 1972). La masturbation apparaît en effet comme la maladie du siècle, véritable péril à combattre.

Le discours médical n'hésite pas à renforcer le discours des pédagogues et à agiter le spectre de maladies et d'infirmités terrifiantes attribuées à ces viles « habitudes » : la moindre manifestation de sexualité chez l'enfant est ainsi appréhendée comme anomalie, prématuration accidentelle, dégénérescence, aliénation mentale ou tare pathologique. Le livre du Docteur Tissot *De l'onanisme*, publié en 1760, devient la matrice de ce discours médico-idéologique : « on peut prédire expressément que toute la partie du corps qui a péché mourra ». Considérant la masturbation comme une véritable maladie, il lutte contre « ce délit abominable d'Onan » qui « punit, même si on croit être guéri ou ne pas avoir de maladie ». Tissot se base sur de prétendues thèses scientifiques et autres assertions hygiénistes pour combattre les pulsions sexuelles. Ses travaux sont légitimés par la caution médicale de nouvelles sciences en plein essor : l'anatomie, la physiologie, l'anthropologie qui explorent le corps humain et imposent de nouvelles références. Ces publications, renforcent les partisans et idéologues de la répression sexuelle et condamnent des générations d'enfants et d'adolescents au refoulement, aux brimades et à la persécution. Cette campagne médicale contre « l'infâme coutume », est aussi soutenue par de nombreux éducateurs, théologiens, pédagogues, écrivains, qui ne cessent de multiplier les écrits pour éviter tout risque de « coupables habitudes ». En 1793, Lakanal présente un projet de loi visant à instaurer une inspection médicale scolaire systématique, qui ne sera au final mise en place que bien plus tard. Suivant les recommandations alarmistes des médecins, le discours pédagogique de Rousseau, comme de nombreux autres écrits de cette époque, porte ainsi principalement sur la nécessité d'une surveillance constante des enfants pour les préserver de ce qui est décrit comme le principal danger de la sexualité chez les jeunes, la masturbation :

> « Veillez donc avec soin sur le jeune homme, il pourra se garantir de lui. Ne le laissez jamais seul ni jour, ni nuit, couchez tout au moins dans sa chambre ; qu'il ne se mette au lit qu'accablé de sommeil et qu'il en sorte à l'instant qu'il s'éveille. Défiez-vous de l'instinct sitôt que vous ne vous y bornez plus ; il est bon quand il agit seul, il est suspect dès qu'il se mêle aux institutions des hommes : il ne faut pas le détruire, il faut le régler et cela peut être plus difficile que de l'anéantir. Il serait dangereux qu'il apprit à votre élève à donner le change à ses sens et à suppléer aux occasions de le satisfaire : s'il connaît une fois ce dangereux supplément, il est perdu. Dès lors il aura toujours le cœur et le corps énervé ; il portera jusqu'au tombeau les tristes effets de cette habitude, la plus funeste à laquelle un jeune homme puisse être assujetti. »

Après la Révolution on constate un renforcement de ce système pédagogique répressif et abusif mais qui n'est plus sous la responsabilité de l'Église ; l'essor des Lumières conduisant progressivement à une diminution de l'autorité du clergé, de l'emprise de la morale chrétienne. C'est désormais en raison de la dimension hygiéniste bien plus que pour des raisons morales et religieuses que la sexualité infantile est combattue, à grand renfort de publications scientifiques. Les ouvrages de Tissot et des auteurs de cette période orientent définitivement les premières politiques en matière d'éducation sexuelle en milieu scolaire et marquent comme le rappelle Ussel « pour la France, à la fois le début et, pour presque un siècle et demi, la fin de l'information sexuelle ». L'héritage des moralistes du XVIIIe siècle conduit ainsi à une institution scolaire qui vise l'isolement de l'enfant et de l'adolescent, et renforce d'autant plus leur infantilisme que les études s'allongent.

Tous les moyens sont alors engagés pour tenir l'enfant à distance de la sexualité et les établissements scolaires, où sont pris en charge de plus en plus d'enfants, deviennent les lieux privilégiés de cette lutte acharnée contre la sexualité infantile. Foucault rappelle ainsi :

> « Dans les écoles et dans les internats l'espace de la classe, la forme des tables, l'aménagement des cours de récréation, la distribution des dortoirs (avec ou sans cloisons, avec ou sans rideaux), les règlements prévus pour la surveillance sont organisés autour de cette préoccupation centrale de maintenir l'enfant dans un état absolu d'innocence. »

Le comportement des enfants est soumis aux contraintes de cette éducation répressive et de ces discours moralisateurs : ils doivent baisser les yeux face aux adultes, ne pas croiser leurs jambes, être habillés et coiffés de façon neutre, etc.

Il faut attendre l'avènement de la société industrielle pour qu'une ouverture puisse se constater dans la prise en charge des élèves par l'institution scolaire. Cette période provoque de profondes modifications dans l'organisation de la vie familiale, dans la place donnée aux enfants et bouleverse durablement les rapports sociaux. L'enfant est investi comme « le père de l'homme » et représente l'avenir. La cellule familiale devient progressivement une valeur en soi et l'un des principaux piliers de la société. La famille qui était jusque-là fondée sur la filiation avec la toute puissance du père et de l'homme, réhabilite la place de la femme et de la mère. La Nation, la République, la Liberté, la Patrie sont autant de symboles politiques qui s'inscrivent à une période où la fonction maternelle sort de l'ombre et où puissances maritale et paternelle se trouvent limitées. La mère devient la figure centrale du ménage et le restera jusqu'à Napoléon Ier et son code civil de 1804. Un nouveau modèle sexuel tend à s'imposer à toutes les classes sociales au cours du XIXe siècle :

> « Le mariage monogame et la famille nucléaire consanguine, typiques de nos sociétés occidentales, se caractérisent en référence à leurs origines chrétiennes assez tardives et à leur fonction dans l'économie et l'idéologie bourgeoise, par leur effort acharné pour faire entrer la totalité du désir sexuel dans l'institution conjugale ; tout ce qui en échappe (sexualité prégénitale, masturbation infantile), en dévie (homosexualité), en déborde (prostitution, adultère), est dénoncé comme relevant du règne de Satan, de la Bête (vision chrétienne) ou de l'immoralité et de la bestialité (vision laïque). » (Dadoun, 1968).

Cette représentation nouvelle de la famille, avec la valorisation de la place de la mère, conduit à une transformation de la qualité des liens entre parents et enfants, dorénavant fondés sur l'affection et l'expression des sentiments.

Le temps de l'éducation sexuelle

Le code civil de 1804 puis le code pénal de 1810 organisent la protection de la vie privée : la puissance maritale est renforcée. La femme mariée est privée d'une majorité de ses droits et totalement dépendante de son époux à qui elle doit obéissance. L'époux et mari est seul maître chez lui et a tous droits sur sa famille. Au XIXe siècle, l'enfant est définitivement reconnu en tant que sujet et cette période s'accompagne d'une véritable pédagogisation de l'enfance. Les jeux spécifiques pour les enfants se multiplient (tout en étant très sexués garçon-fille avec soldats, poupées et jeux de construction). L'espace familial se transforme (avec l'espace chambre dédié pour les enfants). La littérature enfantine se développe (frères Grimm, Hans Christian Andersen, la Comtesse de Ségur, etc.). Mais cette période est aussi celle de l'industrialisation qui conduit à l'apparition d'un prolétariat féminin de masse : dans les milieux précaires les femmes travaillent dorénavant des dizaines d'heures par jour dans des usines ou en ateliers. Elles reviennent exténuées à leur domicile et leurs enfants errent dans les rues quand ils ne sont pas décimés par la mortalité infantile très importante. L'absence des pères, cette défaillance de la capacité protectrice maternelle et la misère sociale conduisent de nombreuses petites et jeunes filles dans les rues, victimes d'agressions de toutes sortes et contraintes à se prostituer. Cette évolution, constatée partout dans l'Europe industrielle devient dramatique dans les grandes villes et les régions industrielles et, comme en témoigne la littérature de cette période, des philanthropes tentent de protéger les enfants. C'est en raison de ce contexte que sont créées, en 1826 en France, principalement pour des raisons sociales, dans toutes les grandes villes, les premières « salles d'asile » pour les jeunes enfants. Des enfants qui ne sont ni orphelins, ni abandonnés, ni malades sont accueillis avec des objectifs clairement avancés par les pouvoirs publics et les associations caritatives, de les éduquer face au manquement de leurs parents, qui se trouvent souvent disqualifiés. Ces structures évoluent rapidement avec une importance donnée aux aspects éducatifs et pédagogiques avec la création des crèches (à partir de 1846), puis des jardins d'enfants (à partir des observations faites par l'allemand Fröbel en 1835 dans des orphelinats et de ces préceptes pédagogiques spécifiques pour les jeunes enfants). Jules Ferry définit par la loi du 16 juin 1881 le nouveau dispositif laïque et non obligatoire pour les jeunes enfants avec « l'école maternelle publique ».

Les structures d'accueil pour les plus jeunes deviennent alors le lieu privilégié de l'acculturation infantile. S'inscrit progressivement dans l'histoire de l'institution scolaire un double usage de l'espace scolaire, comme lieu d'activités pédagogiques et de socialisation enfantine. S'il donne accès au plus grand nombre à de nouveaux savoirs et démocratise la scolarisation, ce dispositif crée inévitablement un état d'indifférenciation collective. L'organisation en groupe et par classe d'âge impose en effet aux enfants des conditions uniformes de satisfaction des pulsions et des intérêts.

Un siècle hygiéniste et moralisateur

L'institution scolaire au début du XIXe siècle est au cœur d'un débat qui divise la société française confrontée à un processus de démocratisation et de laïcisation. Il s'agit de confier son enfant à l'un ou l'autre des modèles éducatifs existants : l'Église ou l'État. La scolarisation se développe et la perception d'une école garante de la formation et de la socialisation des individus se renforce. L'institution scolaire gagne du terrain au détriment de la famille et de l'Église qui ne sont plus seules dépositaires de l'autorité. À cette époque, le climat de confiance régnant entre l'État et l'Église se dégrade profondément et laisse place à un clivage d'une part entre un clergé et des notables conservateurs qui investissent l'école comme un outil privilégié pour former des pairs et d'autre part les partisans d'une école laïque qui tentent de limiter les prérogatives du clergé. La fonction parentale (tout comme l'Église) en déficit d'identité, est réinterrogée à la lumière des repères éducatifs mis en œuvre à cette époque par le milieu scolaire. Car en étant scolarisés de plus en plus jeunes, les enfants découvrent précocement un autre milieu qui s'impose à eux, avec d'autres règles, d'autres adultes, d'autres camarades, d'autres repères, d'autres conditions. Les apprentissages ne sont plus exclusivement assurés par les parents mais organisés sous la forme d'enseignements sous contrainte avec une obligation de respecter un programme prédéfini. L'enfant, au centre de ces enjeux, est projeté dans un autre monde, certaines fois très éloigné de ces référentiels familiaux, qui va occuper pour de nombreuses années une grande partie de sa vie. Il doit s'adapter au plus vite à ces multiples contraintes, intérioriser de nouvelles règles et intégrer des codes sociaux possiblement très différents de ceux de ses parents.

En scolarisant de plus en plus d'enfants, le XIXe siècle, hygiéniste et moralisateur, renforce les règles d'une institution scolaire, qu'elle soit laïque ou religieuse, profondément marquée par la référence à la sanction, à l'obéissance et à la répression sexuelle, désormais envisagée à travers la notion « d'éducation sexuelle ». La transmission du savoir s'accompagne d'injonctions multiples qui sont autant de contrôle sur les corps : rester assis, ne pas bouger pendant des heures, se taire et ne prendre la parole que si l'enseignant vous la donne, obéir aux règles imposées par les enseignants (même si elles sont contradictoires), etc. Le corps et ses pulsions sont encore totalement déniés, comme tout ce qui fait alors l'identité de l'enfant : sa sexualité, sa religion, son rang social, sa nationalité, son genre. Il faut ainsi attendre 1836 pour que l'enseignement secondaire des filles finisse par s'organiser, après l'interdiction faite par Napoléon de l'interdire en 1808, et le XXe siècle avec la loi Haby du 11 juillet 1975, pour que la mixité devienne obligatoire.

Le temps de l'éducation sexuelle s'inscrit dans cette période de profonde modernisation liée à la révolution industrielle et à ses bouleversements sociaux-économiques. Cette époque est marquée par de multiples théories eugéniques qui se développent par défense aux craintes de dégénérescence de la population liée à l'augmentation de la natalité, avec la croyance d'une inégalité de principe entre êtres humains et la conviction que la démocratisation conduira à un affaiblissement biologique (les citoyens les plus faibles étant alors protégés). Francis Galton, Georges Vacher de Lapouge et d'autres tenants de ces théories considèrent que les progrès inhérents à la modernisation ne permettront plus une « sélection naturelle » et conduiront inévitablement au déclin de l'être humain. Les facteurs de dégénérescence repérés par ces auteurs étant l'alcoolisme, la dénutrition et les maladies. Dans cette perspective de lutte contre la déchéance de l'espèce humaine, Robert Thomas Malthus, pasteur anglican et économiste, prône en particulier l'abstinence sexuelle pour réguler la natalité et maintenir un bon développement de la croissance économique pour éviter la paupérisation : moins nombreux les enfants seront mieux nourris, mieux soignés et mieux éduqués. Si d'autres thèses se développent à la même époque et luttent contre cette vision pessimiste de l'évolution démographique, les thèses malthusiennes et eugéniques influencent fortement cette époque et inévitablement l'information sexuelle donnée dans les établissements scolaires. L'attention portée sur un grand nombre de problèmes d'ordre social, médical, sexuel et politique, participe à renforcer l'idée de la nécessité d'une éducation sexuelle systématique et officielle en milieu scolaire. La sexualité reste alors perçue comme génératrice de désordre et de dégénérescence multiples et l'institution scolaire, désormais principalement assurée par des laïques, se voit charger par les autorités de tout faire pour la canaliser, la réglementer, la réprimer et interdire toutes ses expressions. Liée aux craintes d'actes impudiques ou de toutes autres manifestations d'immoralité, cette gestion des corps reste une technique de pouvoir, source de violences multiples. L'objectif, comme le rappelle Jean Luc Caron, est de dresser le corps, de le dompter, de réduire l'élève à un être asexué pour le soumettre à la toute puissance de l'esprit et limiter tout risque de débordements pulsionnel :

> « Si d'un côté le corps constitue un média pour atteindre l'âme ou l'esprit à convertir au besoin par la force, d'un autre côté il est utilisé comme un objet à charge, y compris contre son propriétaire, dans une perspective de contrôle des mœurs. »

Alice Miller, dans son ouvrage consacré aux *Racines de la violence dans l'éducation de l'enfant*, multiplie les exemples de pédagogues qui tentent d'éradiquer le corps sexué de l'écolier par un apprentissage systématique du dégoût de son propre corps. Ils proposent ainsi d'éduquer les enfants à la vue des appareils génitaux non par des planches anatomiques susceptibles d'exciter leur imagination mais par la présentation de cadavre :

> « La vue d'un cadavre impose le sérieux et la réflexion et c'est la meilleure atmosphère dans laquelle puisse se retrouver un enfant en pareil cas. Rétrospectivement, les souvenirs qu'il aura de cette scène prendront par une association d'idées toute naturelle, une tournure également grave. L'image qui restera inscrite dans l'âme n'aura pas la séduction excitante des images spontanément produites par l'imagination ou de la vue d'autres

> objets d'une moindre gravité. Si tous les jeunes pouvaient tirer l'enseignement sur la conception de l'homme d'un cours d'anatomie, il n'y aurait pas besoin d'autant de préparation. »

Passé les murs de l'école, l'enfant devient un élève, contraint aux apprentissages et soumis aux règles de cette institution chargée de son éducation mais seul l'esprit est concerné. L'enseignement est fondé sur la sanction et vise à obtenir la soumission et l'obéissance des élèves par des enseignants qui ont alors tout pouvoir sur l'enfant. La contrainte des corps, dans leur dimension physique et psychique, est considérée comme indispensable pour maintenir l'ordre et le contrôle social.

Autant de normes régissant les rôles et les fonctions de tous les membres de l'institution scolaire dont le but essentiel est de maintenir une cohésion vis-à-vis des risques de débordement pulsionnel. Mais paradoxalement, cet enseignement ritualisé favorise un type déterminé d'emprise : il s'agit de marquer, de régir le désir de l'autre, de le capturer pour qu'il se conforme à l'idéal décidé par l'institution. Cette emprise pédagogique peut-être assimilée selon Jacques Natanson à un fantasme d'engendrement, expression d'un désir de paternité culturelle, « d'un pouvoir d'engendrer dans le savoir [...] reproduire sa propre image, se perpétuer selon son propre modèle, imposer sa marque à d'autres qui vous succéderont et assureront la prolongation de votre influence : c'est là une forme de paternité intellectuelle et spirituelle qui est liée à la fois au désir de pouvoir et au désir d'immortalité ». Les contraintes d'une vie collective ainsi marquée par la répression et tant de violences sur les corps, se traduisent non seulement par la pédagogie, les règles de vie (horaires, temps des cours et des récréations, interrogations et tradition des punitions), mais également par l'architecture des bâtiments et le mobilier des classes qui doivent respecter des normes susceptibles d'éviter tout débordement immoral : bancs et tables doivent par exemple être adaptés à la taille des élèves mais initialement leur agencement était officiellement conçu pour prévenir toute attitude considérée comme vicieuse et nuisible à la santé. En 1854, le recteur de Moulins enquêtant dans une école suite à un signalement d'attentat aux mœurs, rappelle ainsi :

> « Durant tous les exercices où l'action des mains est inutile, les enfants ont les bras croisés sur la poitrine ou les mains bien appuyées en évidence sur les tables. » (AF, 1854).

L'inspection médicale scolaire

En 1882 des instructions ministérielles préconisent aux inspecteurs généraux d'être particulièrement attentifs lors de leurs interventions à l'apparence extérieure des enfants, celle-ci témoignant de leur moralité : « la figure, l'état de santé et de contentement qui règne sur le visage des élèves sont d'ordinaire un signe de leurs bonnes dispositions morales, une marque qu'ils n'ont point d'habitudes funestes » (Gontard, 1984).

Puis Jules Ferry, reprenant le projet de Lakanal, institue, avec la loi du 30 octobre 1886, l'obligation de « l'inspection médicale scolaire » limitée à l'enseignement primaire avec une volonté prophylactique affirmée. Les collectivités locales (départementales et municipales) sont chargées de mettre en œuvre ces services d'inspection médicale. L'école apparaît en effet comme le lieu idéal pour informer les enfants sur l'hygiène afin d'éviter les maladies contagieuses gravissimes à cette époque. L'hygiène est ainsi intégrée aux programmes scolaires où elle est traitée dans le cadre des leçons de morale, au grè des épidémies et des maladies contagieuses en vigueur.

En 1901 le Dr Régnier fait une conférence à l'École des hautes études sociales intitulées *De l'Éducation sexuelle* où il dénonce l'état d'ignorance et de démoralisation profonde dans lequel sont confinés les jeunes écoliers et la manière dont ils sont tenus à l'écart de toute connaissance objective. À cette époque les publications sont essentiellement médicales, dont celles du Dr Henri Fischer et son *Éducation sexuelle et hygiène de l'enfance* (1903), du Dr André Wylm et sa *Morale sexuelle* (1907), du Dr de Planzoles avec *La fonction sexuelle au point de vue de l'éthique et de l'hygiène sociale* (1908), du Dr Lucien Mathé avec *L'enseignement de l'hygiène sexuelle à l'école* (1912).

Les préoccupations restent principalement hygiénistes comme le confirme la *Conférence internationale de prophylaxie sanitaire et morale* qui se tient à Bruxelles en 1902 et qui propose la diffusion d'un enseignement anti-vénérien pour la jeunesse. Plusieurs initiatives sont ainsi menées suite à cette conférence par la ligne nationale française contre le péril vénérien. Ainsi au Lycée Condorcet à Paris, les élèves font un exposé sur *Trois Vénus et ses dangers* mené par le Dr Laignel-Lavastine. Dans d'autres établissements, le Dr Good prépare une brochure destinée aux jeunes gens et intitulée *Hygiène et morale*. Le 16 mai 1904, une *leçon d'éducation sexuelle* est faite aux lycéens de Vendôme conjointement par le proviseur et le professeur de sciences naturelles. Ces enseignements d'éducation sexuelle, ne cessent de se heurter aux nombreux ecclésiastiques qui dénoncent la libéralisation du discours sur la sexualité, et qui opposent la vertu sexuelle chrétienne à ce qu'ils perçoivent comme dérive sexuelle libertine.

LA RÉVOLUTION DE LA PENSÉE FREUDIENNE

C'est dans ce contexte social marqué par la pruderie, le puritanisme et une culture des plus rigoristes contre toute manifestation de la sexualité infantile que les travaux de trois médecins vont bouleverser les représentations en vigueur : ceux de Krafft-Ebing, Freud et Havelock Ellis.

Médecin anglais, Henri Havelock Ellis consacre un ouvrage de plus de deux cents pages à l'éducation sexuelle parmi les dix tomes de ses *Études de psychologie sexuelle* rédigés entre 1898 et 1935. Il énonce un discours novateur, voire révolutionnaire, en abordant les nombreuses perspectives de la sexualité : normalité, sexualité infantile, mythes sexuels, déculpabilisation du sexuel, rôle de la mère, pudeur, culpabilité etc. Il insiste sur le relais nécessaire de l'éducation sexuelle par la mère puis par l'école :

> « L'éducation sexuelle qui est le devoir et le privilège de la mère, ne doit pas être trop technique ; il ne s'agit pas de communiquer des données exactes, mais de réussir une éducation privée et intime. Certes, il faut que la mère elle-même soit instruite. Mais l'instruction dont elle a surtout besoin est celle de l'amour et de la compréhension. Les faits bruts qui lui sont nécessaires sont très simples. Sa tâche principale consiste à faire comprendre à l'enfant comment il est relié à elle de façon intime et à lui montrer que tous les êtres sont liés de la même façon à leur mère... L'enfant ne s'intéresse pas seulement à son origine, mais aussi à ses organes sexuels ou plutôt aux organes qu'il ne regarde que comme des organes d'excrétion, et à ceux de ses frères, sœurs ou de ses parents. Ici la mère, s'il s'agit de petits enfants, n'a qu'à satisfaire leur curiosité simple et naturelle en nommant les choses par leur nom précis, soit avec les termes communs et populaires soit avec les termes de son choix. La mère qui crée une relation de confiance entre elle et son enfant dans les premières années sera en mesure pourvu qu'elle possède de la sagesse et du tact, de la conserver même après l'époque de la puberté. [...] C'est alors que devient nécessaire une connaissance plus précise des faits essentiels du sexe, connaissance qui est fournie à l'enfant par l'école » (Havelock-Ellis, 1964).

À la même période, Freud dans ses *Trois essais sur la théorie de la sexualité* propose une conception élargie de la sexualité et s'oppose à l'idée réductrice alors à l'œuvre d'instinct génital. Il décrit ainsi une vie sexuelle qui ne commence pas à la puberté mais se manifeste très tôt après la naissance ; il différencie les concepts de génital et de sexuel en attribuant au terme sexuel un sens très étendu. Il définit ainsi la vie sexuelle comme la fonction permettant d'obtenir du plaisir à partir de diverses zones du corps ; il décrit une « sexualité infantile » où s'étayent sur différentes zones, les pulsions érotiques présentent dès le début de la vie et qui préparent à la vie sexuelle adulte. Enfin, il dénonce l'état d'ignorance dans lequel on laisse les enfants :

> « Que vise-t-on lorsque l'on veut cacher aux enfants – ou disons aux adolescents – de telles explications sur la vie sexuelle des êtres humains ? Craint-on d'éveiller précocement leur intérêt pour ces choses, avant qu'il ne s'éveille spontanément en eux ? Espère-t-on par cette dissimulation contenir après tout leur pulsion sexuelle jusqu'au jour où elle pourra prendre les voies qui lui sont ouvertes par le seul ordre social bourgeois ? Veut-on dire que les enfants ne montreraient aucun intérêt ou aucune compréhension pour les faits et les énigmes de la vie sexuelle, s'ils n'y étaient engagés par quelqu'un d'extérieur ? Croit-on possible que la connaissance qu'on leur refuse ne leur soit pas donnée d'une autre manière. Ou bien veut-on réellement et sérieusement les voir juger plus tard tout ce qui touche au sexuel comme quelque chose de vil et d'abominable dont les parents et leurs éducateurs ont voulu les tenir éloignés aussi longtemps que possible ? »

Ce qui rend révolutionnaire ces positions, c'est que Freud propose une conception de la sexualité dans son rapport à l'inconscient. Il fait l'hypothèse que la sexualité consciente est sous-tendue et ordonnée par une vie libidinale inconsciente. Cette conception l'amène à énoncer les spécificités de la sexualité infantile et à dégager l'étiologie sexuelle de certaines pathologies en établissant un lien entre vie sexuelle normale, perversion et névrose. Selon lui, ce n'est pas l'activité sexuelle qui est potentiellement facteur de troubles, mais l'activité fantasmatique sous-jacente liée au refoulement intrapsychique de la sexualité.

Malgré ce courant initié par Freud, Krafft-Ebing et Havelock-Ellis, le XXe siècle continue d'être marqué par les visions hygiénistes, portées par l'apparition de la notion de santé publique. Le premier conflit mondial et sa mortalité très importante conduisent la France à une période d'idéologie familialiste et de renforcement du conservatisme religieux. La volonté de reconstruire la démographie, renforce la répression dans la législation avec en particulier la loi du 31 juillet 1920, qui assimile la contraception à l'avortement. Ce n'est qu'en 1967 avec la loi Neuwirth du 28 décembre sur l'accès à la contraception et le 17 janvier 1975 avec la loi Veil, sur l'accès à l'avortement, que la législation française s'inscrira enfin sur un registre moins répressif.

De l'éducation sexuelle à l'éducation à la sexualité

Si la nécessité d'une éducation sexuelle est peu à peu admise, les modalités de cette information en milieu scolaire ne trouvent pas pour autant d'emblée un consensus général : les objectifs étant bien différents, voire opposés, entre attentes familiales, discours social, médical, politique, philosophique, religieux ou éducatif ; chacun tentant d'imposer ses représentations et ses normes à ce sujet. Les décalages entre les discours ministériels sur l'éducation sexuelle et les attentes des familles, sont ainsi multiples, comme en témoignent ces quelques dates.

Le début du XXe siècle

En 1912, Pauline Kergomard inspectrice générale des écoles maternelles déclare : « Nous voulons que la santé et la moralité sexuelles pénètrent dans nos écoles par l'éducation sexuelle. » Ces volontés ministérielles restent sans effet sur le terrain car les résistances familiales sont nombreuses.

En 1923, un référendum auprès des parents et des professeurs est proposé par Léon Bérard, ministre de l'instruction publique de l'époque : « seriez-vous partisans que ce soit l'école qui prenne en charge l'éducation sexuelle de l'enfant, par des cours, des conférences en classe ? » 55 % répondent oui, 31 % non et 14 % sont sans opinion. Cette consultation est à l'origine de campagnes virulentes, en particulier de certains milieux confessionnels qui exigent que la question de l'éducation sexuelle reste inscrite dans la sphère privée. Il faudra attendre plus de vingt ans et le rapport de l'Inspecteur François en 1947 pour que la question puisse de nouveau être posée.

En 1924, les associations de parents d'élèves font repousser une circulaire ministérielle qui soumet le principe d'un programme d'enseignement sexuel. Et c'est très précisément suite aux débats sur l'éducation sexuelle que l'École des parents est créée en 1929.

En 1934, Célestin Freinet publie un article, resté sans suite, intitulé *Le problème sexuel et la pédagogie nouvelle* : « La question sexuelle est certainement un des plus importants problèmes éducatifs ; et pourtant fait paradoxal, un silence tacite et hypocritement prude en rend l'étude suspecte dans les milieux pédagogiques. »

En 1939, Jean-Louis Barthou, ministre de l'instruction publique est hué par des associations de parents pour avoir présenté un projet d'enseignement de l'anatomie dans les écoles.

Quelques mois avant la seconde guerre mondiale, paraît un ouvrage consacré à l'éducation sexuelle en milieu scolaire *Le problème sexuel à l'école*. D. Allendy et Hella Lobstein y dénoncent la démission de l'école dans un domaine si important de l'éducation et regrettent en particulier l'attitude des enseignants :

> « Quant aux maîtres devant les manifestations sexuelles - et il n'en manque pas à l'école - ils ferment les yeux aussi longtemps que possible. La consigne est d'éviter les histoires. Si par malheur, il leur arrive de ne plus pouvoir se taire, ils en réfèrent aux parents. En cas de récidive, l'enfant est chassé de l'école. »

Ils citent l'exemple d'un pensionnat religieux, témoin de la survivance de « l'éducation sexuelle par l'épouvante ». Les élèves sont obligés de dormir dans « de véritables camisoles de forces avec des manches sans ouverture pour les mains et dont l'extrémité est munie de rubans. On fait croiser les bras à des fillettes de cinq ans à quinze ans et on noue les rubans dans le dos. Les enfants doivent dormir ainsi. Si le nœud se trouve défait le lendemain on les punit. » Ils proposent la mise en place d'une libre discussion des problèmes sexuels en groupe :

> « [C'est le] meilleur moyen de dissiper les ombres d'horreurs qui planent en ce domaine. Il faut faire parler les enfants, les encourager à donner leurs avis, à faire part de ce qu'ils imaginent pour pouvoir les rectifier, les redresser. C'est ici surtout qu'il faut avoir recours à la méthode socratique et amener les interlocuteurs à trouver eux-mêmes les éléments de la question plutôt que de leur énoncer un enseignement élaboré. »

La guerre suspend le débat et pendant le gouvernement de Vichy, le domaine de la sexualité subit une sévère répression juridique instaurée contre toutes les idées et manifestations démographiques. L'avortement, délit depuis 1923, devient un crime d'après la loi promulguée en 1942. La libération et les années qui suivent entraînent une volonté de réforme profonde des structures de l'école, en particulier dans le domaine de l'éducation sexuelle. Dès le lendemain de la libération, Paul Langevin (puis à sa mort Henri Wallon) préside une commission chargée de préparer cette réforme de l'éducation. L'évolution des besoins sanitaires conduit à la création d'un véritable « service de santé scolaire » par l'ordonnance du 11 octobre 1945. Rattaché dans un premier temps au ministère de l'Éducation nationale, il sera transféré au ministère de la Santé par le décret du 30 juillet 1964, puis vingt ans plus tard réintégrera l'Éducation nationale.

En 1947, un arrêté ministériel relance ainsi l'idée d'introduction de l'éducation sexuelle dans les écoles par la création d'un comité d'étude présidé par l'Inspecteur général François. Composé d'inspecteurs généraux de l'instruction publique, de directeurs au ministère de la Santé, de chefs d'établissements, de fédérations de parents d'élèves, d'associations de familles et de diverses personnalités du monde médical, ce comité est chargé d'« étudier dans quelle mesure et sous quelle forme l'éducation sexuelle pourrait être introduite dans les établissements d'instruction publique ». Il fait part des difficultés rencontrées sur le terrain pour l'éducation sexuelle, mais garde l'espoir d'une évolution positive.

> « L'éducation nationale peut-elle laisser des adolescents et jeunes gens à l'abandon ? Certes ses tâches sont déjà lourdes et multiples : formation intellectuelle, formation physique, formation morale, formation civique. Va-t-elle se charger encore de l'éducation sexuelle ? Sans hésiter nous répondrons affirmativement, car nous ne pouvons séparer l'éducation sexuelle de l'éducation générale. Si nous travaillons à libérer l'enfant de l'ignorance pour en faire un homme, nous ne pouvons le laisser se débattre tout seul au milieu des ignorances, des demi-connaissances, des curiosités, d'entraînements, de phantasmes érotiques. Notre enseignement a la mission de former des hommes et des femmes intelligents et cultivés, des citoyens éclairés, honnêtes, conscients de leurs responsabilités personnelle et sociale. »

Le souci d'une collaboration permanente avec la famille domine sans cesse le débat et le rapport final déclare en toutes lettres :

> « C'est au sein de la famille qu'elle (l'éducation sexuelle) peut se donner de la façon la plus aisée et la plus efficace. Si les parents faisaient leur devoir, le problème de l'éducation sexuelle à l'école ne se poserait pas. »

Selon ce rapport, le terme d'éducation sexuelle contient deux choses distinctes :

> « 1 - **L'information sexuelle,** c'est-à-dire le problème de savoir comment nous donnerons aux enfants et aux adolescents une connaissance de l'anatomie et de la physiologie sexuelles, comment nous dévoilerons ces réalités qui sont pour eux des mystères qui les préoccupent et les tourmentent (il faudra attendre vingt-cinq ans pour que les planches anatomiques sans sexe disparaissent des manuels scolaires) ;
>
> 2 - **L'éducation sexuelle proprement dite,** c'est-à-dire le devoir de leur faire comprendre que cet instinct sexuel, comme tous les autres, doit être placé sous la dépendance de la volonté et de la raison et d'instinct purement animal devenir instinct humain. »

Il précise :

> « Le premier problème est surtout scientifique, mais il comporte cependant une fin morale ; le deuxième est essentiellement moral, mais il suppose une information scientifique. [...] Dans ces conditions, éducation et instruction sont indissolubles et on ne peut concevoir donc entreprendre, l'une sans l'autre. »

Soulignant l'urgence et l'importance des transformations qui doivent être apportées dans la vie des établissements, le comité propose la mise en place de mesures qui permettraient d'établir les conditions nécessaires à l'introduction effective de l'éducation sexuelle dans tous les établissements d'instruction publique :

> « 1 - Aménagement des programmes de sciences naturelles.
>
> 2 - Transformation du régime disciplinaire actuel et impulsion éducative portée dans tous les secteurs de la vie scolaire, dans le sens de l'autodiscipline et de la gestion par les élèves des responsabilités sociales et affectives.
>
> 3 - Formation appropriée des maîtres et des professeurs par la prise de conscience et la connaissance des problèmes de psychopédagogie enfantine.
>
> 4 - Resserrement des liens entre l'école et les familles de façon à assurer la commune responsabilité d'une éducation fort délicate.
>
> Tant que les conditions essentielles ne seront pas remplies, il est impossible d'introduire l'éducation sexuelle dans l'œuvre éducative de nos établissements de façon générale. Seules peuvent être envisagées des initiatives locales, dues à des professeurs ou à des maîtres volontaires mais avec l'assentiment des familles et le consentement de leur chef d'établissement ou de l'inspecteur primaire et sous la surveillance constante de ceux-ci. [...] Cependant, le présent rapport contient suffisamment de propositions précises pour qu'il ne soit pas purement et simplement enterré, pour que dès à présent le problème de l'éducation sexuelle, soit mis à l'étude des commissions du Conseil supérieur de l'Instruction publique et que la réalisation des conditions préalables puisse commencer. »

Conscient des résistances familiales et institutionnelles, le comité ne s'engage pas davantage et conclut prudemment :

> « L'éducation sexuelle dans les établissements d'instruction n'est pas pour aujourd'hui, peut-être pas pour demain, mais on peut parfaitement l'envisager pour après-demain, si les organes compétents de l'éducation nationale veulent bien dès maintenant se mettre au travail. »

Le ministère de l'Instruction publique ne reprend aucune de ces propositions concernant l'introduction de l'éducation sexuelle à l'école. Mais ce rapport provoque un intérêt médiatique important à l'origine de nombreux articles qui vont permettre de relancer le débat public. Même si les propositions du comité ne recueillent pas une approbation générale, les mouvements d'opposition sont beaucoup moins forts que lors du référendum de 1923 et du refus systématique de 1924. Les initiatives collectives ou individuelles commencent, peu à peu, à se développer à travers l'expérience de nombreux médecins et enseignants et avec le soutien du mouvement français pour le planning familial, de l'école des parents et de la fédération nationale couple et famille. À partir de cette époque, les mentalités concernant l'éducation sexuelle évoluent vers une acceptation plus consensuelle de son abord en milieu scolaire (pour exemple, les planches anatomiques asexuées disparaissent des manuels scolaires). Il est désormais admis que l'éducation sexuelle peut s'associer « naturellement et habilement » à la formation générale, qu'elle ne doit pas se voir accorder un sort exceptionnel, qu'elle doit être adaptée aux âges des enfants et en fonction de leur caractère et qu'elle ne peut pas être transmise sans un accord entre l'école et les familles.

Les années 60

Elles marquent une nouvelle évolution et un tournant définitif dans une société française marquée par des siècles de rigorisme moral et religieux. À cette longue période de déni de la sexualité infantile, de répressions législatives et de défiance constante à l'égard du plaisir succède, sans transition, la génération des *baby-boomers* responsable de la « révolution sexuelle ». La sexualité humaine est alors présentée comme une simple fonction biologique anodine, source de toutes les complaisances. C'est le temps de la déculpabilisation du plaisir, de la fin de la censure, de la permissivité revendiquée. Le discours totalitaire qui tentait de régenter depuis des siècles les pratiques sexuelles, bascule brutalement vers une idéologie totalement opposée où toute contrainte et tout interdit se doivent d'être abolis et où seul doit primer le principe de plaisir. Cette époque donne libre cours à tous les débordements possibles, en particulier au niveau des discours d'initiation voire pour certains d'incitation proche du discours pervers au sens où la perversion viole l'espace de l'intime. Cette société laxiste se comporte comme si elle refusait tout cadre et déniait tout interdit, à l'image de cette formule bien connue : « il est interdit d'interdire ». La période dite de « révolution sexuelle » de 1968 marque une nouvelle rupture idéologique et projette la société française dans une ère où tous les repères antérieurs sont dénoncés. La sexualité est envisagée comme la simple manifestation d'une fonction biologique qu'il s'agit de satisfaire au gré de ses désirs, sans respect des interdits fondamentaux. Les conduites permissives, les transgressions de toutes sortes (pédophilie, inceste, harcèlement sexuel) se multiplient ; le corps et le sexe deviennent des objets commerciaux lucratifs. La société des années soixante semble comme paralysée par la crainte d'apparaître réactionnaire dès qu'elle envisage de poser des limites et des interdits. Dans cette période agitée, où tous les repères sont réinterrogés, voire remis en cause, l'institution scolaire tente de maintenir un cadre et se voit chargée de réguler toutes les difficultés qui apparaissent. Comme l'expliquent Jacques Fortin et Georges Fostinos, « à une libéralisation des mœurs semble devoir répondre une responsabilité accrue, et la tentation naît de demander à l'école, dans ce domaine des références éducatives pour gérer des conduites nouvelles ». Le ministère propose de nouveaux textes pour tenter de s'adapter à cette révolution des mœurs et des repères.

La loi Edgar Faure du 12 novembre 1968, qui prévoyait un enseignement sexuel à tous les niveaux de l'éducation, n'est suivie que d'une circulaire concernant uniquement les classes préparatoires aux baccalauréats de technicien. Ces nouveaux programmes « d'initiation à la vie familiale et sociale » proposent pour la première fois l'étude de certains sujets liés à la sexualité. Sous le titre « Éducation sanitaire » différents thèmes sont abordés : la fécondation, le développement de l'œuf, la grossesse, l'accouchement, la sexualité.

Fin 1969, un Groupe national information et éducation sexuelle (GNIES) se constitue. Composé de la fédération de l'Éducation nationale, de deux syndicats d'infirmières et assistantes sociales, de la mutuelle générale de l'Éducation nationale, de la fédération des conseils de parents d'élèves, de la ligue de l'enseignement, du mouvement national pour le planning familial et de l'association des professeurs de biologie et de géologie, le GNIES définit les objectifs de l'éducation sexuelle à l'école et formule des propositions qui contribuent à l'élaboration de la circulaire Fontanet du 2 février 1973.

Les années 70-80

La circulaire du 23 juillet 1973 précise les recommandations de la circulaire Fontanet et introduit officiellement l'éducation sexuelle dans les programmes scolaires :

> « La nécessité impose donc de se substituer à une formule dépassée d'éducation protectrice une formule nouvelle reposant d'une part sur la maîtrise de la formation et d'autre part sur l'éveil de la responsabilité. »

Ces deux notions, information et éducation à la responsabilité, se voulaient rassurantes pour les parents : l'institution scolaire n'intervenait que pour les aider, les accompagner voire même les réconforter ; mais en aucun cas à leur place : « C'est exclusivement dans le but d'aider les parents dans leur tâche éducative que les établissements pourront intervenir. » Mais au-delà de cette recherche apparente de consensus, ce projet rappelle combien l'institution scolaire cherche alors à continuer de circonscrire, à canaliser l'intérêt et la curiosité des élèves dans des limites restreintes et contrôlables. La circulaire Fontanet est critiquée, non seulement parce qu'elle reste centrée sur de l'information très prudente, sans prendre en compte l'évolution des jeunes, mais aussi parce qu'elle repose essentiellement sur le volontariat et ne propose aucune formation particulière pour les enseignants censés traiter de ces sujets délicats. Cette indécision entre possible information scientifique et éducation sexuelle globale, témoigne du climat social de cette période où toute initiative sur ce sujet conduit à des débats passionnés. L'opinion reste très ambivalente à l'égard de l'institution scolaire, entre exigences multiples et réticence face à sa possible influence. La circulaire Fontanet a cependant le mérite d'engager une profonde réflexion sur les modes d'information et conduit finalement à une information sexuelle obligatoire.

L'arrêté du 18 février 1976 complète cette circulaire en instaurant quatre heures par an d'information sexuelle en classe de troisième, deux heures prises sur l'horaire global de l'enseignement des sciences naturelles et deux heures complémentaires pour traiter des organes et de la fonction de reproduction, de l'anatomie et du fonctionnement des appareils génitaux du mâle et de la femelle, de la maternité, des principes de la conception ainsi que des principales maladies vénériennes. Ce texte précise avec réalisme qu'il « est bien évident que les professeurs de sciences naturelles ne pourront en quatre heures traiter ces questions qu'à grands traits ».

Les années 70-80 voient un glissement renforcé de la sexualité de l'espace privé à l'espace public : l'information puis l'éducation sexuelle et l'éducation à la sexualité, s'inscrivent prioritairement en fonction des préoccupations sociales du moment et des impératifs médicaux : la logique collective prime sur les besoins individuels. Suite à la loi Simone Veil de 1975 (autorisant pour cinq ans l'IVG dans un délai de dix semaines de grossesse), l'espace public l'emporte ainsi pour ce qui est de l'information biologique sur la reproduction, la grossesse, la contraception, les IST, etc. La loi de 1979 adopte définitivement la loi Veil et autorise l'avortement pour les mineurs, avec l'accord d'au moins un des représentants de l'autorité parentale (ou représentant légal).

Les années 80 sont marquées par le Sida. Sous la pression de l'épidémie et du devoir de prévention qu'elle impose, l'institution scolaire accentue les dispositifs consacrés à l'éducation sexuelle, met en place un travail pluridisciplinaire avec des responsables éducatifs, sociaux ou de santé, propose de nouveaux projets et décrit plus précisément ses actions. Le discours de l'institution redevient alors « normatif » et pendant plusieurs années, l'éducation sexuelle va se réduire essentiellement à la prévention du Sida et à l'usage du préservatif.

Les années 90 et le début du XXIe siècle

C'est à cette période que les actions de promotion de la santé en faveur des enfants et des adolescents en milieu scolaire passent à nouveau sous la responsabilité de l'Éducation nationale suite au décret du 21 décembre 1984 (dont l'application s'étalera de 1985 à 1991). Différents textes suivront avec en particulier le 11 mars 1998, l'annonce de vingt mesures dans le plan de relance de la santé scolaire et notamment, la priorité donnée à l'éducation à la santé et à la citoyenneté, à la prévention, au dépistage et au suivi des problèmes de santé dès l'école maternelle. De juillet à décembre 1998, la santé à l'école et le rôle des médecins et des infirmières sont de nouveau sous les feux de l'actualité, par la création des comités d'éducation à la santé et à la citoyenneté : l'exercice de la citoyenneté et la question d'éducation à la santé, deviennent parties intégrantes de la fonction éducative de l'école. Il est rappelé que le rôle de l'école dans le domaine de l'éducation à la santé s'inscrit dans une perspective d'éducation globale et d'apprentissage de la citoyenneté. En 1999, la mise en place des programmes régionaux d'accès à la prévention et aux soins recentre les priorités et notamment la nécessité de réorienter le système de santé vers un système s'appuyant sur la prévention, le dépistage, l'éducation, l'information, l'accompagnement et le suivi médico-social. Il s'agit désormais d'avoir une vision globale des problèmes de santé avec la prise en compte des aspects psychologiques et sociaux, liés au contexte familial, social et économique. En 2001, plusieurs circulaires ministérielles et interministérielles sont transmises et marquent une évolution importante avec une véritable reconnaissance de la nécessité de prévenir les violences sexuelles et de mettre en place des mesures de protection de l'enfance et de prévention. Les missions dévolues aux médecins et aux infirmières de l'Éducation nationale sont redéfinies également cette même année avec la possibilité pour les infirmières de délivrer « exceptionnellement » un contraceptif d'urgence aux jeunes filles, sans condition d'âge et sans information aux familles. Les nouvelles orientations générales pour la politique de santé en faveur des élèves sont aussi définies avec comme objectif de « veiller à leur bien-être, de contribuer à leur réussite et de les accompagner dans la construction de leur personnalité individuelle et collective ». Il s'agit de prendre soin de la santé en permettant un dépistage précoce des déficiences ou des pathologies ; en aidant les familles à accéder aux soins nécessaires pour leurs enfants ; en permettant la scolarisation des enfants et adolescents atteints de handicap ou de troubles de la santé ; en prenant en charge des élèves dans le cadre de l'enfant en danger ou victime de mauvais traitement et en assurant « au moins trois séances annuelles d'information et d'éducation à la sexualité dans les écoles, collèges et lycées ». Qu'il s'agisse des séances de prévention de la maltraitance ou d'éducation à la sexualité, elles sont organisées sur l'initiative des directeurs d'école et des chefs d'établissement, doivent associer les familles et l'ensemble des personnels, ainsi que les services publics de l'État, les collectivités locales et les associations intéressées à la protection de l'enfance. Les missions sont vastes, complexes et nécessitent l'intervention de professionnels formés non seulement sur les aspects médico-psychologiques de ces sujets, mais connaissant également la culture de l'institution scolaire.

La circulaire du 17 février 2003 est la dernière en date spécifiquement dédiée à la question de l'éducation à la sexualité et précise les objectifs éducatifs suivants :

- « comprendre comment l'image de soi se construit à travers la relation aux autres ;
- analyser les enjeux, les contraintes, les limites, les interdits et comprendre l'importance du respect mutuel ; se situer dans la différence des sexes et des générations ;
- apprendre à identifier et à intégrer les différentes dimensions de la sexualité humaine, biologique, affective, psychologique, juridique, sociale, culturelle et éthique ;
- développer l'exercice de l'esprit critique notamment par l'analyse des modèles et des rôles sociaux véhiculés par les médias, en matière de sexualité ;
- favoriser des attitudes de responsabilité individuelle et collective, notamment des comportements de prévention et de protection de soi et de l'autre ;

• apprendre à connaître et à utiliser les ressources spécifiques d'information, d'aide et de soutien dans et à l'extérieur de l'établissement. »

Depuis dix ans et au-delà de cette définition et de ces objectifs, la difficulté est pour les professionnels, de les mettre en pratique sur le terrain, auprès de jeunes bien souvent en attente de réponses concrètes à leurs questions et à leurs inquiétudes. Dans la société du zapping et de l'immédiateté, il est pour eux urgent d'avoir des réponses immédiates à leurs préoccupations et des informations pragmatiques. Pour ces élèves qui n'ont pas tous les mêmes besoins, les mêmes questionnements et les mêmes attentes au même moment, les attentes sont nombreuses et l'exigence importante.

Un débat toujours actuel

Si l'institution scolaire a conforté tout au long des années sa légitimité à assurer une information sur la sexualité, plusieurs rapports d'expertise évaluant les actions de prévention, constatent que pour être efficaces celles-ci devraient davantage s'inscrire de façon plus globale et respectueuse du niveau de développement des élèves. Or plusieurs rapports successifs en relèvent les limites : celui du Pr Got (1988), celui du Pr Montagnier (1993) et celui de la commission d'enquête remis à l'Assemblée nationale (1993). Si les textes officiels existent et posent le cadre des interventions ; si les programmes évoluent ; si les enseignants sont plus sensibilisés ; si les parents sont moins réticents à l'intervention de l'institution scolaire, tout cela n'est en effet pas suffisant pour que les élèves s'approprient les informations transmises. Ces rapports constatent qu'une accumulation de connaissances théoriques n'entraîne pas automatiquement une diminution des conduites à risques : en insistant également sur la prévention et les risques, en assimilant la sexualité à une transgression ou à un passage à l'acte, l'institution scolaire se confronte à une situation paradoxale : au temps de l'adolescence où transgressions des interdits et prises de risques sont si fréquentes et si fascinantes, une éducation à la sexualité où prédomine une confusion entre sexualité et notions de danger, de maladies, de transgression, présente le risque d'inciter les jeunes plutôt que de réellement les prévenir en leur permettant de développer des compétences spécifiques. Les élèves, de leur côté, témoignent souvent du décalage entre ce qu'ils attendent de ces temps d'éducation à la sexualité et la façon dont ils perçoivent ces séances. Un manque d'investissement et d'intérêt de leur part est régulièrement constaté.

L'attention portée à la sexualité apparaît dans les textes, dès le Moyen Âge, mais la notion de sexualité infantile est, comme nous venons de le rappeler, à l'échelle de l'humanité, une découverte beaucoup plus récente. L'éducation à la sexualité a pris la place de l'information sexuelle puis celle de l'éducation sexuelle, avec la volonté d'envisager toutes les dimensions de la sexualité sans la réduire à sa dimension biologique. La circulaire de 2003 insiste :

> « L'éducation à la sexualité doit prendre en compte toutes les données de la sexualité humaine tant biologiques, que psychologiques, affectives, sociaux culturelles et morales. [...] L'éducation à la sexualité, composante de la construction de la personne et de l'éducation du citoyen, contribue à cette formation dans sa dimension individuelle comme dans son inscription sociale. En effet, l'acquisition progressive de savoirs et de compétences permettant de faire des choix éclairés et responsables, l'apprentissage des règles sociales et des valeurs communes, la connaissance et le respect de la loi sont au cœur de l'acte éducatif ancré à la fois dans les enseignements et la vie quotidienne des établissements. [...] L'éducation à la sexualité a pour principal objet de fournir aux élèves les possibilités de connaître et de comprendre les différentes dimensions de la – et de leur – sexualité dans le respect des consciences et du droit à l'intimité. Cette éducation qui se fonde sur les valeurs humanistes de tolérance et de liberté, du respect de soi et d'autrui, doit en outre les aider à intégrer positivement des attitudes de responsabilité individuelle et sociale. »

Mais si notre société a évolué, si les discours et les initiatives sur ce sujet se sont multipliés, cela ne semble pas signifier pour autant que l'institution scolaire ait un rapport plus facile avec ce sujet. Autrement dit, en parler plus, ne signifie pas en parler « mieux » ; les bonnes intentions ne sont pas suffisantes.

Pour exemple Une enseignante expérimentée de 45 ans décide, de sa seule initiative, de faire une « séance de sensibilisation » à sa classe de CP au mois d'octobre. Ces trente élèves écoutent attentivement cette maîtresse qu'ils connaissent assez peu en ce début d'année. Ils ont entre 5 et 6 ans et demi. L'enseignante, armée de sa seule bonne volonté et légitimée par la circulaire de 2003, se lance dans une présentation restée depuis dans les annales de l'établissement. Ses propos ne sont au final qu'un monologue, interrompu par une démonstration tout aussi inattendue que déroutante (propos rapportés par les enfants, elle les confirmera) : « alors voilà, vous allez grandir, être amoureux et un jour vous ferez l'amour. Il faut faire bien attention car faire l'amour ce n'est pas si simple et cela peut être grave et entraîner des maladies ou alors se retrouver enceinte. Donc c'est vraiment important de savoir se protéger et pour ça il y a quelque chose que l'on appelle des préservatifs. » Et l'enseignante de sortir de son emballage un préservatif qu'elle présente à son jeune auditoire. Cet exemple illustre combien la bonne volonté n'est pas une garantie suffisante si le contenu est inadapté aux élèves à qui il s'adresse. Dans cette classe de très jeunes enfants où les mythes et les croyances sur la conception des bébés sont multiples, tous ont à peu près acquis l'histoire de la petite graine de maman et de celle de papa. Mais comment se rencontre les deux graines reste un mystère. Leur imposer une représentation de la relation amoureuse comme un risque, un danger ne peut qu'être anxiogène ; et leur présenter un préservatif ne peut que susciter de multiples inquiétudes chez les petits garçons (car même si ce condom n'était pas *kingsize*, le sexe des enfants de 6 ans est loin de pouvoir « remplir » un préservatif adulte...). Au final les élèves passeront plusieurs récréations à tenter de comparer leur sexe dans les toilettes et à solliciter les parents pour comprendre comment se fait cette fameuse rencontre entre petites graines. Pour se justifier, l'enseignante expliquera qu'elle avait été touchée par la sensibilisation sur les risques liés aux SIDA et MST et qu'elle voulait « participer à les prévenir en sensibilisant très tôt les enfants ».

Autre exemple, une jeune infirmière enthousiaste qui réalise une séance d'éducation à la sexualité en terminale dans un lycée professionnel. Initialement organisée en demi-groupe, elle découvre que toute la classe est présente et décide de mener à bien son intervention (« sinon, tout était annulé »). Les élèves ont entre 17 et 19 ans ; elle en a 25... Elle débute sa séance, sans avoir réellement anticipé l'effet de la mixité du groupe, avec l'idée « d'offrir un espace de parole où tout peut être dit » ; ce qu'elle explique aux élèves en leur indiquant qu'elle peut « tout entendre ». Pour les professionnels expérimentés, la suite ne sera pas surprenante : le groupe classe commence par de multiples questions et commentaires sexuels, poussant la jeune professionnelle dans ses limites extrêmes. La confusion s'installe et le groupe prend le pouvoir avec des invectives entre élèves qui témoignent d'une excitation devenue incontrôlable. La jeune femme finit, nous dit-elle, par « craquer » lorsque des élèves l'interpellent sur un sujet qu'elle n'avait pas anticipé : « hé Madame pourquoi ma copine elle ne kiffe pas quand je la sodomise ? ... Vous ne savez pas ça vous ? Vous êtes infirmière, vous devriez savoir ? Il paraît que c'est une zone érogène, alors pourquoi elle ne jouit pas ? Vous le faites ou pas ? Vous pouvez nous dire quoi par rapport à ça ? » Elle suspend la séance et nous explique : « j'étais choquée, profondément choquée que des jeunes parlent comme ça, sans aucun respect... j'étais aussi en colère et ne savais plus quoi dire... alors je n'ai pas réfléchi et je leur ai dit qu'ils devraient avoir honte de tenir de tels propos ; que la sodomie ce n'était pas de la sexualité et que c'était bestial... alors là, ça a vraiment dégénéré et j'ai tout arrêté. » Sans avoir réellement préparé son intervention, sans support pour médiatiser l'échange, sans binôme pour équilibrer la discussion, sans connaissance de la sexualité adolescente, sans formation sur la gestion de groupe dans le cadre de séance d'éducation à la sexualité, cette jeune professionnelle ne pouvait qu'être en échec face à ce groupe d'élèves. Leurs propos peuvent être compris comme des provocations, avec la volonté délibérée de heurter l'adulte ; ils peuvent aussi être entendus comme des interrogations anxieuses face à des choses qu'ils ont vu sur Internet, bien plus qu'ils ne les pratiquent ; ils peuvent également avoir valeur d'appel à l'adulte pour s'assurer qu'il est cohérent et qu'il pourra réellement tout entendre sans juger ; enfin ils peuvent aussi témoigner du vécu intrusif dans leur intimité que représente une telle séance, ce qui les conduit, en retour, à interpeller l'infirmière sur ses propres pratiques. Cette identification projective contrainte lui est insupportable et la projette dans un infini sentiment de solitude et d'impuissance, ne sachant plus que dire, ni que faire.

L'institution scolaire continue de témoigner des clivages persistants au sein de la société du XXIe siècle comme celles des siècles précédents. Ainsi le Bulletin Officiel du 30 septembre 2010 demande aux enseignants « d'affirmer que si l'identité sexuelle et les rôles sexuels dans la société avec leurs stéréotypes appartiennent à la sphère publique, l'orientation sexuelle fait partie, elle, de la sphère privée ». Autrement dit, l'identité sexuelle s'inscrirait non seulement en fonction du sexe biologique, mais également en lien avec le contexte social. Ce qui ouvre une brèche aux partisans de la théorie du genre, qui ne tardent pas à en user pour défendre cette approche à travers différents ouvrages dont un manuel de sciences de la vie et de la terre (biologie) référencée par le ministère pour les classes de première.

Parmi les polémiques récentes en lien avec l'évolution sociétale, nous pouvons aussi citer les débats consécutifs au projet de court-métrage *Le Baiser de la lune*. Ce film de Sébastien Watel, mettant en scène les amours de deux poissons, devait être utilisé en primaire pour débattre des questions sur l'homosexualité. Primé en 2010 par le prix Pierre Guénion (recomposant les initiatives luttant contre l'homophobie), il raconte l'histoire de Léon et Félix, deux poissons qui s'aiment et qui vont s'opposer à la vieille chatte Agathe. Pour l'auteur, ce film aborde avant tout la question du sentiment amoureux et du respect de l'autre, bien plus que le sujet de l'homophobie. Mais face à l'opposition manifestée par de multiples associations, Luc Chatel, alors ministre de l'Éducation nationale décide d'en interdire toute diffusion en milieu scolaire. Après deux ans de retrait et un changement ministériel, il est à nouveau autorisé à la diffusion en avril 2012 auprès des classes de CM1-CM2.

En juin 2011, le rapport de l'Inspection générale de l'action sociale (RM2011-088P) réalisé par Claire Aubin, Christine Branchu et Jean-Luc Vieilleribie décrit une obligation légale sur l'éducation à la sexualité « très inégalement et partiellement appliquée ». Ils constatent que les séances d'éducation sexuelle sont dispensées de façon très inégale d'un établissement et d'une région à l'autre. Sont mis en cause les manques de financement pour ces actions (coût qui n'est pas intégré dans les prévisions budgétaires et financement notamment tributaire des collectivités locales) ; les difficultés matérielles : (disponibilité des salles et créneaux horaires) ; les problèmes institutionnels (articulation entre l'équipe éducative et les intervenants extérieurs) ; les résistances et inquiétudes persistantes du côté des enseignants insuffisamment formés. Ils concluent en considérant que l'éducation à la sexualité en milieu scolaire apparaît comme un « ensemble de structures qui n'est pas organisé en dispositif » et qui reste de ce fait, particulièrement incertain dans son application.

En témoignent également les débats passionnés, voire passionnels, lors du projet du mariage pour tous, qui conduisent en 2012 et 2013 à des échanges tendus entre les familles (aux positionnements très différents) et les établissements scolaires (aux interprétations des circulaires ministérielles sur ce sujet tout aussi variables).

En septembre 2013, le ministre de l'Éducation nationale Vincent Peillon qui souhaite « refonder la République par l'école », constate à son tour que les programmes fixés en 2001 et 2003 sur l'éducation à la sexualité ne sont pas appliqués. Il décide de la mise en place de différents groupes de travail pour que l'éducation à la sexualité devienne réellement effective dès le primaire. Cette proposition de débuter précocement l'éducation à la sexualité dès six ans, (cohérente avec le développement psychosexuel de l'enfant qui ne débute pas à la puberté) relance le débat ininterrompu entre fonction parentale et fonction scolaire et les procès d'ingérence de toutes parts. D'un côté, certains considèrent que laisser l'éducation sexuelle aux parents ne permet pas d'assurer à tous les élèves les mêmes informations ; quand d'autres s'inquiètent de l'abandonner à l'institution scolaire et considèrent que c'est le rôle exclusif des parents.

Or éduquer, « *conduire* » suppose un accompagnement, une réflexion, un cheminement et non une substitution à l'enfant ou une déresponsabilisation des parents. Éduquer c'est aussi informer, rappeler la loi, sans omission ni compromission, sans inhibition ni éducation perverse, transmettre aux élèves des repères humanisants et non édicter des principes, des vérités toutes faites qui resteront vides de sens pour l'enfant ou l'adolescent. Tenter de distinguer l'instruction de l'éducation devient rapidement une perspective limitée car tout enseignement a une portée éducative dès lors qu'il dispense « des connaissances, dès lors que celles-ci, distinctes de la simple information, au lieu d'être assénées de manière dogmatique et absorbées passivement, font l'objet d'une "appropriation" par les élèves » (Larue et Fortin, 2000). L'institution scolaire a une place spécifique à avoir, dans une complémentarité de celle des parents et du milieu familial de l'enfant. Il ne devrait pas s'agir d'être en concurrence avec des enjeux de pouvoirs et de savoirs, mais dans une dynamique de co-construction pour l'enfant de sa vie individuelle et sociale.

Les évolutions récentes

Le sort réel de l'enfant, la façon dont le monde adulte le perçoit, les modes de soins, d'attention et d'éducation qui lui sont dédiés, n'ont de sens qu'en fonction de la place que la société des adultes lui accorde. Le rappel historique que nous venons de proposer sur l'évolution de l'éducation à la sexualité, nous permet de constater que l'institution scolaire n'a cessé d'être chargée d'attentes multiples, sommée de répondre à toutes les difficultés repérées et tout aussi rapidement stigmatisée comme responsable de tous les maux que la société du moment ne parvenait pas à résoudre.

Le rapport de l'institution scolaire à l'éducation à la sexualité a évolué simultanément à l'attention portée aux enfants puis aux adolescents. Cette mutation permet de mieux comprendre que l'éducation sexuelle a toujours existé avec des formes, des objectifs et des modalités variables, empreinte de l'histoire religieuse, sociale et politique dans laquelle elle se situait. Aujourd'hui elle tente de s'inscrire dans le vaste champ de l'éducation à la santé avec davantage de thèmes dits « transversaux ». Il s'agit de proposer une approche plus large, inscrite dans une perspective éducative globale et adaptée à la représentation actuelle de la sexualité qui engage non seulement les actions de prévention mais aussi la vie quotidienne des établissements scolaires (enseignement, rapport entre élèves, liens élèves/enseignants).

Dans ce débat, la question de la place des parents reste toujours d'actualité, d'autant plus que la parentalité prend des formes multiples. Les textes du ministère de l'Éducation nationale rappellent que l'institution scolaire n'a pas à se substituer aux parents et que ceux-ci doivent être associés aux initiatives proposées dans les établissements scolaires au sujet de la santé à l'école et plus particulièrement de l'éducation à la sexualité. Même si la composition de la famille évolue, les parents continuent d'avoir une fonction fondamentale dans la mise en place des structures intrapsychiques de l'enfant, dans l'apprentissage de l'implicite, de l'interdit. Les rôles de chacun ainsi définis ne devraient pas donc se substituer les uns aux autres. Mais les attentes de part et d'autre continuent d'être ambivalentes : chacun souhaite garder une autorité sur le sujet mais chacun se décharge de toute responsabilité en cas de difficulté. Et rares sont les établissements qui informent les parents sur les actions menées.

Et les difficultés récentes ne manquent pas avec, pour exemple, l'incidence de la révolution des nouvelles technologies. Celles-ci bouleversent non seulement les modes relationnels, mais exposent les enfants et les adolescents à de nouveaux supports d'information, dans tous les domaines dont celui de la sexualité. Il apparaît évident que l'institution scolaire ne peut être, seule, chargée d'éduquer aux images et à l'usage des écrans et que les parents ont aussi des repères indispensables à transmettre à leurs enfants.

Une société pornographe

Pour décrire le contexte actuel, certains sociologues qualifient notre société de « pornographe », avec une sexualité qui s'exhibe sans limite, sans secret, sans interdit ; avec cette impression que cette exhibition est à la hauteur du malaise grandissant d'adultes qui s'affirment libérés mais soumis à des pressions de performance, de qualité et de constance. Le discours sur la sexualité est devenu technico-scientifique : il faudrait tout comprendre, tout expliquer, tout montrer, tout rationaliser, tout faire, et surtout tout contrôler, alors que la sexualité a besoin de mystère, de rêve, d'imaginaire. La représentation actuelle de la sexualité, conduit à une perte de repères ou tout semble possible avec, la révolution des nouvelles technologies et la place envahissante des écrans. Il n'y a plus de frontières bien définies entre ce qui interdit ou non, entre ce qui est possible ou transgressif ; sexualité et violence sont assimilées ; publicités exposant à tout va la nudité ; petites filles hypersexualisées par le lobbying commercial, prostitution, pornographie, libertinage, tourisme sexuel, sont revendiquées par certains comme autant de « droits » à leur sexualité. Le rapport à l'autre s'expose sans limite, sans respect du corps, sans pudeur, sans respect générationnel, quand il devrait rester pour chacun une part d'intime et d'intimité indispensable. Cette représentation de la sexualité favorise les comportements prédateurs et laisse s'exprimer une vision pulsionnelle de la sexualité dépossédée de toute sa dimension émotionnelle. Notre société semble subir, impuissante, cette évolution : le vocabulaire se dégrade (injures à connotation sexuelle dès le plus jeune âge, termes graveleux, propos dégradants à l'encontre principalement des femmes) ; la criminalité sexuelle augmente sans être effectivement davantage pénalisée ; les victimes d'agressions sexuelles doivent constamment prouver qu'elles ne sont pas consentantes ; les comportements d'addictions sexuelles sont de plus en plus souvent décrits ; la pédocyberpornographie semble incontrôlable et incontrôlée, etc. Dans ce qui pourrait apparaître comme une période de chaos représentationnel de la sexualité, les enfants sont toujours plus à risque d'être réduits à l'état d'objets.

Un siècle après les premiers écrits sur la sexualité infantile, le discours social a évolué, mais sa reconnaissance ne semble pourtant pas acquise. Notre société apparaît en effet durablement marquée par une représentation impensable de la sexualité infantile. Alors même que l'on pourrait s'attendre à une meilleure compréhension, force est de constater aujourd'hui, un contexte où le jeune enfant, comme l'adolescent, est de nouveau perçu comme un être dangereux, facilement perverti, tout autant que pervers en puissance. La perception de l'enfant rousseauiste a-sexuel, être pur, immaculé et sans désir, a disparu. Et depuis quelques années, apparaît à nouveau comme avant le XVIIIe siècle, celle d'un être débordé par ces pulsions, prêt à tous les passages à l'acte possibles, et abuseur potentiel : du pédophile en culottes courtes des classes maternelles, au violeur en série de « tournantes » à l'âge du collège.

Dans un tel contexte, les adultes sont bien souvent en difficulté pour avoir une compréhension adaptée de la sexualité infantile, qui leur permettrait de repérer des manifestations sexuelles liées à l'âge de l'enfant ou de l'adolescent ou des expressions d'une violence sexuelle subie. La méconnaissance persistante de la sexualité infantile qui conduit notre société à diaboliser toutes les manifestations sexuelles, a pour ultime conséquence de dénier la réalité des violences sexuelles subies par l'enfant comme par l'adolescent.

La prévention des violences sexuelles comme d'ailleurs celle de toute violence, passe par le respect de la différence, par l'élaboration de tout ce qui fait différence : repère, limite, barrière, zone de conflictualisation. Or l'institution scolaire, à l'image de notre société, peine à mettre des limites, lesquelles une fois instaurées, sont bien souvent transgressées. Comment demander à l'école de gérer ce rapport au sexuel, ce lien entre la transgression et la norme, dans une société confrontée à ses propres manquements à délimiter ses normes ? Comment peut-elle proposer une « éducation à la sexualité » alors que la société manifeste un réel désarroi en matière de référence sexuelle ?

Depuis plusieurs années, nous constatons une implosion des repères qui faisaient référence dans notre culture, en particulier celui de la famille. Le système matriarcal organisait la famille dans nos sociétés démocratiques et imposait en particulier ses normes en matière sexuelle : sexualité hors mariage prohibée, intolérance à l'égard de l'amour libre, de la sexualité des adolescents, de l'homosexualité, etc. L'institution qui garantissait le rapport entre les sexes et les générations dans un modèle inégalitaire et hiérarchique (suprématie de l'homme) était le mariage, socle sur lequel reposait tout l'édifice de la filiation. Cet unique modèle familial est aujourd'hui remplacé par une multitude de possibles : famille monoparentale, famille homosexuelle, union libre, pacs, divorce. Cela induit une suppression des barrières intergénérationnelles. Il n'existe plus de normes précises mais une norme « plurielle » qu'il convient encore de définir. Le rapport que notre société entretient avec la sexualité s'est simultanément modifié : « la spectacularisation du sexuel », sa médiatisation continue, la banalisation de certaines pratiques sexuelles, la confusion des scènes privées et sociales, la surestimation de l'image du corps, la culture de la performance, sont autant d'exemples qui témoignent d'une rupture dans l'ordonnancement de la sexualité qui fait que le sexuel n'a plus la valeur de pôle conflictuel et d'organisateur principal. La fin d'un unique modèle familial est ainsi la source d'une profonde désintrication symbolique et d'une réelle fragilité des liens familiaux et institutionnels, en particulier au niveau scolaire. Or aucune société ne peut exister sans références, sans normer à l'avance ses échanges sexuels, sans mettre en place des limites, des interdits : l'éducation véhicule la loi, prescrit la différence des sexes et des générations, proscrit le meurtre et l'inceste.

Loin des espoirs du XIXe siècle portés sur l'institution scolaire par les classes sociales paupérisées qui avaient enfin accès à la scolarisation, le XXIe siècle vient rappeler que l'école ne peut pas tout et n'est surtout pas responsable de tous les maux de la société. Face à ce désenchantement, l'institution scolaire n'est pas la seule à être désacralisée : la justice, la police, le système hospitalier connaissent eux aussi une perte de crédit majeure.

L'institution scolaire se trouve chargée de répondre aux exigences sociales et politiques dont les priorités varient au fil du temps. Elle est soumise à des prises de décisions, des modalités d'actions certaines fois contradictoires mais censées régler son fonctionnement et définir ses objectifs. Dans un contexte où les pertes de repère apparaissent majeures, le risque est de condamner l'élève à être l'objet d'enjeux entre adultes : enjeux éducatifs, politiques, religieux, médiatiques, commerciaux.

Les textes ministériels peuvent se multiplier et les injonctions d'intervenir sur ce sujet se renforcer à l'égard des professionnels du milieu scolaire, cela ne sera pas suffisant pour apporter aux enfants et aux adolescents les repères dont ils ont besoin. Le rapport que notre société moderne institue à l'égard des enfants et des adolescents et celui portée par l'institution scolaire, sont souvent bien éloignés de ce qui leur permettrait de devenir sujets de leur propre histoire, d'être respectés et protégés pour ce qu'ils sont : des personnes en devenir, des petits d'hommes en développement, avec un mode relationnel et des besoins psychoaffectifs bien spécifiques. Un des enjeux des années à venir est sans aucun doute celui de redonner du sens à cette éducation à la sexualité, ce qui ne pourra se faire sans prise en compte de ce que sont les élèves, leurs familles et les adultes chargés de cette responsabilité.

Chapitre 4

Des écrans et des jeunes

L'HISTOIRE de l'humanité nous permet de savoir que toute société, en accédant à de nouveaux savoirs et en créant de nouvelles technologies, est inévitablement transformée par les effets de ce qu'elle a elle-même inventé. Lorsque la télévision et les premiers ordinateurs ont été créés, leurs concepteurs ne se doutaient sans doute pas des bouleversements que ces nouveaux objets entraîneraient. Non seulement aux niveaux technologique, juridique, économique, mais aussi et surtout au niveau humain.

LES IMAGES COMME ÉCRANS À LA RÉALITÉ

Dans les sociétés industrielles, les images sont désormais partout : dans la presse, sur les écrans de télévision, d'ordinateurs ou de cinéma, sur les téléphones portables. Elles ont, de tout temps, fasciné mais si elles se sont aujourd'hui généralisées et font partie de notre quotidien, cela n'a pas toujours été le cas. Lors des premiers temps de la photographie puis du cinéma et de la télévision, leur accessibilité était limitée. Une certaine résistance se manifestait même, comme le refus d'images, en particulier sur la biologie des corps dans les manuels scolaires. Les images étaient rares, précieuses, suscitaient un intérêt critique des spectateurs et il semblait possible et relativement facile de s'en protéger. À cette époque, elles permettaient de replacer les événements dans leur contexte et de les resituer dans leur chronologie. Elles visaient à informer, soit sur des événements familiaux importants (naissance, communion, mariage, mobilisation militaire, décès) ; soit sur des événements susceptibles de marquer l'histoire. Avec la vulgarisation des images et la façon dont elles sont actuellement utilisées, nous pouvons constater un glissement de représentations. La télévision et les nouvelles technologies de l'information et de la communication, servent aujourd'hui avant tout, non plus à informer une minorité d'élite y ayant accès, mais à divertir le plus grand nombre : nous sommes passés de la posture de spectateur conscient et critique, à celle de client, source de bénéfices financiers, faiseur d'audience, passif, dépendant pour s'informer des images qu'il regarde. Il est une date qui nous semble symboliser ce passage, celle du 17 juin 1939 où Eugène Weidmann fut guillotiné à Versailles, dans le cadre de la dernière exécution publique de l'histoire de France. À cette même période, la télévision française prenait lentement place dans les foyers suite à la première émission officielle du 26 avril 1935. La mise à mort, l'horreur de la mort en direct, est ainsi passée de la scène publique où les témoins participaient à l'événement par leur présence volontaire sur les lieux des exécutions, à la sphère privée où la mort s'immisce dans l'intimité d'un public passif sans capacité de distanciation par rapport à l'horreur. L'écran télévisé pourrait apparaître comme un écran protecteur face à la cruauté et à l'atrocité que peut avoir le monde extérieur, mais paradoxalement, en matérialisant la mise à distance des spectateurs, il révèle la vulnérabilité psychique chez certains d'entre eux, sidérés face à ces images, contaminés par le désastre et figés dans un tel état de tétanisation devant la réalité trop crue qu'ils n'en parviennent même plus à éteindre leur écran.

Les progrès technologiques récents conduisent à un afflux d'images qui nous assaillent en permanence et qui bouleversent nos repères spatio-temporels. Temps et espace sont abolis. Les délais de transmission sont abolis, ne laissant plus le temps de penser ce qui a été filmé et d'élaborer un commentaire qui ne soit pas submergé par la violence de ce qui est montré. Les images tournées au plus près de l'événement par les chaînes d'information continue contribuent à renforcer cette agonie temporelle (distances géographiques effacées). La rapidité et la facilité des transmissions, les quantités d'images disponibles, la simplicité d'accès aux images, la surabondance d'informations, la multiplicité des supports possibles et la diversité de la nature de ces images, font qu'il est en effet désormais impossible de ne pas être confronté. Parallèlement à cette avalanche d'images, nous constatons que leur utilisation peut conduire à certains manquements, voire à ce qui pourrait paraître comme des manipulations : les informations diffusées ne sont pas toujours vérifiées ; la réalité peut être occultée, déniée ou banalisée ; les informations peuvent être parcellaires, fausses ou mensongères ; il peut y avoir une inadéquation entre les images et le sujet concerné ; les effets spéciaux et en particulier dans les bruitages (battements cardiaques, cris de douleurs et de désespoir, bruits de tirs ou d'explosion), les musiques de fond, les images saccadées et les variations lumineuses, orientent le climat dramatique de l'image, etc.

Pour le spectateur, sérier la réalité du virtuel est d'autant plus problématique qu'il devient difficile de distinguer le caractère de fiction, de témoignage ou de documentaire de ces images. La confusion est par exemple renforcée lorsqu'elles sont réalisées par des non-professionnels, simples citoyens anonymes via leur caméra personnelle ou leur téléphone portable (technique de *l'happy slapping*) ; ou quand les journalistes des chaînes info-non stop, ne sont plus que des commentateurs d'images qu'ils découvrent en même temps qu'ils les transmettent. Contrairement aux reportages réalisés par des services de presse et accompagnés de commentaires susceptibles de contenir leur violence, ces images prises par des anonymes ou des journalistes pressés par une logique du « tout image », transmettent l'événement à l'état brut. Il n'y a aucune explication si ce n'est la simple transmission d'une image et au mieux, une simple description des faits, sans aucun filtre émotionnel possible et sans aucune analyse critique. L'identification projective des téléspectateurs est alors massive et met à mal leurs capacités réflexives qui leur permettraient de se dégager du choc des images et d'y redonner un sens.

PENSÉE COURT-CIRCUITÉE ET DÉSUBJECTIVATION

Ce que nous constatons c'est que la multiplication sans limite et sans inscription temporelle des images entraîne un débordement du cadre contenant de l'information objective. Ce processus d'amplification conduit à une dimension mystificatrice de l'information dès que celle-ci n'assure plus sa fonction explicite de pare-excitation. Cela se traduit par la transmission via le support écran, de faits acquis comme éléments de la réalité alors qu'ils ne sont que la mise en scène de ceux qui les transmettent. En bouleversant notre rapport au temps, la diffusion incessante d'images hypothèque une ressource fondamentale de l'être humain : celle de donner sens à ce qu'il expérimente. Or pour cela il faut du temps : du temps pour penser, du temps pour comprendre, du temps pour apprendre, du temps pour élaborer, du temps pour grandir, du temps pour se construire. Pour prendre conscience du monde extérieur, le bébé, l'enfant, puis l'adolescent et l'adulte, ont besoin de mettre du sens sur ce qu'ils voient et expérimentent et de mettre en sens toutes ces expériences. Ce travail d'appropriation subjective ne peut se faire sans un temps minimum. Or les images et les actualités accumulées nous empêchent non seulement de penser, mais nous dépossèdent aussi de l'envie de nous informer par nous-mêmes en nous faisant croire que nous savons déjà tout en les voyant. Elles laissent à croire qu'un événement ne vaut que s'il peut être filmé puis montré et que les mots ou les écrits valent moins que ce qui demeure visible à travers un écran ou une photo. Et dans leurs dérives actuelles, du toujours plus glauque, les images nous maintiennent dans la représentation d'un monde insécurisant et renforcent le sentiment de menaces diffuses, de crises et de risques permanents.

Cette évolution, voire cette révolution, devrait nous inciter à développer une véritable éducation vis-à-vis des images pour véritablement, apprendre à regarder, c'est-à-dire à comprendre ce qui est montré, à discerner les informations transmises et non à les voir passivement. Les écrans peuvent transmettre des images mais ils ne sont rien sans l'investissement réflexif de celui qui les reçoit. Le malentendu fondamental vient en partie de la confusion entre information et communication. Les écrans ne sont pas là pour communiquer, ce qui impliquerait une réciprocité des échanges et inscrirait l'événement dans une intersubjectivité, c'est-à-dire dans une expérience de co-construction du sens de l'événement, faite d'ajustements successifs pour penser l'impensable, mettre des mots sur l'indicible et élaborer au-delà de ce qui nous apparaît dans un premier temps comme une étrangeté. Ils sont là pour informer les autres et se rendre intéressant quelles qu'en soient les conséquences, c'est-à-dire transmettre, sans limite, à sens unique un certain nombre de données. Les nouveaux supports médiatiques (réseaux sociaux, etc.) sont un exemple de ce leurre communicationnel. Ils donnent une illusion de contacts, d'échanges et de rencontres, mais font l'impasse sur le fait que la virtualité hypothèque inévitablement la réalité.

Pour exemples

- La valeur d'une personne se réduit à son nombre « d'amis » sur son compte ou sur le dynamisme de son réseau social.
- L'usage des pseudonymes sur le net qui autorise, de façon simultanée un internaute à avoir autant d'identités qu'il le souhaite, à changer d'âge, de sexe, de profession, etc. ; ce qui lui permet d'expérimenter d'autres

statuts et qui ne garantit pas à ses interlocuteurs la véracité de l'identité qu'il présente.

Cet écran entre la réalité événementielle et la virtualité que peuvent se construire les utilisateurs de NTIC hypothèque inévitablement la qualité empathique indispensable pour l'instauration de relation entre sujets, respectueuse de chacun. Les écrans et les images qu'ils diffusent ne sont en effet pas simplement un mode de transmission neutre, aseptisé et désaffectivé de la réalité. Celles-ci sont pour ceux qui les créent, ceux qui y écrivent, qui les filment, ceux qui les montent, un événement qui témoigne de leur propre vécu et de leur propre volonté de transmettre tel ou tel fait. Elles ne sont qu'une part éminemment subjective de leur réalité, et la réalité ne saurait s'y réduire.

LA « NET-GÉNÉRATION »

Tout petit, l'être humain est confronté au virtuel : dès ses premiers mois, le bébé apprend à intégrer progressivement l'absence de sa mère ou de son substitut en se la représentant virtuellement, via le support d'objets transitionnels tels que les « doudous ». Ces supports matériels lui permettent d'établir une transition entre l'indifférenciation initiale qui existe entre lui et sa mère et la distanciation nécessaire. Winnicott qui a développé cette notion d'objet transitionnel nous rappelle que ce n'est pas tant l'objet en lui-même qui est transitionnel, mais la façon dont l'enfant va l'investir. L'expérience de l'enfant à une relation d'objet virtuel, s'inscrit sur une scène bien distincte de celle des écrans puisqu'elle participe à la construction psychique de l'être humain dès ses premiers mois de vie. Mais ce renoncement à cette phase symbiotique mère-bébé n'est réalisable qu'à partir du moment où l'enfant expérimente aussi les échanges bien réels avec sa mère. L'aire transitionnelle n'a de sens et d'existence que parce que le bébé a expérimenté, dans la réalité, une réponse maternelle adaptée et « suffisamment bonne ». Sans cette expérience du réel, le jeune enfant ne peut développer ses capacités réflexives et de rêverie, s'autonomiser et enrichir la créativité dans ses échanges avec le monde extérieur. S'il n'expérimente que le virtuel, toute la dynamique à l'œuvre dans la constitution de l'objet transitionnel est vouée à l'échec : il ne peut donner sens à la réalité et l'intégrer psychiquement de façon adaptée. Le risque est alors de transformer l'enfant en être totipotent, sans limite et sans repère ; débordé par la conviction de tout maîtriser ; intolérant à la moindre frustration ; ignorant face aux cadres fixés par l'adulte et aux interdits ; incapables de ressentir de l'empathie face à l'autre, etc. Les NTIC imposent une réalité qui n'est pas, psychiquement structurante, si elles ne sont que le seul support des enfants (éducatifs comme ludiques à l'image des écrans utilisés comme nounous). Autrement dit, si ces images qui ne sont pas la réalité, sont le seul mode relationnel offert à l'enfant et si elles ne sont pas décryptées, le risque est d'exposer les enfants à une déliaison des liens intersubjectifs et intrapsychiques. Sans l'adulte pour l'accompagner, le soutenir et véritablement l'éduquer face aux images, l'enfant est condamné à n'être qu'un objet passif des écrans.

Dans la culture occidentale et pour les générations précédentes, le savoir était transmis par les écrits. Dans d'autres cultures, la transmission se faisait et se fait toujours principalement par la parole, des plus expérimentés (les adultes) vers les plus ignorants (les enfants, du latin *infans*, celui qui ne parle pas). La génération actuelle s'est construite dans un rapport presqu'exclusif aux images et aux écrans où le temps se limite au présent et où les expressions sont synthétisées en quelques mots écrits de façon phonétique, voire par des symboles ou autres smileys. Depuis leur conception, les jeunes d'aujourd'hui ont été supports d'images : échographies, photos, films, etc. Cette génération a grandi devant mais aussi derrière les écrans (télévision, ordinateur, tablette, téléphone, appareil photo...) puisqu'ils sont devenus, de plus en plus jeunes et grâce aux progrès technologiques, créateurs d'images avec la volonté d'intéresser les autres plutôt que de réellement communiquer. Le recours aux écrans pour construire la réalité est devenu leur mode relationnel privilégié avec bien souvent ce qui pourrait être décrit comme une « appétence communicationnelle », au final bien illusoire, tant ces échanges sont superficiels. Si les jeunes ne sont pas les seuls à ne pas supporter de ne pas pouvoir joindre ceux qu'ils veulent contacter, l'écart avec les adultes se joue au niveau du savoir : les enseignants et les parents sont dépossédés de leur statut de « sachant » et ne sont plus les seuls dépositaires du savoir et ni la famille, ni l'école ne sont plus sacralisées. En cette période de désunions fréquentes, de mises en couple, séparations et recompositions multiples, la famille n'apparaît plus comme une donnée clairement définie. Les normes de la famille et ses représentations sont devenues floues ce qui conduit à un contexte où les structures de parentés apparaissent incertaines et participent, dans certains cas, à l'établissement de liens insécures entre enfants et parents. Comme l'ont rappelé certains anthropologues, c'est la première fois dans l'histoire de l'humanité qu'un tel inversement dans la transmission des savoirs a lieu, puisque les jeunes générations en connaissent plus que leurs aînés. En devenant des baby-consommateurs de médias, les enfants et les adolescents d'aujourd'hui prennent le pouvoir sur un savoir qui dépasse la génération actuelle des adultes. Leur boulimie face aux écrans, leur habileté dans le maniement des ordinateurs et des smartphones et leur capacité à dégager aux mieux et avec une rapidité déconcertante toutes les fonctionnalités de ces supports, est à la hauteur des difficultés fréquentes d'adultes bien en peine pour être à l'aise avec ces nouvelles technologies.

Les écrans ont bouleversé ce rapport au savoir non seulement par l'accès à de nouvelles connaissances, mais aussi par le sens de la transmission : nous sommes passés d'un enseignement vertical (l'adulte qui possède la connaissance vers l'enfant qui ne sait pas), à un « savoir vertical inversé » (le jeune qui possède un savoir supérieur à celui des adultes). Pour l'institution scolaire qui représente LE lieu de la transmission et des apprentissages, cette révolution ne se fait pas sans heurts. Désormais les élèves vont sur internet avec une avidité sans limites pour chercher des informations ; sollicitent leurs camarades via les réseaux sociaux, obtiennent des corrigés, font leurs devoirs, donnent leurs avis sur leurs enseignants ou leur établissement, etc. Comme pour le monde médical où le patient fait son diagnostic avant sa consultation auprès d'un médecin, en se rendant sur internet, les élèves s'approprient un savoir, celui des écrans et des nouveaux médias.

Pour exemple

- Ces collégiens de cinquième qui piratent le site de leur collège en insérant un fichier avec des photos prises chez eux à l'occasion d'une fête dans une piscine ; fichier dont la majorité des élèves ont connaissance à l'insu des adultes puisqu'il ne sera découvert que deux ans plus tard par l'enseignant chargé du site.

La fracture générationnelle actuelle naît, en partie, de ce clivage représentationnel du numérique. Écran synonyme de conquête et d'autonomisation pour les jeunes ; écran équivalent à un miroir sans teint pour les adultes dépassés par toutes ses potentialités et effrayés par la virtuosité manifeste des adolescents et des enfants de plus en plus jeunes. Pour les parents comme pour les professionnels de l'institution scolaire, l'enjeu est de retrouver la légitimité de la transmission alors même qu'ils maîtrisent moins bien l'outil que les enfants à qui ils sont chargés d'apprendre. Pour exemple, les supports pédagogiques utilisés actuellement par les enseignants et qui sont conçus dans une logique d'apprentissage à des années des supports usuels des élèves ; ou l'impossibilité d'assurer une « protection médiatique » des enfants par les adultes en dépit de « logiciels de contrôle » (les cartes contrôles sont impossibles à installer sur des téléphones type *smartphones*).

> Ainsi en septembre 2012, les ordinateurs de la salle municipale d'un village du Lot-et-Garonne, pourtant équipés d'un contrôle parental, se sont trouvés piratés par des images pornographiques et sadomasochistes, alors que des élèves de CM1 et de CM2 étaient en train de les utiliser avec leur professeur d'histoire-géographique. Cet épisode a plongé dans un profond désarroi les adultes concernés (parents, enseignants, responsables de la mairie) ; personne ne comprenant comment de telles images avaient pu passer les filtres de protection habituels. Ces contenus incontrôlables exposent à un sentiment d'impuissance difficile à supporter pour des adultes chargés de prendre soin des enfants.

La net-génération a développé des capacités à gérer plusieurs écrans en même temps. L'adolescent d'aujourd'hui est ainsi capable de faire ses devoirs tout en regardant la télé, en écoutant de la musique, en lisant ses mails et en twittant sur son téléphone. Et la majorité de ces pratiques se font au domicile ; le foyer familial étant le lieu de connexion le plus prisé par les jeunes (enquête IFOP de 2006). Inévitablement cette génération a acquis une culture propre et étrangère aux précédentes. Il s'agit désormais pour exister, de « voir », « d'être vu », de « montrer » et non plus de « savoir ». Le rapport à l'autre et au monde extérieur a ainsi été bouleversé avec une hiérarchisation des valeurs bien différentes de celles des générations antérieures, qui se traduit par une rupture dans la transmission de celles-ci entre générations, voire un fossé générationnel. Pour de nombreux jeunes (au grand dam des parents et des enseignants), Internet et les réseaux sociaux ont pris la place des valeurs que transmettait la famille. L'écran s'impose comme tiers relationnel entre les individus et nous contraint à une inévitable mutation dans le tissage des liens entre individus. Les médias sont devenus des vecteurs de règles de conduites, de normes sexuelles et de rôles sociaux, qui bouleversent notre rapport à l'autre : la culture web, les forums et les blogs, les feuilletons et les jeux télévisés, les émissions de téléréalité, publicités, les émissions pour enfants et adolescents, les dessins animés, les journaux télévisés, orientent désormais notre quotidien et plus particulièrement celui des jeunes (comportement, vocabulaire et expressions langagières, codes vestimentaires, législation, etc.).

Ce que nous constatons c'est que l'effacement de la relation au profit des écrans entraîne une triangulation qui interdit le colloque singulier préexistant entre un sujet et un autre sujet où l'écoute, l'empathie et l'altérité sont si importantes. Autrement dit, nous ne sommes plus deux dans l'échange, mais l'écran vient s'imposer comme tiers et affecte inhabilement notre représentation des échanges humains.

Pour exemples

- Ces enfants en salle d'attente accrochés à leur DS et autres jeux vidéos. Les parents nous expliquent que cela « les calme », « leur permet de patienter », « leur évite d'avoir peur ».
- Ces chefs d'établissement qui après avoir lutté des années contre l'usage des portables, les autorise sur le temps des récréations parce que « cela apaise les élèves »...
- Ces parents pressés le matin qui mettent leur petit derrière l'écran-télé-nounou pour qu'il prenne son petit-déjeuner et qu'ils soient de leur côté « tranquilles pour se préparer ».

Ces arguments avancés par les adultes pour justifier le recours aux écrans peuvent se comprendre tant il peut être délicat de rassurer un enfant en salle d'attente ou de canaliser l'énergie matinale de jeunes enfants ou celle de collégiens et de lycéens entre deux cours. Mais ce qu'ils nous disent également, c'est que l'adulte (parent, enseignant) n'est plus là ; avec ce positionnement, qui consiste à s'invalider soi-même en tant qu'adulte protecteur en confiant à un écran la charge d'apaiser, de contenir et de rassurer l'enfant. Il y a ici, une attitude des plus paradoxales du côté des adultes : reprocher aux écrans de prendre une telle place dans leur quotidien alors même qu'ils l'instituent, bien souvent, comme médiateur relationnel entre eux et l'enfant.

Ces exemples témoignent des effets de l'individualisation et de la nouvelle servitude imposée par les écrans. Le danger n'est pas en tant que telle la technologie des écrans, mais ce que nous en faisons et la façon, dont en tant qu'adulte, nous lui donnons une place dans l'espace relationnel de nos enfants. Pour certains adultes, cette société ultratechnologisée, ultra-informatisée, ultra-performante et surinformée, a des effets insidieux qui conduisent à la paupérisation des relations humaines et probablement à l'érosion éducative. Cette thèse peut se comprendre car le véritable gavage médiatique entraîne un court-circuitage de la pensée, comme si nous finissions par ne plus réfléchir face aux images qui s'imposent de toute part, tout en ayant la certitude de maîtriser ce qui nous entoure. L'expression des jeunes comme de certains adultes « ça vide la tête » témoigne de ce vide réflexif que peuvent induire certains usages des écrans. La génération des jeunes d'aujourd'hui est bloquée entre un passé souvent idéalisé par les adultes mais qui ne leur parle guère et un avenir qui s'annonce des plus insécurisant et incertain (et qui fait l'unanimité). Mais ils sont aussi face à des adultes qui ne leur laissent plus le temps de profiter de cette période essentielle à leur développement qu'est l'enfance : des bébés à peine nés sont surstimulés avec des injonctions parentales puis scolaires ; puis à peine sortis de l'enfance les voilà projetés dans des préoccupations d'adultes. Lorsque des jeunes de CP nous expliquent qu'ils vont « attraper l'adolescence » ou que leur inquiétude est « d'être au chômage et de ne pas avoir de retraite », il est évident que l'insécurisation des adultes les a contaminés et qu'ils se trouvent submergés par un devoir de performance et de réussite.

Dans ce monde complexe et désorienté, la superficialité et l'individualisme s'imposent et l'autorité est inévitablement fragilisée car elle a besoin de temps pour se structurer et se transmettre : le zapping constant d'un fait à l'autre et d'une relation à l'autre ne permet plus d'expérimenter la frustration, la gestion des difficultés, mais aussi d'accepter de recevoir les ressources et l'expérience que chacun peut avoir et que la relation à l'autre peut apporter. « Le maillon faible » se trouve exclu comme tout sujet qui n'apparaît pas dans la norme du moment. La virtualité prend la place de l'expérience subjective ; le présent s'impose comme la référence exclusive et nous expose à une inévitable illusion relationnelle. Elle ne nous incite pas à penser mais nous pousse à agir par l'adhésion émotive et corporelle aux images et sans référence à l'autre ; ce qui entraîne une profonde mutation du mode de transmission intergénérationnelle.

ÉDUQUER AUX ÉCRANS, DÉCRYPTER LES IMAGES

Les images révèlent la vulnérabilité psychique de l'être humain et interrogent notre capacité à instaurer des limites et à les tenir, car elles offrent un champ sans contrainte, affranchi d'interdits et où la frustration n'existe pas car tout est accessible. Elles peuvent être éminemment subversives mais tout autant créatrices d'un nouveau rapport à l'autre. La révolution des NTIC nous offre la vision d'un monde où tout devient possible et où toute personne peut être exposée, même à son insu, à des images. Impliqué direct ou simple témoin, chacun de nous reçoit le spectacle du monde avec sa singularité propre et nous appréhendons les images selon ce que nous sommes. Nous les regardons avec notre personnalité, nos mécanismes de défense, notre histoire personnelle, familiale et sociale, les projections que nous sommes ou non en mesure de faire, les aléas que nous vivons et notre rapport au futur, sur un mode plus ou moins serein ou, au contraire anxieux et insécure. Une image n'est pas qu'un objet : elle survient dans un contexte et ne prend sens qu'en fonction de ce que le spectateur en comprend. Et nous-mêmes, qui la regardons, ne sommes pas des objets, mais des sujets lestés d'un passé et d'un présent. Une image peut nous bouleverser parce qu'elle nous parle d'un sujet, d'une personne ou d'un endroit qui nous intéresse et qui nous touche parce qu'il fait résonance avec notre propre histoire. Elle peut déclencher un sentiment de culpabilité ou de compassion aussi bien qu'une hostilité irrépressible selon ce qu'elle vient réveiller au plus profond de notre identité et réactiver comme traumatismes passés que l'on pensait avoir résolus. Si le sujet reste passif face aux images, il est en risque d'être blessé psychiquement par celles-ci et les images présentent alors la menace de s'enkyster car elles produisent un reste d'indicible où le sujet, malgré lui, n'est jamais sans savoir qu'il se trouve dès lors indiciblement paralysé dans un espace d'agonie psychique. Pour chacun d'entre nous en fonction du type d'événement et le moment où il nous surprend dans notre vie, les images ont ainsi une dimension potentiellement traumatisante dès lors qu'elles conduisent à une effraction dans l'organisation pulsionnelle du sujet, à une perte des repères préétablis, à un blocage du psychisme, à une désorganisation du processus élaboratif et à un bouleversement de l'organisation pulsionnelle. Apparaissent un manque de représentations et une incapacité à maintenir des mécanismes de défense opérants et à fixer une limite à ce qui peut être dit et montré, à l'indicible du sujet et donc à son impossibilité d'être sujet pensant : l'adhésion émotive et corporelle aux images conduit le sujet à ne pas s'empêcher de croire à ce que lui montrent ces images sans parvenir à s'en distancier. Souvent, il sait bien qu'elles sont factices et ne sont pas le reflet exact de la réalité, mais il ne peut s'empêcher de vouloir y croire et se trouve fasciné et reste comme hypnotisé, par le spectacle du pathétique. Passif, le spectateur n'existe plus subjectivement et se trouve frappé d'impossibilité à se dégager du vertige causé par cette confrontation à l'inintelligible. Dépossédé de ses capacités réflexives, il ne peut plus contrôler son attirance pour ces images et reste fasciné, dans une totale adhésion traumatique à ce qu'il est en train de voir.

Le contexte de la surenchère médiatique et l'omniprésence des images conduisent à des glissements entre les frontières de la vie privée et de la vie publique, autrement dit à une extraterritorialisation de l'intimité : nous sommes passés d'une société où l'intimité était préservée à une société où l'intimité est surexposée, ce que Serge Tisseron désigne par un « désir d'extimité » qu'il différencie de l'exhibitionnisme par le fait que la valeur de ce qui est transmis dépend de l'attention que des autres, bien souvent inconnus, lui porteront. Il ne s'agit plus de se faire reconnaître par un petit nombre de gens proches, mais d'avoir la reconnaissance de la masse et éventuellement celles d'inconnus ; il ne s'agit plus d'imiter quelqu'un pour devenir célèbre mais de devenir célèbre par sa seule présence derrière un écran de télévision ; il ne s'agit plus de réussir par ses talents mais de devenir vedette un quart d'heure par le seul fait d'apparaître sur les écrans ou à la première page du journal. « Monsieur-madame tout le monde », l'anonyme sans qualité particulière, devient la cible de toutes les attentions par le simple fait d'être là, ce jour-là, devant une caméra ou face à un appareil photo ou un portable.

Les images ne sont pas LA réalité et celle-ci ne saurait s'y limiter. Mais en l'absence d'adultes et dans une société insécure où de multiples rituels ont disparu, les jeunes sont condamnés à puiser dans les NTIC les références qu'ils recherchent. Sans sentiment de sécurité psychique et dans un contexte de précarité affective, enfants et adolescents investissent les supports des NTIC comme autant de tentatives pour trouver les références qui leur manquent tant. Mais loin d'apporter des réponses à ceux qui les visionnent, les médias en suscitent bien souvent d'autres. Dans l'enquête menée par l'IFOP en 2006, 20 % des jeunes expliquent ne jamais parler de ce qu'ils font sur internet avec leurs parents et ils sont 68 % à considérer que ceux-ci se désintéressent totalement de ce sujet. Lorsque personne n'est présent pour leur éviter de s'emprisonner derrière l'écran, il n'y a plus d'autres repères possibles que ceux diffusés par les images : les images ne peuvent être ce support transitionnel au sens de Winnicott, c'est-à-dire ce lien qui permettra de donner sens à ce qu'ils vivent et à ce monde extérieur parfois si inquiétant. Pour l'enfant et pour l'adolescent qui se trouvent seuls face à l'écran, il est alors essentiel de pouvoir trouver un interlocuteur capable d'échanger sur ce qu'ils ont vu, compris et ressenti. Autrement dit, qu'ils puissent échanger avec une personne qui leur permettra de réinscrire cette expérience dans une subjectivité constructrice de liens et non déstructurante. Il s'agit de permettre aux enfants de se dégager de la fascination que les écrans induisent pour les utiliser comme une information sur soi, bien plus qu'une information, illusoire, sur l'autre.

Il ne s'agit donc pas de diaboliser ces nouvelles technologies et de rejeter cette référence culturelle des jeunes, mais de l'apprivoiser en mobilisant notre responsabilité d'adultes vis-à-vis de ces enfants en devenir. L'enfant n'est pas condamné à être passif face au visionnage des écrans si l'adulte prend sa place et lui apprend à décrypter ce qu'il voit, à mettre du sens sur ce qu'il éprouve ; autrement dit à être acteur et non plus passif derrière l'écran. Il peut ainsi se dégager de l'impact traumatique de ces images, les détoxiquer au filtre de son psychisme, pour pouvoir les élaborer. Ce que traduit Serge Tisseron par : « il faut d'abord passer par le sens des images pour soi avant d'envisager le sens des images en elles-mêmes ». L'attitude réflexive sur les effets des images permet de nous interroger sur nous-mêmes et notre histoire, mais participe également à restaurer leur dimension intersubjective par la force de l'information qu'elle permet alors au sein des échanges familiaux et sociaux.

L'ACCULTURATION MÉDIATIQUE

Face à l'étrangeté, le réflexe est bien souvent, pour tenter de se défendre, de diaboliser ce qui fragilise les repères acquis et les certitudes. Pour de nombreux adultes, qui voient leur cadre et leur autorité attaqués, les NTIC sont stigmatisées comme la cause de tous les maux de la jeunesse d'aujourd'hui : l'invasion des écrans expliquerait la violence et la multiplication des passages à l'acte ; les agressions sexuelles entre mineurs seraient liées au visionnage généralisé d'images pornographiques par des enfants de plus en plus jeunes ; l'écran isolerait socialement les enfants et hypothéquerait certaines acuités cognitives ; les NTIC conduiraient à plus de décrochage scolaire ; de nouvelles addictions seraient à l'œuvre ; la cybercriminalité serait le vice du XXIe siècle, etc. L'inquiétude, l'incompréhension, l'agressivité et le rejet, sont inhérents à la confrontation de tout être humain face à la nouveauté comme aux choses qui lui échappent. Et les conflits générationnels s'inscrivent inévitablement entre jeunes et moins jeunes, tant qu'aucune passerelle réflexive n'est instaurée entre eux. La révolution des NTIC nécessiterait une acculturation des adultes, non pas au sens d'« a » privatif mais de « ac » qui renvoie au latin *ad* et qui signifie « mouvement vers ». Autrement dit, il ne s'agit pas de s'opposer et de rejeter par des discours alarmistes cette culture médiatique des nouvelles générations, mais de l'apprivoiser en allant vers elle. Ce processus relationnel qui conduit au mouvement d'un monde à l'autre et à la transmission d'une génération à l'autre, ne signifie pas pour autant un affrontement entre générations et l'obligation d'abandonner tous les repères antérieurs. Transmettre ce n'est pas demander aux nouvelles générations de reproduire à l'identique mais engager un processus de connaissance et de revalorisation de ces connaissances. L'acculturation médiatique devrait être comprise comme un enrichissement mutuel mais cela nécessiterait un minimum de reconnaissance d'un monde à l'autre.

Tous ces nouveaux objets (tablettes numériques, téléphones portables, ordinateurs, réseaux sociaux, etc.) témoignent de la richesse de l'être humain à inventer et à créer sans cesse de nouvelles technologies, avec ce désir inassouvi de maîtriser le monde extérieur qui continue de lui échapper. Dans notre société en perte de repères, ils tiennent lieu de nouveaux rituels : créer sa page Facebook ou un compte twitter ; accéder à un téléphone portable : autant de rites de passage des jeunes d'aujourd'hui. Cela permet de s'ouvrir à d'autres horizons, d'envisager des perspectives nouvelles, de créer du lien, de reprendre contact avec d'autres, etc. Les écrans sont aussi de fabuleux objets de médiation et outils d'ouverture sur le monde ; comme l'ont été par le passé d'autres technologies. Mais ils ne devraient être que des outils. S'ils permettent d'instaurer d'autres types de lien avec leurs pairs comme avec le monde extérieur, ils ne devraient pas être les seuls supports de créativité à disposition des enfants et des adolescents. Les adultes ont donc pour rôle essentiel de ne pas démissionner face à cette révolution culturelle qui interfère sur leurs relations aux enfants, mais de s'adapter pour restaurer leur place d'adultes car la culture des pairs a expulsé la référence aux pères. Dans cette période de bouleversements voire de crise, l'adulte doit reconquérir sa position légitime structurante de dévolution à l'égard de l'enfant. Autrement dit il ne doit pas chercher à imposer une autorité qui serait inhérente à sa fonction (parent, enseignant) et qui viserait à user de son pouvoir pour asservir les jeunes générations. Mais assurer et assumer une autorité qui se fonde sur son antécédence (sa supériorité d'âge), son expérience, sa supériorité dans ses connaissances (savoir-faire, savoir-être) et qui lui permet de garantir aux plus jeunes les fonctions essentielles de protection et de sécurisation. Autrement dit, une autorité *pour* l'autre, construite vers lui et non *contre* lui.

Il ne s'agit pas de vouloir tout contrôler et imposer à l'enfant une autorité abusive en reprenant le contrôle des NTIC, en les diabolisant et en leur interdisant l'accès ; il ne s'agit pas davantage d'abandonner tout cadre et de démissionner face à la place des écrans dans la vie de l'enfant ; il ne s'agit pas plus de s'immiscer dans cet espace à son insu (en se créant par exemple une fausse identité pour accéder à sa page Facebook). Il s'agit de reconnaître et de supporter le savoir de l'enfant vis-à-vis de ces NTIC. De cette reconnaissance résulteront la possibilité de lui apporter des repères et les moyens nécessaires pour ne pas être passif face aux écrans mais de devenir et de rester sujet. D'un monde à l'autre, elle autorisera d'autres rencontres et la communication sur des domaines qui n'auraient peut-être pas été abordés sans ce support. La place des adultes (parents, enseignants) dans le développement de ces nouvelles connaissances est donc essentielle pour qu'ils puissent devenir supports de créativité.

Comme le rappelle Pierre Levy :

> « Le monde technique est la continuité du monde humain, indissociable de la culture et du langage, traversé de toutes les contradictions de l'humain mais aussi pénétré de toute sa bonté, de toute sa générosité. Nous ne maîtrisons pas le monde et notre humanité par nos techniques, nous les construisons. [...] C'est l'essence même de l'homme d'être un être inachevé et c'est pourquoi il est voué à la culture, au langage, à la technique et à l'histoire par lesquels il continue vaille que vaille de se construire lui-même en construisant son monde. »

L'enjeu pour l'avenir de ces nouvelles technologies est sans nul doute de réinventer un nouveau mode relationnel. Aux adultes d'aujourd'hui de ne pas se laisser déposséder de leur place si essentielle pour les enfants et les adolescents, en restaurant leurs compétences et leurs capacités à établir des relations structurantes et humanisantes pour ces futurs adultes ; seules garanties d'une continuité générationnelle et de cette transmission si essentielle au fondement des relations humaines. De cette attention vigilante aux écrans et de cette compréhension de ce qu'ils induisent tout autant de ce qu'ils apportent, se construiront une représentation positive de ces nouvelles technologies et l'aspiration vers un avenir constructif. Si les écrans bouleversent le rapport à l'autre, au corps, aux questions relatives à la sexualité et aux interdits, ils n'ont pas annihilé ce qui fait aussi la singularité de l'être humain en tant que sujet, à savoir sa responsabilité du monde à venir. Les adultes, qu'ils soient parents ou professionnels de l'école, ont ici toute leur place pour affirmer cette responsabilité et être présents, rassurants, structurants, pour les enfants et les adolescents d'aujourd'hui.

Chapitre 5

L'éducation à la sexualité et l'institution scolaire

L'INSTITUTION SCOLAIRE engage une dimension symbolique spécifique à la fois dans son rapport au corps, dans son rapport aux savoirs et dans son rapport à la loi : trois dimensions communes au sexuel et qui sont fortement sollicitées lorsque l'institution scolaire est confrontée à la question de l'éducation à la sexualité.

Nous l'avons expliqué, la sexualité humaine ne se réduit pas à un aspect biologique et à des besoins physiologiques. Elle se construit dans le rapport à l'autre et dans le respect de cette altérité qui engagent inévitablement des règles fixant certaines limites. Sans ce processus d'humanisation, sans ce respect de la dimension culturelle du rapport entre les sexes, sans interdit, tout individu est réduit à un état d'objet, toute relation entre personne se trouve désubjectivée et plus aucun repère ne vient réguler les agir-sexuels entre individus. L'éducation sexuelle qui ignorerait cela, réduirait la sexualité à un savoir techniciste sur l'usage du corps et expulserait toute la dimension émotionnelle de la transmission affective qui s'appelle l'amour. L'école est depuis longtemps considérée comme un lieu privilégié d'éducation à la sexualité et plus globalement de l'éducation à la santé. Comme nous l'avons rappelé, ce ne peut pas être le lieu exclusif et l'école ne saurait se substituer aux familles. Ce postulat nécessite de penser l'éducation à la sexualité dans une co-construction entre parents, élèves et professionnels qui s'inscrit sur la volonté de transmission et non de coercition ou de rapport d'autorité. Si l'autorité institutionnelle du milieu scolaire nécessite un cadre légalement reconnu et impose un inévitable ordre hiérarchique et asymétrique entre professeurs et élèves (la *potestas* que nous avons décrite), il nous semble que l'éducation à la sexualité devrait aussi s'inscrire sur un autre registre, celui de l'*auctoritas*, à savoir une éducation transmise sans contrainte, ni menace ; adaptée au niveau de maturité et de compréhension de chacun et qui tente avant tout de recommander et non d'imposer. Il s'agit ici davantage d'un acte de reconnaissance qui se construit avec et pour l'autre, non pas pour le soumettre mais pour s'allier à lui et lui permettre de développer ses ressources propres. L'expérience de ces dernières années montre bien les limites de l'éducation à la sexualité lorsqu'elle vise à imposer, le plus souvent dans une logique répressive, sans chercher à s'ajuster à l'autre et sans associer dans la continuité le plan des parents et celui de l'institution scolaire. Face à ce constat, le service de promotion de la santé a toute son importance, non seulement pour conseiller les autorités et les responsables des établissements scolaires, mais aussi pour initier des actions de prévention et y participer ; tout en continuant d'assurer au niveau individuel une attention aux élèves qui sollicitent les professionnels de ce service. Il s'articule avec les comités d'éducation à la santé et à la citoyenneté, les dispositifs de pilotage académique et aux formations assurées par le ministère pour ses personnels.

LE SERVICE DE PROMOTION DE LA SANTÉ

Objectifs et organisation

Le service de promotion de la santé en faveur des élèves s'inscrit ainsi dans un projet éducatif global, se déroulant tout au long de la scolarité des élèves. Il est actuellement composé, au sein de chaque DSDEN (Direction des services départementaux de l'Éducation nationale, anciennement intitulée Inspection d'académie), de professionnels (médecins, infirmiers, assistants de service social) qui assurent un lien entre les élèves, leurs familles, les professionnels de l'Éducation nationale et les réseaux médicaux, psychologiques, pédopsychiatriques et sociaux extérieurs.

Devenir

En soixante ans, nous sommes passés de l'hygiène pédagogique à la promotion de la santé avec la notion de santé présente dans tous les discours. Les professionnels du service de promotion de la santé ont un rôle essentiel dans la construction et la réalisation des projets d'intervention sur la santé et en particulier sur l'éducation à la sexualité. Mais sur le terrain, le décalage entre les missions fixées par les volontés ministérielles et les moyens dédiés en termes de personnels à ces services se fait sentir. Si les textes officiels relatifs à une politique publique de promotion de la santé chez les élèves se multiplient, force est de constater sur le terrain le manque criant de professionnels médicaux : les médecins de l'Éducation nationale disparaissent inéluctablement (le manque de valorisation et de reconnaissance de cette spécificité médicale limite les vocations et les médecins qui prennent leur retraite ne sont plus remplacés) ; les infirmiers restent quant à eux en effectif trop limité par rapport aux demandes toujours plus nombreuses des élèves et des chefs d'établissement.

Pour prendre en compte la santé de l'élève, repérer ses éventuelles difficultés, comprendre ses besoins spécifiques et créer les conditions d'une prise en charge adaptée, la bonne volonté ne suffit pas. Sans professionnels spécialisés face aux multiples problématiques liées à la santé des jeunes et aux facteurs de psychopathologies de la scolarité, il semble bien vain d'espérer une réelle éducation à la santé et à la sexualité. Il y a une injonction paradoxale à demander aux professionnels d'intervenir à tous niveaux au sujet de la santé des élèves, sans leur donner réellement les moyens de le faire. Certes le recrutement de médecins, d'infirmiers et de psychologues scolaires a un coût ; mais le coût de la souffrance des élèves à l'école et celui des enseignants ne devraient pas être banalisés. Engager des actions de prévention, en particulier sur la question de l'éducation à la sexualité et sur celle relative aux images, est essentiel : cela engage non seulement le devenir de ces élèves, celui de l'institution mais également celui de toute notre société.

Le CESC

Historiquement issus des comités d'éducation sociale (CES, 1990), les comités d'éducation à la santé et à la citoyenneté (CESC) sont officiellement créés en 1998, puis redéfinis par la circulaire du 30 novembre 2006. Présidé par le chef d'établissement, le CESC a, en pilotage, la politique de prévention d'un établissement scolaire et représente « une instance de réflexion, d'observation et de veille ». À ce titre, il comprend nécessairement des représentants de toutes les composantes des personnels, des parents et des élèves auxquels s'ajoutent les partenaires extérieurs qui peuvent utilement contribuer à la réalisation de la politique de prévention de l'établissement (institutions, associations et tout autre partenaire ayant des compétences spécifiques en ce domaine, etc.).

La circulaire fixe les objectifs du CESC :

> « Il définit un programme d'éducation à la santé, à la sexualité et de prévention des conduites à risques, notamment des conduites addictives. Les activités éducatives définies par le CESC doivent être adaptées en premier lieu aux attentes et aux besoins des élèves et plus largement aux enjeux actuels de santé publique et aux enjeux de société. Elles ont pour objectifs communs, la prévention, la responsabilité, le respect mutuel et la formation des jeunes à la vie sociale, qui rejoignent les objectifs de l'éducation à la citoyenneté. Elles visent à développer le plus tôt possible chez les élèves une réflexion destinée à favoriser l'adoption de comportements responsables au plan individuel et collectif. »

Le dispositif académique de pilotage

L'histoire a montré combien il pouvait être difficile de mettre en place des actions d'intervention sur l'éducation à la sexualité. Le ministère de l'Éducation nationale rappelle régulièrement, dont récemment lors d'un discours de rentrée 2012 du ministre Vincent Peillon, que le projet d'éducation à la sexualité fait partie intégrante de la politique de santé en faveur des élèves et que chaque académie se doit de l'assurer (circulaires n° 2001-012 du 12 janvier 2001 et n° 2002-098 du 25 avril 2002). Si des initiatives locales étaient mises en place via les CESC, il n'existait pas jusqu'à ces circulaires de véritables politiques au niveau plus large des académies. L'objectif de ces textes était de potentialiser les ressources, ce qui est désormais possible grâce aux dispositifs académiques de pilotage, qui regroupent l'ensemble des intervenants sur les thématiques de santé, sexualité, prévention (personnes ressources intra-Éducation nationale et extérieures). Le coordonnateur du dispositif est nommé par le recteur et l'ensemble de l'équipe du dispositif est chargé de coordonner l'organisation des interventions sur l'éducation à la sexualité.

Les objectifs de l'équipe de pilotage académique sont précisément définis par chaque recteur, mais les grands principes restent globalement les mêmes :

- proposer des interventions ;

- mettre en place un réseau avec des partenaires d'autres institutions (services hospitaliers, Maisons des adolescents, PMI des conseils généraux, centres de planification familiales, centre de dépistage anonyme et gratuit, réseaux médicaux, pédiatrique et pédopsychiatrique (CAMSP, CMP, CMPP, CMS), services jeunesse des mairies, partenaires associatifs et mutualistes, associations de parents d'élèves, etc.) ;
- mettre à disposition des ressources documentaires ;
- définir les modalités d'intervention dans les établissements ;
- s'assurer de la formation dans ce domaine des professionnels et de tous les intervenants ;
- réaliser un bilan annuel académique des actions menées.

LA FORMATION DES PERSONNELS

Le PNF : plan national de formation

Si l'institution scolaire est le lieu des apprentissages et de la transmission des connaissances, aborder la question de l'éducation à la sexualité ne peut se faire sans une réelle formation des professionnels. Pour le professionnel qui intervient dans le cadre des séances d'éducation à la sexualité il est non seulement essentiel d'être suffisamment formé mais également d'être en capacité de porter les valeurs communes qu'il est chargé de transmettre dans ce cadre scolaire. Cette attitude exige une éthique indispensable pour ne pas imposer ses propres représentations, ne pas abuser de la position de pouvoir que lui confère son statut par des positions dogmatiques et rester disponible pour argumenter dans le respect de la pluralité des valeurs.

Les nouvelles orientations ministérielles engagent l'ensemble des professionnels sur ce sujet et non plus exclusivement les personnels du service de promotion de la santé. Enseignants, conseillers principaux d'éducation, chefs d'établissement se trouvent tout autant concernés. Les enseignants ont un rapport aux savoirs bien spécifiques et sont formés pour transmettre et dispenser des connaissances. Mais sans être avertis des enjeux de l'éducation à la sexualité et sans y avoir été formés, la plupart préfèrent ne pas aborder cette question ou le font de façon stigmatisée, avec des programmes aux contenus rigides non négociables car faisant partie du fameux « programme ». Pour palier à ces réticences compréhensibles dans la mesure où cette dimension n'est jamais abordée dans le cadre de leur formation initiale, le ministère a mis en place depuis 1995 deux niveaux de formation pour donner aux enseignants les repères nécessaires pour assurer l'éducation à la sexualité. Ces formations s'organisent via le plan national de formation, en direction des intervenants directs auprès des élèves mais également pour les formateurs de ces intervenants. Elles doivent être assurées par des professionnels reconnus dans ce domaine et non par des intervenants « auto-déclarés compétents » et profitant des attentes du milieu scolaire en ce domaine.

Formations des professionnels intervenant auprès des élèves

Elles sont conçues pour les personnels de l'institution scolaire, volontaires, afin de leur permettre d'assurer des interventions en binômes auprès des élèves de leur établissement. Elles sont réalisées par des formateurs et mises en place au niveau des groupes de pilotage de l'Éducation nationale. Le temps dédié est extrêmement variable d'une académie à l'autre (2 à 5 jours). Selon les données transmises par Chantal Picaud lors du colloque de 2013 organisé à Paris par l'Association française de promotion de la santé scolaire et universitaire :

- depuis 1997 toutes les académies (30) ont mis en place des actions de formations ;
- 40 000 intervenants ont été formés depuis 1997 ;
- pour 2012-2013, 27 académies sur 30 ont prévu de poursuivre la formation de leur professionnel.

Les séances d'intervention doivent s'ajuster au niveau de connaissance des élèves et être construites dans une logique de progression pour leur permettre de renforcer leurs acquis avant d'acquérir de nouvelles connaissances. Elles sont obligatoires et doivent s'inscrire dans l'emploi du temps des élèves. L'objectif de ces interventions consiste, en partant des représentations des jeunes de les accompagner dans une réflexion commune qui leur permette d'élaborer leur propre réponse dans le respect de la parole de chacun. La circulaire de 2003 précise qu'il ne s'agit pas de cours et prévoit que ces séances (durée de deux heures minimum) soient réalisées en groupe restreint (dix à quinze élèves), dans un cadre « favorisant l'écoute, le dialogue et la compréhension mutuelle ».

Formations des formateurs des professionnels intervenant auprès des élèves

Pour bénéficier de ces formations, les professionnels doivent, au préalable, avoir acquis une expérience de l'animation d'actions de prévention auprès des élèves. Elles sont accessibles à tout professionnel de l'Éducation nationale, volontaire et titulaire de son poste. Elles correspondent à 150 heures de formation : 75 heures pour l'AEU (attestation d'études universitaires) de sexologie 150 heures en méthodologie et pédagogie appliquées. L'objectif de ces formations est de permettre aux participants d'être en mesure de former des intervenants impliqués dans des actions de formation en milieu scolaire. Les formations interinstitutionnelles de formateurs existent depuis 2005. Depuis cinq ans, il y a eu :

- 25 formations de formateurs concernant 24 académies ;
- 379 formateurs d'adultes formés ;
- 116 formateurs formés dans ce cadre, dont environ un tiers sont des personnels non EN.

Réglementation

Comme tous les ministères, celui de l'Éducation nationale fixe ses orientations par l'intermédiaire de textes ; ceux-ci servent également à s'adapter aux évolutions de la société et tentent de répondre aux multiples questions qui se posent. Au-delà des textes du code pénal que nous avons rappelés précédemment (et qui s'applique bien évidemment au milieu scolaire), nous citerons ci-après les textes spécifiques concernant le milieu scolaire. Si la multitude de textes officiels au sujet de l'éducation à la sexualité témoigne de la préoccupation des autorités sur ce sujet depuis toujours, elle témoigne aussi d'une prolixité réelle du dire en termes de contrôle, de morale, qui peut apparaître comme autant de symptômes de la difficulté persistante à en parler.

Les différents types de textes

Au niveau de la terminologie, il existe plusieurs termes relatifs aux différents types de textes, certains sont particulièrement utilisés au sein de l'Éducation nationale. Voici pour rappel les spécificités de chacun :

- *la loi* : votée par le parlement, promulguée par le Président de la république ;

- ***le décret*** : règle juridique émanant soit du Président de la République, soit du Premier ministre venant en application de dispositions législatives ;
- l'arrêté : décision administrative écrite transmise par un ministre ;
- ***la circulaire*** : disposition interne à un ministère ou un service administratif ;
- la note de service : document écrit adressé par un supérieur hiérarchique aux personnels concernés et précisant une conduite à tenir ou transmettant une information sur un texte nouvellement publié.
- ***le journal officiel - J.O.*** : publication officielle des lois et des décrets. Tous les textes publiés au Journal officiel entrent en vigueur, sauf exception, le lendemain de leur publication. Les Journaux officiels ont pour mission d'éditer plusieurs journaux d'annonces légales appelés Bulletin Officiel. Pour l'Éducation nationale il s'agit du Bulletin Officiel de l'Éducation nationale : BO.EN.

Synthèse des textes de référence

De multiples textes peuvent être cités en référence à l'éducation sexuelle en milieu scolaire. Nous avons choisi de rappeler ceux qui font actuellement référence et ceux qui ont marqué l'histoire, en partant par ordre chronologique :

Circulaire n° 75-56 du 15 octobre 1975 sur « la situation scolaire des élèves mariés et des jeunes mères célibataires ».

Convention internationale des droits de l'enfant, 20 novembre 1989.

Loi n° 89-486 du 10 juillet 1989, « loi d'orientation sur l'éducation » qui institue notamment des nouvelles pratiques pédagogiques et institutionnelles en plaçant l'élève au centre du système scolaire.

Circulaire n° 92-196 du 3 juillet 1992, relative à la « participation d'intervenants extérieurs aux activités d'enseignement dans les écoles maternelles et élémentaires ».
Note de service n° 82-401 du 17 septembre 1982, sur « la situation particulière des lycéennes enceintes ».

Décret n° 92-1 200 du 6 novembre 1992, relatif aux « relations du ministère de l'Éducation nationale avec les associations qui prolongent l'action de l'enseignement public » ; J.O. du 13 novembre 1992.

Circulaire du 16 avril 1996, qui définit les nouveaux objectifs d'une éducation sexuelle devenue désormais une « éducation à la sexualité », obligatoire, avec des objectifs et des modalités d'organisation précises :

> « L'éducation à la sexualité a pour principal objet de fournir aux élèves les possibilités de connaître et de comprendre les différentes dimensions de la – et de leur - sexualité dans le respect des consciences et du droit à l'intimité. Cette éducation qui se fonde sur les valeurs humanistes de tolérance et de liberté, du respect de soi et d'autrui, doit en outre les aider à intégrer positivement des attitudes de responsabilité individuelle et sociale. »

L'évolution sémantique permet une définition plus précise du rôle de l'institution scolaire : l'espace privé reste responsable de l'éducation sexuelle, l'espace public prend en charge l'éducation à la sexualité. Les académies sont chargées de former des personnes ressources et d'organiser des actions de formation adaptées.

Circulaire n° 97-175 du 26 août 1997, relative aux « instructions concernant les violences sexuelles » ; B.O. hors série n° 5 du 4 septembre 1997.

Loi du 17 juin 1998, relative à la « prévention et à la répression des infractions sexuelles ainsi qu'à la protection des mineurs ».

Circulaire n° 98-108 du 1er juillet 1998, relative à la « prévention des conduites à risque et au comité d'éducation à la santé et à la citoyenneté » ; B.O. n° 28 du 9 juillet 1998.

Circulaire n° 98-194, du 2 octobre 1998, relative à la « lutte contre les violences en milieu scolaire et au renforcement des partenariats » ; B.O. hors série n° 11 du 15 octobre 1998.

Circulaire n° 98-237 du 24 novembre 1998, relative aux « orientations pour l'éducation à la santé à l'école et au collège », B.O. n° 45 du 3 décembre 1998. Elle complète la circulaire du 16 avril 1996. Il s'agit désormais de « favoriser chez les élèves une prise de conscience, une compréhension des données essentielles dans leur développement sexuel et affectif et de leur permettre d'acquérir un esprit critique, afin qu'ils puissent faire des choix libres et responsables ».

Circulaire n° 99-124 du 7 juillet 1999, sur les instructions concernant le bizutage.

Loi du 6 mars 2000 renforçant le « rôle de l'école dans la prévention et la détection des faits de mauvais traitements à enfants », précise qu'au moins une séance annuelle d'information et de sensibilisation sur l'enfance maltraitée doit être inscrite dans l'emploi du temps des élèves des écoles, des collèges et des lycées.

Convention interministérielle du 27 février 2000, relative à la « promotion de l'égalité des chances entre les filles et les garçons, les femmes et les hommes dans le système éducatif ».

B.O. n° 10 du 9 mars 2000 sur la « convention pour la promotion de l'égalité des chances entre les filles et les garçons, les femmes et les hommes dans le système éducatif du 25 février 2000 ».

B.O. hors série n° 10 du 2 septembre 2000 relatif « à l'école au collège et au lycée : de la mixité à l'égalité ».

B.O. Hors série n° 10 du 2 novembre 2000 consacré « à l'école, au collège et au lycée : de la mixité à l'égalité ».

La loi n° 2000-1209 du 13 décembre 2000, autorise la délivrance de contraceptif d'urgence, sans ordonnance, anonymement et gratuitement aux mineures ; en pharmacie, dans les services d'urgence et en milieu scolaire par les infirmières scolaires. La loi précise que cette délivrance est faite « à titre exceptionnel (dans les cas d'urgence et de détresse caractérisée [...] et en application d'un protocole national ».

L'instruction interministérielle du 10 janvier 2001 relative à la « protection de l'enfance » insiste sur la nécessité de promouvoir une intervention précoce et renforcée des dispositifs de prévention.

Circulaire n° 2001-044 du 15 mars 2001, relative à la « lutte contre les violences sexuelles en milieu scolaire » ; B.O. n° 12 du 22 mars 2001.

Décret n° 2001-258 du 27 mars 2001, pris en application des dispositions de la loi du 4 juillet 2001 et comportant en annexe le nouveau protocole national sur la contraception d'urgence en milieu scolaire.

Loi n° 2001-588 du 4 juillet 2001, relative à l'interruption volontaire de grossesse et à la contraception d'urgence gratuite (article 22). Concernant l'IVG, le délai est allongé jusqu'à la douzième semaine de grossesse avec un entretien préalable obligatoire. La loi prévoit que toute mineure puisse y accéder sans être contrainte de prévenir ses parents ou ses tuteurs. Elle doit par contre être accompagnée pour cette démarche par une personne majeure de son choix. Les infirmières de l'Éducation nationale sont autorisées à délivrer « à titre exceptionnel », dans des « situations d'urgence de détresse caractérisée » la contraception d'urgence. La loi définit aussi le temps attribué à l'éducation à la sexualité : « au moins trois séances annuelles d'information et d'éducation à la sexualité dans les écoles, collèges et lycées ». Qu'il s'agisse des séances de prévention de la maltraitance ou d'éducation à la sexualité, elles sont organisées sur l'initiative des directeurs d'école et des chefs d'établissement, doivent associer les familles et l'ensemble des personnels, ainsi que les services publics de l'État, les collectivités locales et les associations intéressées à la protection de l'enfance.

Circulaire du MEN n° 2002-098 du 25 avril 2002, sur la politique de santé en faveur des élèves. Elle fixe les modalités de prévention, d'accès aux soins, d'éducation à la santé, de mobilisation de la communauté éducative, projet académique, projet d'école, formation des personnels, partenariats, programme régional de santé (PRS).

Circulaire n° 2003-027 du 17 février 2003, relative à l'éducation à la sexualité dans les écoles, les collèges et les lycées ; B.O. n° 9 du 27 février 2003. Elle intègre l'éducation à la sexualité dans le champ des CESC (comité d'éducation à la santé et à la citoyenneté). Elle confirme l'inscription dans le champ social des actions menées et réaffirme toute la dimension de prévention en matière d'information et de réduction des risques : les sujets abordés sont multiples mais toujours en lien avec l'actualité (violences sexuelles, grossesses précoces, IST, homophobie, cyberpédopornographie, cyberharcèlement sexuel). Face aux questions persistantes sur la légitimité de l'école à parler de sexualité, cette circulaire insiste sur les principes éthiques et les valeurs à l'œuvre.

Circulaire n° 2003-210 du 1er décembre 2003, relative à la « santé des élèves : programme quinquennal de prévention et d'éducation » ; B.O. n° 46 du 11 décembre 2003.

Circulaire du MEN n° 2004-035 du 18 février 2004, relative aux « modalités d'usage de l'Internet dans le cadre pédagogique et protection des mineurs ».

Loi n° 2007-293 du 7 mars 2005, réformant la protection de l'enfance.

Loi n° 2005-380 du 23 avril 2005, loi d'orientation et de programme pour l'avenir de l'école.

Circulaire n° 2006-197 du 30 novembre 2006, relative à la protection du milieu scolaire et à l'actualisation des comités d'éducation à la santé et à la citoyenneté (CESC).

Circulaire n° 2006-204 du 11 décembre 2006, sur l'installation de distributeurs automatiques de préservatifs dans les lycées d'enseignement général et technologique et les lycées professionnels.

BO n° 5 du 1er février 2007, sur l'égalité entre les filles et les garçons.

Note de la Direction des affaires juridiques de l'Éducation nationale du 17 octobre 2008, relative à la « responsabilité des personnels de l'Éducation nationale accompagnant des mineures dans les démarches relatives à une contraception d'urgence ou à une interruption volontaire de grossesse ».

Circulaire n° 2009-163 du 5 novembre 2009, relative à la journée mondiale de lutte contre le SIDA.

LES SÉQUENCES D'ÉDUCATION À LA SEXUALITÉ

Les programmes des textes officiels

La loi de 2001 et les circulaires de 2003 fixent le cadre de l'éducation à la sexualité « dans les écoles, les collèges et les lycées, à raison d'au moins trois séances annuelles et par groupes d'âge homogène ».

En primaire, ne sont pas prévues, en tant que telles, des séances d'enseignement spécifiquement dédiées à l'éducation à la sexualité, mais les textes prévoient que la sexualité soit abordée « de manière transversale et continue ». C'est le plus souvent le programme de biologie qui sert de support à l'éducation à la sexualité. Dans les petites classes, ce sont essentiellement des notions sur les caractéristiques et les différentes fonctions du vivant qui sont abordées, incluant de façon globale la reproduction et la procréation. En cours moyen, le programme de sciences et technologies envisage la comparaison entre les divers modes de reproduction animale et la reproduction humaine.

Au secondaire, les circulaires prévoient des interventions plus systématiques en particulier en classe de 4e avec trois séances d'éducation sexuelle. Si les équipes pédagogiques le jugent utile, des séances peuvent aussi être organisées dès la 5e. Là encore, les cours de biologie sont les supports le plus investi. En parallèle des programmes prévus dans cette matière aux différents niveaux du collège, des interventions spécifiques qui peuvent être organisées en lien avec des professionnels extérieurs (comme le planning familial ou des associations de prévention), le ministère prévoit dans le programme de sciences de la vie et de la terre des cours ciblés. Il s'agit de transmettre aux collégiens des repères sur les différentes dimensions de la sexualité humaine et d'aborder en 4e et en 3e différents sujets tels que la puberté et les transformations biologiques ; l'identité sexuelle ; les rôles et les stéréotypes de rôles ; la question des normes et des valeurs sociales ; la procréation et les techniques de procréation médicalement assistée, la contraception et les IVG, les IST et leur prévention. Ces différents aspects doivent être rappelés et approfondis au lycée.

Au-delà des cours de SVT et des contenus scientifiques, les circulaires récentes rappellent que l'éducation à la sexualité ne se réduit pas à la dimension biologique.

Elle est à l'opposé du simple énoncé dogmatique de règles de vie et de préceptes d'hygiène ; elle implique la formation au libre examen et au libre arbitre. Elle engage les notions psychoaffectives, les repères culturels, les références religieuses. Elle ne peut donc pas être de la seule responsabilité des enseignants de biologie et doit être comprise comme une approche pluridisciplinaire. Les circulaires prévoient ainsi de ne pas cloisonner les cours et d'y apporter une attention dans toutes les matières :

> « Dans les enseignements, à tous les niveaux, les programmes des différents champs disciplinaires – tels que la littérature, l'éducation civique, les arts plastiques, la philosophie, l'histoire, l'éducation civique, juridique et sociale – offrent, dans leur mise en œuvre, l'opportunité d'exploiter des situations, des textes ou des supports en relation avec l'éducation à la sexualité selon les objectifs précédemment définis. [...] Les faits tirés d'observations, leur confrontation aux connaissances et représentations des élèves, permettent de formuler des problèmes biologiques dont la résolution s'inscrit dans une démarche explicative et permet d'élaborer des projets d'activités. »

Ces liens entre enseignements doivent apporter aux élèves une continuité dans la transmission des connaissances et une cohérence entre les différentes matières. Cette recommandation incite les intervenants à ne pas aborder de façon préformatée les contenus recommandés et à ne pas réduire leur intervention à des listes de contenus marqués par la volonté de prévenir tous types de risques (grossesse, MST, violences sexuelles, etc.). Il s'agit autant de transmettre des connaissances que de prêter attention aux enjeux relationnels en donnant aux élèves les ressources suffisantes pour comprendre ce qui leur est dit, accéder à une autonomie suffisante, se responsabiliser, acquérir des repères, un savoir être et des valeurs respectueuses d'eux-mêmes et des autres. En théorie les intervenants ne doivent pas être motivés par une idéologie, tenter d'inculquer une morale ou souhaiter, sans en avoir toujours conscience, transmettre leurs propres références. Dans cet espace neutre et laïc qu'est école, les objectifs fixés par les derniers textes sont ambitieux, puisqu'il s'agit d'offrir « des espaces de parole » pour aider les élèves à :

> « Comprendre comment l'image de soi se construit à travers la relation aux autres ; analyser les enjeux, les contraintes, les limites, les interdits et comprendre l'importance du respect mutuel ; se situer dans la différence des sexes et des générations ; apprendre à identifier et à intégrer les différentes dimensions de la sexualité humaine, biologique, affective, psychologique, juridique, sociale, culturelle et éthique ; développer l'exercice de l'esprit critique, par l'analyse des modèles et des rôles sociaux véhiculés par les médias, en matière de sexualité ; favoriser des attitudes de responsabilité individuelle et collective, notamment des comportements de prévention et de protection de soi et de l'autre ; apprendre à connaître et utiliser

> les ressources spécifiques d'information, d'aide et de soutien dans et à l'extérieur de l'établissement. »

Si les textes cadrent de façon précise les objectifs et les modalités d'intervention auprès des élèves, sur le terrain les actions mises en place dépendent de la mobilisation des professionnels et de chaque établissement. Si le fait que l'élève soit « acteur de sa prévention » semble aujourd'hui acquis, il n'en est pas autant de la volonté politique de transformer le métier d'enseignant : « chaque enseignant doit avoir à l'esprit qu'il est un éducateur. Il contribue à développer chez ses élèves des attitudes responsables. » En pratique, cette volonté affirmée des circulaires est loin d'être devenue une évidence et beaucoup d'enseignants, par manque de préparation et de formation à cette nouvelle dimension de leur métier, ne se l'approprie pas réellement.

L'organisation des séances

Les textes cadrent précisément les modalités d'organisation des interventions en milieu scolaire :

- elles sont sous la responsabilité du chef d'établissement et doivent « être inscrites dans le projet santé de l'établissement ou dans le projet d'école, et la mise en adéquation des objectifs de l'intervention avec ceux du projet d'établissement ou d'école sera recherchée » ;
- le chef d'établissement doit s'assurer des compétences des intervenants dans ce domaine (priorité donnée aux personnes ayant effectué une formation reconnue par le ministère de l'Éducation nationale) ;
- les intervenants doivent proposer « une démarche pédagogique intégrant les différentes valeurs laïques, les lois qui en découlent et les références éthiques » des circulaires ;
- les interventions se font en binôme, avec au moins un des membres de l'équipe éducative ;
- les interventions se font auprès de « groupes à effectif réduit », « dans un climat chaleureux et de confiance qui permet le dialogue et les échanges en respectant la parole de chacun ou les silences afin de développer chez les enfants ou les adolescents la capacité à faire des choix ».

En théorie, les textes de loi prévoient également des « activités complémentaires », c'est-à-dire la réalisation de projets et d'actions faisant intervenir les élèves, ainsi que l'ouverture à des intervenants extérieurs. Mais en pratique, ces actions sont bien souvent laissées à l'appréciation de chaque établissement et rarement mises en œuvre, par faute de moyens bien plus que par manque d'idées des professionnels.

Thèmes actuellement les plus fréquemment abordés

Selon la dernière évaluation de la DEPP (Direction de l'évaluation de la prospective et de la performance) de 2008, 94 % des collèges ont mis en place des séquences d'éducation à la sexualité, ce qui correspond à près d'un million d'élèves par an. Elles ont été réalisées dans les deux tiers des cas par les équipes éducatives et dans un tiers des interventions par des personnes extérieures. Dans 87 % des cas, elles sont inscrites dans le CESC. Aucun établissement n'est parvenu à réaliser les trois séquences prévues dans la loi de 2001. Les thèmes actuellement le plus souvent abordés sont :

- IST/SIDA 97 % ;
- contraception 96 % ;
- puberté et connaissance du corps 87 % ;
- relation à l'autre 86 % ;
- sexisme/homophobie 70 % ;
- violences sexuelles 70 %.

Les supports pédagogiques

Intervenir auprès d'élèves, quel que soit le sujet n'est pas toujours simple. L'adulte se retrouve face à un groupe-classe avec des dynamiques multiples : individuelles, interindividuelles et groupales. Il lui faut en quelques instants maintenir l'attention, informer, transmettre ce pourquoi il est venu, tout en gérant les réactions de chacun ; y compris les siennes. Au-delà des connaissances et des compétences techniques de chaque professionnel, ces interventions nécessitent un savoir être, des capacités relationnelles importantes et un cadre éthique indispensable. Sans formation et sans être préparé à ce type de temps d'échange, le risque est que les intervenants ne se retranchent derrière la transmission d'informations de façon techniciste et désaffectivée. Il n'est pas aisé de gérer les réactions de jeunes, entre rires gênés, propos déplacés, provocations et recherche des limites. Il n'est pas simple de mettre en place des espaces de parole où chaque jeune pourra s'exprimer sans moquerie ou jugement de valeur de ses camarades. Et du côté des élèves, il n'est pas si facile d'investir un mode d'expression à l'oral, pour parler d'eux, ce qui leur apparaît comme quelque chose de régressif et de particulièrement intime ; certains le vivent comme une injonction paradoxale venant d'adultes qui leur demandent la plupart du temps de se taire pour les écouter.

Pour apporter aux intervenants des supports de médiation à leurs interventions auprès des élèves, différents supports pédagogiques ont été mis en place : documents pédagogiques, films, techniques d'animation, brochures en direction des intervenants ou des élèves, etc. Au-delà de ces documents et de ces outils, il nous semble essentiel que ces supports ne soient qu'un élément des séances d'éducation à la sexualité et ne s'y réduisent pas. Pour les intervenants, il ne s'agit pas de tout attendre de ces outils mais de savoir pour quelle(s) raisons(s) ils les utilisent et le sens qu'ils donnent à cette médiation. Il peut s'agir d'un moyen pour établir le contact avec les jeunes et de capter leur intérêt ; une façon de se rassurer avec un cadre utilisé par d'autres ; un support à d'éventuels débordements ; un intermédiaire pour limiter un lien trop direct avec les jeunes ; s'agit-il d'un outil qu'il a choisi ou qu'il se sent contraint d'utiliser ? etc. Il n'y a pas réellement de « bonnes » ou de « mauvaises » raisons d'utiliser tel ou tel support pédagogique ; ce qui est important c'est que chaque intervenant soit au clair sur les raisons pour lesquelles il l'utilise car de façon inconsciente, il risque de transmettre aux élèves son ressenti et ce que ce support représente pour lui. Le choix des outils n'est pas pour autant aisé. Et l'investissement de l'un ou l'autre n'est pas facilité par l'absence de toute évaluation de ces documents auprès des jeunes. L'évaluation systématique des outils utilisés auprès des jeunes s'inscrit dans une logique anglo-saxonne assez éloignée des pratiques françaises.

Pour exemple Le film *Mon corps c'est mon corps*, film pédagogique sur la prévention des abus sexuels mis au point par les Canadiens en 1984. En France, ce programme est le premier introduit de façon confidentielle dans quelques établissements sur ce thème en 1988. En 2001, il bénéficie en France (alors qu'il commence déjà à dater) d'une généralisation officielle avec une diffusion à tous les services départementaux par le ministère de l'Éducation nationale. À noter que seule la cassette destinée aux élèves a été diffusée et que celle prévue pour les parents et les professionnels n'a été adressée qu'aux deux départements pilotes en 1988. La circulaire du 15 mars 2001 *Lutte contre les violences sexuelles*, le cite comme seul outil de prévention et sa référence est prise à nouveau dans le document *Repère pour la prévention et traitement des violences sexuelles* parues en janvier 2002. Mais le plus étonnant est de constater que ce film a été distribué par le ministère (et qu'il continue d'ailleurs d'être utilisé), à une période où le Canada l'avait depuis longtemps abandonné. Les critiques de ce support ont été multiples : le message véhiculé était d'une simplicité déconcertante et totalement hors de la réalité de la complexité des situations d'abus sexuels ; son approche comportementaliste et réductrice des stratégies de prévention esquivait la question des abus intrafamiliaux, etc. Il assimilait la prévention des abus sexuels ainsi menée à la prévention routière avec l'idée que, de la connaissance de l'abus sexuel, découlera l'adoption des mesures d'autoprotection. Mais surtout les évaluations menées par les Canadiens ont permis de constater que loin de prévenir, ce film exposait davantage les enfants à des risques d'abus et majorait leurs troubles (les enfants ayant « bénéficié » de cette action de prévention et se trouvant par la suite abusés, se culpabilisant davantage que ceux qui n'avaient pas vu ce film).

En France, les études évaluatives n'existent pas de façon systématique ; il reste donc bien difficile de conseiller tel ou tel support. Pour les intervenants, se tenir informés des publications sur ce sujet et solliciter l'avis de professionnels expérimentés, restent sans nul doute, des repères essentiels. Les documents réalisés par le ministère détaillent précisément les outils actuellement les plus fréquemment utilisés. Nous les citerons donc brièvement par ordre alphabétique.

- **Abaque de Régnier®** : organisation en petit groupe (6-15), puis mise en commun et échange. Cet outil est aussi fréquemment utilisé dans le milieu du management en entreprise, pour aider à la prise de décision et mobiliser les ressources permettant de soutenir la négociation collective. Il peut se prévoir de façon visuelle à partir d'un tableau reprenant des affirmations et proposant des réponses à renseigner à partir de code couleur pour chaque avis émis (par exemple noir si pas d'avis, rouge si « pas du tout d'accord », orange si « moyennement d'accord », vert si « tout à fait d'accord » ; etc.). Les intervenants peuvent aussi lancer affirmations volontairement provocatrices avec comme consigne d'écouter silencieusement la proposition puis de donner leur avis avec trois réponses possibles (ou plus) : d'accord, pas d'accord, sans opinion. Les réponses servent ensuite de support aux débats, l'intervenant ayant pour objectif de mobiliser les capacités d'argumentation des élèves et leur respect d'avis différents.

Exemples : « quand on sort avec quelqu'un, on est obligé d'avoir des relations sexuelles avec lui » ; « la première fois, on ne risque pas d'être enceinte ».

- **Blason** : organisation en petit groupe, puis échange en groupe avec la mise à disposition de feuilles, feutres, marqueurs, photos. Un blason est représenté sur une feuille avec une définition ou un mot cible. Les intervenants peuvent organiser le blason avec des recommandations plus précises, par exemple en le divisant en différentes parties, chacune représentant un critère. Chaque élève ou chaque petit groupe, est invité à représenter symboliquement la consigne qui lui est posée ou à y répondre en l'inscrivant sur la feuille puis en décidant d'une devise. Il y a ensuite la présentation des blasons et un échange organisé avec l'ensemble du groupe.

> Exemple : « L'adolescent et les écrans » en titre de blason, avec en différentes parties, par exemple : « ce que ça change dans ma connaissance sur la sexualité », « ce que ça change de mes relations avec mes proches », « ce que ça change dans mes liens avec les autres élèves » ; « ce que ça change au collège » et une devise en bas de blason à indiquer.

- **Brainstorming** : organisation en groupe collectif. Les élèves associent des mots ou des idées en réponse à une question des intervenants.

> Exemple : « si je vous dis, Facebook, à quoi pensez-vous ? »

- **Buzz-groupe** : organisation en petit groupe. Mise à disposition d'une feuille par groupe pour la réalisation d'un poster où seront indiqués les avis qui répondront à la consigne. Puis retour en grand groupe et échange.

> Exemple : « le harcèlement scolaire : pour vous qu'est-ce que c'est ? »

- **Émoticône et smileys** : il s'agit de petites figurations symboliques représentant des émotions, bien connues des adolescents car créées pour représenter rapidement sur les écrans ce qui est ressenti. L'organisation peut être individuelle ou en petit groupe. Mise à disposition de nombreux émoticônes ou smileys aux élèves que ceux-ci choisissent pour illustrer des affirmations transmises par les intervenants. Puis mise en commun et discussion.

> Exemple : « les filles et les garçons n'expriment pas leurs émotions de la même façon »
> Possibilité de répondre à partir d'émoticônes représentant un sourire, un air contrarié, un air dubitatif ou la colère, etc. ou des smileys tels que :
> joie = :-)
> rire= :-D
> doute= :-/
> n'importe quoi= :-S
> etc.

- **Jeux de rôle** : organisation en petits groupes d'élèves volontaires. Les intervenants imposent à des « joueurs » le scénario ou les « joueurs » choisissent au hasard une carte de situation parmi d'autres déjà préparées par les intervenants.

Exemple : « un élève découvre qu'un faux compte Facebook a été créé à son nom avec des informations fausses (photo d'une des collégiennes de son établissement représentée comme sa petite amie, moqueries et insultes à l'égard de ses camarades). Il est interpellé par des élèves dans la cour du collège à ce sujet... »

- **Journal TV** : organisation en petit ou grand groupe. À partir de supports presse (journaux) ou d'une situation annoncée comme dans un journal télé, les élèves décryptent les articles et expriment ce qu'ils ressentent à leur lecture

Exemple : « un élève se suicide suite à une situation de cyberharcèlement. »

- **Mandala** : organisation individuelle. Chaque élève se voit remettre une feuille A4 avec le dessin d'un cercle qu'il est invité à remplir à partir de couleurs de son choix ; chaque émotion étant symbolisé par une couleur de son choix.
- **Photo langage®** : organisation individuelle ou en petit groupe. Mise à disposition de multiples photos. En fonction de la consigne, les élèves en choisissent une ou plusieurs pour illustrer ce qui leur est demandé. La production est ensuite présentée à l'ensemble du groupe et les intervenants font le lien entre chacune.

Exemple : « comment vous voyez-vous dans votre vie d'adulte ? »

- **Portrait chinois** : organisation en groupe collectif. Les élèves associent leurs représentations aux mots qui leur sont donnés.

Exemple : « si la puberté était un animal ? une saison ? une couleur ? un objet ? etc. » Puis l'intervenant reprend les réponses et demande aux jeunes d'expliquer « pourquoi un tigre ? »

- **Supports vidéo** : organisation en groupe collectif. À partir de clips mis en lien sur le site du ministère ou de films court (10 minutes maximum), pour engager les échanges entre les intervenants et les participants.

Exemple : « Qu'est-ce que vous avez vu ? Qu'est-ce que ça raconte ? À votre avis, que pense tel ou tel personnage ? Qu'est-ce que vous, vous ressentez ?, etc. »

De quelques repères pour intervenir

Organiser l'éducation à la sexualité en milieu scolaire par des prises en charge interdisciplinaires coordonnées et inscrites dans la continuité, nécessite donc un minimum de prérequis en matière de connaissances sur le sujet, d'animation de groupe et d'utilisation de supports. Pour que les informations transmises aux élèves soient comprises par eux, il est nécessaire qu'ils puissent leur donner du sens et se les approprier. Or bien souvent, les élèves expliquent avoir besoin d'espace de parole et de discussion, mais ne pas « s'y retrouver » dans ceux organisés par leur établissement. Les séances d'éducation à la santé et à la sexualité sont vécues comme des temps scolaires où la crainte de l'évaluation rôde toujours et qui ne répondent pas à leurs questions. Par crainte d'être débordés par des réactions émotionnelles de toutes sortes, certains intervenants restent prudemment sur le registre du savoir et d'une transmission « verticale » d'information, sans qu'aucun échange réel ne puisse s'établir. L'intervenant peut penser que sa séance est réussie (« ils ont écouté ; ça s'est bien passé » ; « ils ont été calmes ») alors que du côté des élèves le ressenti est tout autre (« ça ne sert à rien »... ; « c'est du temps de perdu » ; « on n'a rien appris » ; « c'est que des choses négatives » ; « on s'est ennuyé »). Pour que les enfants et les adolescents s'impliquent, il est nécessaire de co-construire ces séances avec eux, aussi bien dans le temps de préparation que pendant l'intervention et après. Les responsabiliser, leur faire confiance et leur donner confiance, sont autant d'éléments indispensables à la réussite de ces séances.

Pour y parvenir quelques repères paraissent utiles à rappeler.

Avant d'intervenir

Faire le point avec les délégués avant les séances pour évaluer au mieux les besoins et les attentes des élèves. Il s'agit de limiter les risques de proposer une intervention en total décalage avec le niveau de maturité des élèves et leurs questionnements. Amener les interrogations de façon intrusive peut avoir l'effet contraire à celui escompté : loin d'informer avec l'idée de prévention, ces séances angoissent et insécurisent des élèves qui n'y étaient pas du tout préparés.

Faire le point avec la vie scolaire, le professeur principal et les professionnels médicaux pour repérer d'éventuelles problématiques individuelles ou collectives (par exemple une élève ayant été agressée sexuellement l'an dernier par un jeune rencontré sur Facebook, avec une séance prévue sur la prévention des agressions sexuelles ; intervention prévue sur le harcèlement scolaire dans une classe où trois élèves sont déscolarisés pour ce motif, etc.).

Proposer à l'avance une possibilité de transmettre des questions écrites de façon anonyme (boîte aux lettres).

Prévenir de cette séance à l'avance les parents d'élèves et leur laisser la possibilité de prendre contact avec l'intervenant avant la séance.

Être clair quant à ses objectifs et les définir précisément auprès du chef d'établissement (qui peut avoir d'autres attentes). Par exemple s'agit-il d'évaluer le niveau de connaissance ? D'informer ? De valoriser les capacités de soutien ou de repérer les tensions dans un groupe classe ? Les objectifs sont essentiels à définir car ils orientent le choix du support utilisé.

Faire le point sur les éventuelles séances précédentes, pour éviter toute redite.

Choisir le jour et l'heure d'intervention de manière stratégique (par exemple éviter une fin de journée où les élèves pensent souvent qu'ils auraient pu rentrer chez eux au lieu d'y assister).

Choisir, tant que possible, une salle autre que la salle de classe, pour la préparer à l'avance (proscrire l'installation des tables en rangs comme dans les cours traditionnels, mais privilégier les grands cercles ou petits groupes de tables, selon l'outil utilisé ; préparer le matériel nécessaire et vérifier son bon fonctionnement). Cela permet aussi aux élèves d'avoir un sas entre la séance et leur prochain cours et évite que l'espace classe ne soit inévitablement parasité par l'émotion dégagée au cours de ces interventions.

Décider du nombre d'intervenants et de leurs fonctions (limiter à 2-3 personnes car au-delà les élèves ont l'impression d'être comme ils le disent « des rats de laboratoire » ou « face à des juges ».)

En cours d'intervention

Intervenir à deux en ayant réparti les rôles à l'avance ; ce qui évitera par exemple, de se contredire devant les élèves. Habituellement un professionnel anime tandis que l'autre est davantage dans une fonction d'observateur bienveillant. Être deux permet aussi de s'organiser si un élève sortait précipitamment, pour ne pas le laisser seul, tout en continuant d'assurer la séance pour le groupe.

Décider ou non de la mixité du groupe en prêtant attention aux situations inévitablement déséquilibrées, en particulier dans certaines sections de lycées professionnels ou soit les filles, soit les garçons sont rares.

Organiser la séance en trois temps : introduction-présentation (15 minutes) ; réalisation (30 minutes) ; synthèse-conclusion (15 minutes).

Introduction-présentation

Se présenter (nom, fonction, expérience de ce type d'intervention).

Présenter le contexte (qu'est-ce qui amène à cette intervention, qui l'a sollicitée, etc.), les objectifs du côté des adultes et du côté des élèves (avec le préalable que la séance a été préparée avec les élèves).

Ajuster son vocabulaire à la maturité des élèves, mais ne pas chercher à faire dans le jeunisme excessif par l'usage d'expressions qui leur appartient.

Donner les règles du fonctionnement du groupe et de la circulation de la parole : chacun est libre de s'exprimer ; il n'y a pas de question « bête » ; chacun respecte l'autre et ses expressions, il n'y a pas de « bonnes ou de mauvaises » paroles ; on ne filme pas et on n'enregistre pas avec son téléphone portable ; il n'y a pas de jugement de valeur à porter, etc.

Fixer le temps de la séance (une heure maximum car au-delà l'attention ne peut plus être opérante).

Rappeler que si cette séance est prévue sur le temps scolaire, elle n'est pas évaluée et pas notée.

Expliquer la confidentialité de ce qui sera dit, mais ne pas utiliser le mot secret qui pourrait conduire à des malentendus. Par exemple, affirmer que tout ce qui sera dit sur ce temps d'échange, restera la propriété du groupe mais préciser que, dans certains cas, ce qui est dit peut nous laisser penser qu'un élève a besoin d'une aide toute particulière et qu'à ce moment-là, nous pourrons être amenés à faire le relais avec d'autres professionnels pouvant prendre soin de lui, le protéger, etc. Si ce postulat n'est pas posé et que l'élève voit ce qu'il dit récupéré et transmis à d'autres, sans qu'il ait été averti de cette possibilité, cela conduira à un sentiment profond de trahison et à une perte de confiance à l'encontre des adultes. Les autres élèves, qui seront tôt ou tard informés, auront les mêmes ressentis. Ces séances sont, pour les élèves qui vivent des situations douloureuses, des espaces où ils peuvent repérer des adultes susceptibles de les comprendre et ils savent, s'ils leur font confiance, s'autoriser à leur parler.

Être constamment attentif aux réactions de chacun : des plus bruyantes aux plus silencieuses.

Médiatiser les échanges en utilisant le « je » et en limitant les formulations impersonnelles du type « on ».

Réalisation

Expliquer le support utilisé et la consigne.

Donner le temps nécessaire à la réalisation de la consigne puis aux échanges.

Le temps de libre expression et de débats permet de rappeler certains fondamentaux tels que l'importance du respect mutuel, du respect de l'intimité, de la tolérance face aux différences, etc. Il amène l'intervenant à décrypter les émotions ressenties sans jugement de valeurs pour permettre aux élèves de les comprendre. Par exemple à des élèves qui accuseraient une victime de viol collectif de « l'avoir cherché » et d'être la seule coupable, si les professionnels interviennent en jugeant ces propos (« vous devriez avoir honte » ; « comment pouvez vous dire de telles choses » ; « et si c'était ta sœur qui s'était fait violer, que dirais-tu ? », etc.), ils majorent l'agressivité des élèves liées au sentiment d'insécurité que ces faits leur imposent. Par contre leur dire « quand vous tenez ces propos-là, cela me fait penser à d'autres jeunes qui ont souvent ce genre de réflexion quand un de leur camarade commet ce type d'agression... ceux qui ont fait ça, sont des élèves comme vous, certains sont mêmes des amis, alors inévitablement si eux l'ont fait, vous pouvez penser que vous risquez de le faire ; ou certains ont peut-être déjà vu ou déjà participé à des actes identiques, ou d'autres ont pu aussi en être victimes, etc. » l'objectif de cette formulation est de restaurer un sentiment d'appartenance (autrement dit je ne suis pas monstrueux de penser comme cela car d'autres le font aussi) ; cela amène également à comprendre le processus d'identification projective (se mettre à la place de l'autre) et peut amener à se libérer de vécus traumatiques (avoir été témoin, victime voire auteur de ce type d'agression, sans jamais avoir pu en parler et s'en libérer).

Le débat qui suit la réalisation permet aussi de rappeler les lois en vigueur en France, sans idéaliser les démarches possibles en théorie. Par exemple dire aux élèves qu'il faut impérativement porter plainte lors de situation de harcèlement et qu'ils seront protégés n'a aucun sens lorsque l'on sait que la très grande majorité de ces plaintes sont classées et que les mis en cause s'en sortent renforcés. Par contre ce qui a du sens c'est de leur expliquer qu'il est indispensable d'en parler sinon les faits ne pourront que s'aggraver ; que les personnes ressources sont multiples (professionnels de l'établissement, pairs, parents ou proches, appel aux numéros verts) mais que les victimes se taisent souvent par honte, peur de représailles, sentiment de culpabilité, appréhension de ce que l'on pourra penser d'eux et crainte d'inquiéter ceux qu'ils aiment ; que ces situations sont difficiles à prouver et qu'il n'est pas facile de les dénoncer ; que s'ils ont l'impression de ne pas être compris, ils finiront par trouver des adultes capables de les entendre ; que la loi permet de porter plainte mais que, sans preuve formelle, il y a souvent des classements sans suite, ce qui ne signifie pas qu'ils mentent mais que la justice ne peut pas prouver que la personne qu'il mette en cause est responsable.

Toute personne qui s'exprime transmet à la fois un contenu manifeste (ce qu'elle pense réellement) mais aussi un contenu latent (ce qui est plus inconscient). Les propos échangés sont fortement marqués par cette double dimension dès lors que le sujet abordé est délicat. Le biais déclaratif peut être important et le professionnel qui intervient doit en avoir conscience pour limiter les malentendus et accepter que ce qui lui est dit, ne soit pas nécessairement la réalité de ce qui est vécu ou ressenti. Cet écart peut être majoré par l'influence du groupe qui peut conduire au silence des jeunes n'osant pas affirmer un avis différent de celui exprimé par certains (qui ne sont d'ailleurs pas toujours majoritaires). Les techniques d'animation utilisent beaucoup de reformulations pour s'ajuster au plus près aux propos des élèves soit en reprenant précisément les termes utilisés, soit en essayant d'élargir un peu la formulation, par exemple « quand vous dites que Facebook est un espace privé, si je comprends bien, c'est que pour vous c'est un support où vous pouvez écrire, mettre des photos personnelles ? ».

Il est important de partir du vécu des élèves mais sans les stigmatiser en utilisant le sentiment d'appartenance ; par exemple pointer un élève en lui demandant « toi, est-ce que tu as déjà vu des images pornographiques » est vécu comme une réelle agression ; il est beaucoup plus utile d'engager le débat avec une représentation élargie « à votre avis, les élèves de votre âge ont-ils déjà vu des images pornographiques ? ». Les enfants et les adolescents utilisent très souvent le support de pairs imaginaires pour parler d'eux, par exemple lorsqu'ils sollicitent l'infirmière scolaire ou un parent en lui disant « j'ai l'amie d'une amie qui m'a dit que... ». Cette façon de médiatiser leur demande leur est précieuse pour ne pas s'exposer trop directement. Si l'adulte en a conscience et comprend le sens de ce processus communicationnel, il peut également l'utiliser : « si je voyais l'amie de ton amie, je lui dirais... ».

Aux questions directes posées par les élèves et certaines fois volontairement provocatrices, il est toujours préférable de leur demander ce qu'ils en pensent et ce qui les amène à cette question : aucune question n'est gratuite et il y a toujours une élaboration de réponse ; par exemple « est-ce qu'il va aller en prison pour cette tournante ? » : répondre « oui bien sûr, la loi ne peut que le condamner », ne peut être une réponse adaptée car non seulement le professionnel s'engage sur des résultats judiciaires des plus aléatoires sur ce sujet, mais surtout il ne répond pas à l'attente réelle des jeunes, à savoir « est-ce que l'on peut compter sur vous ? ». Leur demander « qu'est-ce que vous, vous en pensez ? Qu'est-ce que vous avez compris ? Qu'est ce que vous croyez ? » permet de partir de leurs représentations avant de se précipiter sur les seuls repères de l'intervenant. Certains élèves pourront répondre « que ce n'est pas juste », d'autres « que c'est bien mérité » et à partir de ces positionnements différents, l'intervenant pourra susciter les réflexions individuelles et collectives et construire un débat constructif en ayant transmis aux élèves qu'ils peuvent s'exprimer sans être jugés. Ils pourront alors échanger et élaborer leurs propres réponses. Le rappel à la loi sera alors entendu non pas comme un sujet de défiance mais comme un cadre ayant du sens.

Le vocabulaire des jeunes peut être pauvre mais certaines fois utilisé sciemment de façon à choquer l'intervenant et à tester sa capacité à tenir face au groupe. Celui-ci peut, sans juger l'élève (« tu es grossier »), lui proposer d'utiliser d'autres termes : « d'accord, c'est une façon de le dire, mais je suis certain que tu connais aussi d'autres mots qui ont le même sens ». Cela donne l'occasion d'associer les termes courants, argotiques, scientifiques et de voir l'évolution sémantique selon les époques.

Les termes exacts doivent être utilisés en s'assurant qu'ils sont compris par les jeunes.

Lors d'une question très directe, éviter de stigmatiser celui qui la pose et répondre en élargissant la situation pour ne pas personnaliser la réponse ce qui stigmatiserait le jeune.

Les intervenants doivent veiller à ne pas se laisser déborder par leur vécu personnel et à partir des besoins des élèves sans les confondre avec les siens. Les références personnelles du type « moi, quand j'avais votre âge » ou « je peux vous comprendre car j'ai aussi un fils adolescent » ou « si j'étais votre père », tout comme celles relatives à leur propre sexualité sont à exclure. Elles ne facilitent en rien l'établissement du lien de confiance avec des élèves qui ne sont pas dupes de cette tentative de gagner leur participation. Et elles insécurisent les intervenants qui se projettent directement et personnellement à une place qui n'est plus celle du professionnel. Ce principe peut être mis à mal lorsque les élèves interpellent directement l'intervenant par exemple en lui demandant si elle a aussi des enfants. La réponse trop directe à cette question est à haut risque : si l'intervenant répond qu'il a des enfants, cela ne signifie pas pour autant qu'il est capable de comprendre les élèves, mais qu'il est aussi investi d'une fonction maternelle (ou paternelle) et qu'il ne pourra pas être sollicité par crainte de jugements de valeurs ; s'il répond qu'il n'a pas d'enfants, cela peut conduire les élèves à penser qu'il ne peut pas les comprendre tout aussi bien qu'à le percevoir comme celui qui peut tout entendre car il n'est pas aussi parent. Avant de se précipiter à répondre à ce type d'interpellation trop personnelle, il est ici important de recadrer avec douceur le débat en incitant par exemple les élèves à comprendre ce que peut signifier leur question : « quand vous me demandez si j'ai aussi des enfants, j'ai l'impression que c'est comme si vous vouliez être certains que je puisse vous comprendre... ».

La question des diversités culturelles peut aussi se poser et différemment selon le type d'établissement. La place de la femme, le rôle de l'homme, la question de la maternité, le sens des grossesses précoces, le lien entre sexualité et religion, la place donnée à la virginité, les théories autour des maladies, etc. sont autant de sujets qui permettent de comprendre toutes les différences qui peuvent exister entre cultures et entre religions. Il serait vain de vouloir connaître « toutes les cultures » ; ce qui reviendrait à se rassurer en pensant pouvoir décrypter toutes les références et répondre à tout. L'illusion de maîtrise qui s'exprime dans cette volonté de savoir ne règle pas les enjeux de cette diversité et ne saurait empêcher les conflits susceptibles de s'exprimer en raison d'incompréhension mutuelle. Il est, pour l'intervenant, important de penser le principe même d'une culture différente entre, pour reprendre l'expression de Marie-Rose Moro, des « enfants venus d'ici et ceux venus d'ailleurs ». Comprendre ce qui est en jeu dans cette rencontre entre cultures différentes permet d'anticiper sur d'éventuelles tensions entre élèves ou entre adultes et jeunes. L'intervenant peut proposer aux élèves, sans les y obliger, d'expliquer comment leur culture envisage le sujet ou ce que cela peut signifier dans leur culture. La présentation de différentes façons de gérer telle ou telle situation, permet d'apprendre aux élèves qu'il peut exister d'autres repères que les leurs et que ceux-ci s'inscrivent dans une histoire personnelle, communautaire mais également en fonction des devoirs, des droits, des règles et des lois du pays. Comprendre les spécificités de chaque culture participe à la reconnaissance de l'altérité et permet de supporter la différence sans craindre de s'y perdre et sans céder au prosélytisme ou au militantisme.

L'attitude d'écoute de l'intervenant nécessite ainsi de s'adapter à des hétérogénéités de toutes sortes liées à la mixité, aux niveaux de développement psycho-cognitifs variables, aux références culturelles et religieuses multiples. Certains jeunes peuvent mettre en avant leur appartenance à tel ou tel type de groupe (exemple : bons élèves versus élèves transgresseurs). D'autres expriment une revendication identitaire qui peut mettre à mal les représentations de l'intervenant. L'objectif des échanges est de permettre à chacun de s'exprimer, dans le respect de ses valeurs et en connaissance de celles fixées par l'institution scolaire et par la loi. Les élèves peuvent comprendre, si cela leur est expliqué, que leur liberté de choix s'étaye sur différents apports à envisager non en termes de « c'est bien » ou « c'est mal » mais en termes de ressources multiples leur permettant de se construire leurs propres repères et leurs valeurs.

Ces séances devraient également aider enfants et adolescents à acquérir les stratégies de communication nécessaires sur ce sujet avec leurs parents. L'écoute et le soutien apportés par des adultes extérieurs leur permettent de comprendre ce qui peut rendre difficile la discussion sur la sexualité avec leurs parents. Cela les amène à développer leurs ressources pour s'exprimer et défendre une idée sans être sur un registre conflictuel. Valoriser les parents dans leurs compétences parentales est tout aussi nécessaire pour permettre une communication positive entre jeunes et parents.

Pour exemple Quelle serait la discussion « idéale » sur la sexualité avec vos parents ? ; qu'est ce qui la rendrait possible ou compliquées ? ; Qu'est ce qui permet de parler de sexualité avec ses parents ? ; Est ce qu'il y aurait des sujets plus faciles ou plus compliqués à aborder ; Quelles difficultés y aurait-il à en parler à vos parents ?, Comment surmonter ces difficultés ? Est-ce qu'une personne de confiance (fratrie, membres de la famille, amis) pourrait faire le lien entre vous et vos parents ? ; À quel moment ces discussions vous semblent plus faciles à aborder et dans quel lieu ? ; À votre avis, comment vos parents se représentent votre sexualité, Qu'est-ce qu'ils s'imaginent ? ; Si vos parents savaient ce que vous faites ou ce que vous pensez du sujet, à votre avis que diraient-ils de vous ? Qu'est ce que vous souhaiteriez qu'ils disent de vous ? Comment faire pour les amener à vous comprendre ? ; Si vous étiez un parent et que vous étiez informé que votre adolescent fait ceci ou cela, comment réagiriez-vous ? ; Qu'est-ce que vous souhaiteriez qu'ils vous disent ?, etc.

Conclusion

Ce temps permet de faire une synthèse du déroulement de la séance ; de reprendre ce qui a été dit par les uns et par les autres ; de leur demander un premier avis sur ce qu'ils ont pensé de cette séance et si elle a répondu à leurs questions.

Il est important de remercier les élèves pour leur investissement et leur participation, même lorsque la séance a été éprouvante, en tentant de positiver leurs réactions : par exemple, « nous avons parlé de beaucoup de choses, sur un sujet qui n'est pas toujours facile. D'ailleurs nous avons vu que cela avait conduit à beaucoup de réactions et nous trouvons que c'est vraiment important que vous ayez pu exprimer ce que vous ressentiez, etc. » Il s'agit de maintenir un lien de confiance entre élèves et adultes, sans leur donner la conviction (très insécurisante) d'avoir réussi à mettre un mal un adulte.

Un document peut être transmis avec des renseignements actualisés sur les personnes et lieux ressources dans l'établissement et en dehors (noms, fonctions, coordonnées).

Après l'intervention

Tout comme le temps de préparation, le temps post-intervention est essentiel, mais trop souvent négligé du fait de la charge de travail. Dans l'idéal, il devrait permettre de :

- débriefer entre intervenants : impressions et ressentis personnels comme à l'égard des élèves.
- analyser l'organisation : ce qui s'est bien passé, ce qui n'a pas été, ce qui aurait pu être fait, etc.
- prévoir une disponibilité pour les élèves qui solliciteraient un temps individuel de prise en charge.
- faire le lien avec les professionnels médico-psycho-sociaux et CPE et s'assurer d'une cohérence entre ce qui aura été transmis et le fonctionnement de l'institution ; par exemple si, suite à une intervention sur la prévention du harcèlement, un élève victime de ce type d'agressions sollicite l'aide de surveillant et qu'il se trouve face à des adultes banalisant les faits et refusant d'intervenir, toutes les notions transmises lors de la séance n'ont plus aucun sens.
- faire le point avec le professeur principal pour repérer d'éventuels troubles réactionnels (agitation, agressivité, ou au contraire apaisement).
- prévoir d'évaluer à distance (à un mois) les effets de cette intervention à la fois au niveau des élèves et au niveau de l'établissement ; par exemple par l'utilisation de questionnaires.

Chapitre 6

Exemples d'intervention

Parler de pornographie avec les élèves

Le PNF : plan national de formation

Dans le contexte actuel où les écrans sont devenus le mode communicationnel principal des jeunes, s'imaginer préserver tout enfant d'images à connotations sexuelles voire pornographiques, semble bien illusoire. La culture des images et la place des écrans sont devenues telles, que tôt ou tard ils y sont confrontés, soit de façon intentionnelle soit à leur insu, par exemple comme nous l'avons rappelé lors de piratage informatique. Pour les intervenants en milieu scolaire sur l'éducation à la sexualité, cette question de la pornographie apparaît donc incontournable. Il ne s'agit pas de savoir qui a déjà vu ou non ce type d'image, mais de leur apporter des repères susceptibles de les aider à prendre du recul par rapport à ce qu'ils auraient déjà vu ou seraient susceptibles de voir. Ces espaces de parole sont des temps de discussion où des propos et des expériences très intimes peuvent être exprimés. Ils nécessitent un cadre respectueux où chacun peut s'autoriser à parler sans crainte d'être jugé. Pour les jeunes, il est important de savoir que chacun est libre de témoigner ou non, de questionner ou d'interroger les intervenants sur ce qu'il a vécu ou ce qu'il s'imagine. Mais parler de pornographie expose l'intimité tout autant que la transgression et peut les rendre particulièrement mal à l'aise ; surtout au sein d'un groupe où chacun est susceptible de contrôler la parole de l'autre. Par exemple, oser dire que l'on n'apprécie pas le porno ou au contraire admettre qu'on est attiré par ces images, peut être dans les deux cas, bien délicat, face à des intervenants inconnus ou peu connus et devant un groupe de pairs toujours prêts à juger. Le rôle des camarades à cette période de l'adolescence est important et le groupe est un espace de construction identitaire et de reconnaissance. Ne pas penser ou ne pas dire la même chose que le groupe expose à en être exclu et à de possibles représailles (moqueries, harcèlement, etc.).

Les remarques et les questions peuvent être très crues ou alambiquées car ils ressentent une certaine honte, une gêne, voire une culpabilité. Le contenu peut choquer des adultes qui n'y sont pas préparés. Pour les intervenants, il s'agit, donc comme à chaque fois qu'ils interviennent sur des sujets relatifs à la sexualité, de travailler sur leurs propres représentations face à ces questions et d'anticiper sur des attitudes possiblement défensives des jeunes (provocation, ironie, inhibition, vulgarité, mensonge, agressivité, disqualification, etc.). Il leur faut aussi comprendre et accepter que ce qu'ils pensent et ont élaboré est le plus souvent en rapport avec leurs propres repères, ceux de leur génération et qu'ils ne sont plus, majoritairement, ceux des jeunes d'aujourd'hui. Différents points peuvent être abordés.

- Toute personne peut être troublée par le visionnage d'images ou de films pornographiques, sans pour autant être considérée comme « dégoûtante », « perverse » ou « sale ».
- La représentation que la pornographie donne des hommes et des femmes n'est pas la réalité mais celle d'un réalisateur ; il existe des trucages, des montages et des mises en scène déformant la réalité ; les acteurs sont rémunérés pour simuler.
- La pornographie est un commerce dont les spectateurs ne sont que les clients sur lesquels s'enrichissent les producteurs et réalisateurs de ces images.
- La sexualité quotidienne des adultes ne correspond pas à la multiplicité des pratiques exposées sans fin sur ces images.
- La pornographie n'est pas la norme et les images pornographiques ne sont pas des modèles. Leur sexualité n'a pas à reproduire les images pornographiques qu'ils ont pu voir ou qu'ils verront ; ils peuvent construire leur propre sexualité sans se croire obligés de faire les mêmes choses.

- La pornographie met en scène des pratiques sexuelles sans limite et sans interdit, avec des stéréotypes homme-dominant/femme-dominée, alors que le respect de l'autre nécessite de s'ajuster au désir de chacun, dans un respect permanent du partenaire.
- La loi protège les mineurs et leur interdit l'accès aux images pornographiques.
- La sexualité montrée dans la pornographie ne fait pas référence aux risques possibles et aux conséquences, qu'elles soient médicales (IST, grossesse non désirée) ou pénales (plaintes, etc.).
- La performance mise en scène dans ces films ou ces images pornographiques est bien éloignée de la réalité : une sexualité « normale » comporte inévitablement des moments où il peut y avoir des « ratés ».
- La sexualité doit comporter des tabous et des interdits indispensables pour que les rapports humains se construisent dans un lien respectueux entre sujets.
- La sexualité se construit, elle naît d'une rencontre et il faut parfois du temps pour bien comprendre son corps et celui du partenaire.
- La sexualité ne se réduit pas à un acte sexuel mais elle est aussi intimement liée à toute une dimension émotionnelle.
- Les gestes au cours d'une relation sexuelle ne sont pas codifiés, mais se décident à deux, en prenant le temps nécessaire.
- Différents autres médias peuvent véhiculer des messages sexuels et il est important de savoir faire la part de choses entre une sexualité équilibrée, saine et respectueuse et des pratiques qui correspondent à des pratiques déviantes, violentes et abus.
- La sexualité comporte aussi une zone de fantasmes, c'est-à-dire de désirs inassouvis où chacun est le seul décideur de ce qui se passe, avec tous les pouvoirs possibles. Mais ces fantasmes ne sont pas la réalité. Ils peuvent alimenter le désir mais ne sauraient s'y réduire, car ils s'inscrivent dans l'imaginaire.
- Il faut savoir se laisser du temps et ne pas se sentir obligé d'avoir son premier rapport sexuel et céder à tout ce que veut son partenaire.
- Être gêné de parler de sujets liés à la sexualité à ses propres parents est compréhensible et cela n'a pas forcément à voir avec un manque de confiance à leur égard. S'ils préfèrent en parler à d'autres, il est important de leur dire qu'il existe des personnes ressources (médecins et infirmiers scolaires, médecin généraliste, professionnels du planning familial) ; des numéros verts et des associations. Ils peuvent les contacter, en toute confidentialité, pour solliciter des conseils, faire part de leur inquiétude, témoigner de choses subies, obtenir de l'aide.

Le risque, dans ce type d'intervention, est de tenir des propos moralisateurs et paradoxalement incitatifs s'ils font exclusivement référence à la notion de transgression ; l'adolescence étant une période où s'opposer aux règles fixées par les adultes est un des enjeux. Il ne s'agit pas de diaboliser la pornographie et ceux qui ont visionné ce type d'images, mais de la démystifier en apportant aux élèves les ressources réflexives nécessaires pour ne pas en devenir otages. L'intervenant nous l'avons rappelé, doit aussi anticiper sur des propos qui sont susceptibles de le heurter car s'il exprime du dégoût face aux propos des adolescents, ceux-ci se percevront inévitablement comme des êtres dégoûtants et le lien de confiance avec l'adulte sera rompu.

Au-delà de tous ces repères qui peuvent être transmis, il est aussi important de profiter de ces temps d'échanges, pour rappeler aux jeunes que la sexualité, si elle se construit avec l'autre dans la confiance et le respect, si elle s'accompagne d'amour, d'attention et de tendresse, est aussi et surtout une expérience positive.

L'adolescence est un temps de déséquilibre, où le sujet qui cherche à se trouver risque aussi constamment de se perdre. Dans ce contexte de vulnérabilité accrue, une information inadaptée aux préoccupations actuelles, heurtant les représentations que se font les adolescents du lien amoureux, provoquera l'émergence d'une angoisse inhibitrice et déstructurante. Pour l'adolescent, la rencontre avec l'autre a un potentiel à la fois structurant et destructeur : destructeur si la rencontre aboutit à la négation de soi, structurant si l'adolescent trouve en face de lui un adulte suffisamment solide pour l'accompagner en le confortant dans sa valeur propre et en le guidant sans le contraindre ni le juger.

« ARRÊT SUR IMAGES[1] »

Introduction

L'éducation à la vie affective et sexuelle en milieu scolaire doit être considérée comme une dimension de l'éducation citoyenne dans le sens où il s'agit d'une éducation au respect et au choix. Elle est la responsabilité de tous, des parents et de l'École tout entière dans un esprit de coéducation afin d'accompagner les enfants et les adolescents, de la maternelle jusqu'au lycée, dans la construction de leur personnalité.

1. Rédigé par Dominique Saint-Martin.

Contexte

Le lycée professionnel Pierre et Marie Curie de Bolbec est un lycée professionnel des métiers du secteur tertiaire (comptabilité, secrétariat, commerce) et du secteur sanitaire et social (accompagnement soins et services à la personne, mention complémentaire d'aide à domicile) préparation aux CAP Employé de commerce multi spécialités et Assistant technique en milieu familial et collectif. Les principales caractéristiques de cet établissement sont :

- existence d'une classe de 3e Prépa Pro (avec des élèves plus jeunes que les lycéens) ;
- population d'élèves à dominante féminine (90 % de filles pour 10 % de garçons) ;
- les familles font partie à plus de 70 % de catégories socioprofessionnelles défavorisées ;
- 20 % de la population de Bolbec est au chômage et par conséquent peu mobile ;
- le lycée accueille également des jeunes des autres communes environnantes (Lillebonne, Notre Dame de Gravenchon, St Romain, Fécamp, Yvetot...) et/ou des zones rurales de ces villes.

Problématique

Les élèves pensent avoir eu suffisamment d'informations au collège (contraception, IST/SIDA) mais ne les appliquent pas dans la réalité : rapports sexuels non protégés, pas de contraception régulière. L'infirmière constate que beaucoup d'élèves « entrants » et donc les plus jeunes (15 ans), ont déjà une sexualité active à risques, avec plusieurs indicateurs :

- la contraception d'urgence (Norlévo) et des tests de grossesse sont souvent demandés à l'infirmière ;
- l'infirmière est fréquemment sollicitée pour des prises de rendez-vous au centre de planification ;
- certaines jeunes filles font le choix de l'insertion sociale par la grossesse ;
- de manière générale, elles ne connaissent pas leur corps, sont soumises aux garçons, ont peu d'estime d'elles-mêmes et peu de motivations scolaires ;

- on constate également que les relations « parents/enfants » se modifient : les parents ne se posent plus en « adultes responsables » mais en « copains » ;
- la sexualité des enfants se fait sous le toit des parents avec leur accord ;
- les garçons se sentent peu ou pas concernés par la thématique ;
- la cyber sexualité entre à l'École (mauvaise utilisation de l'image et des réseaux sociaux, émergence de situations concrètes et problématiques chez certains élèves...).

Un projet de prévention adaptée à ce contexte

L'action de prévention est mise en œuvre sous la forme de quatre ateliers thématiques, animés par deux membres de l'équipe éducative et pédagogique et/ou par un ou deux intervenants extérieurs. Il est important de veiller à la parité homme/femme des intervenants.

L'action concerne tous les nouveaux élèves.

Le projet est présenté et expliqué par l'infirmière à chacune des classes, les familles sont informées de ces actions par le biais du carnet de liaison (emploi du temps modifié). Des boîtes à idées sont déposées à la vie scolaire et au CDI afin que les élèves puissent y déposer anonymement leurs questions. Et l'ensemble de la communauté éducative et pédagogique est informé de ces actions.

Objectifs de l'action

Les objectifs de résultats à court terme

Différents objectifs ont été définis pour adapter cette action au contexte et aux sollicitations des élèves. Il s'agit de :

- permettre aux jeunes de s'exprimer sur leurs difficultés d'être adolescent ;
- aider les jeunes à faire des choix ;
- favoriser des comportements responsables et développer le respect de soi et de l'autre ;
- travailler sur la notion d'intimité des relations amoureuses ;
- favoriser les échanges entre les adolescents et les adultes (parents, membres de la communauté scolaire, membres d'associations) ;
- apporter aux jeunes des informations sur l'adolescence (modifications physiques, physiologiques et psychiques) pour les aider à mieux comprendre cette période de leur vie ;

- sensibiliser les jeunes à l'importance de la prévention pour favoriser leur bien-être ;
- leur faire connaître les ressources locales : adultes relais, référents santé et structures extérieures de prévention, d'écoute, de dépistage.

Les objectifs de résultats à moyen et long terme

- Renforcer la dimension affective, culturelle et sociale de la sexualité en favorisant l'image de soi, le respect de soi et des autres, l'égalité des sexes, la relation aux autres et la citoyenneté.
- Respect des lois et des valeurs ainsi que des normes sociales.
- Développer les compétences psycho sociales de nos élèves.
- Diminution du nombre de grossesses précoces et d'IVG.
- Augmentation du nombre des élèves ayant recours à une contraception régulière.

Organisation

Cette action s'organise autour de plusieurs ateliers.

Atelier 1 : Moi l'amour et les autres

Proposé par l'association *Just Kiff Dancing !* Il est organisé dans la salle de conférences du lycée qui est spacieuse. L'intervention dure 1h30 par classe entière et se divise en deux parties : un spectacle dansé de 15 minutes suivi d'un débat de 1h15.

La discussion s'organise sous la forme du jeu de la ligne blanche (Abaque de Régnier) au cours duquel les élèves peuvent décider de s'exprimer ou non, par petits groupes ou individuellement. Les animateurs notent par écrit des mots clés qui constituent l'ossature du débat. À la fin de la séance, une synthèse est faite avec le public. Un questionnaire est distribué (à chaud) aux participants afin de vérifier ce qu'ils ont retenu de la thématique et de la prestation.

Atelier 2 : Un bébé, seulement si je veux !

L'intervention est animée par une sage-femme du centre médico-social de Bolberc, Mme Giovannoni et Mme Saint-Martin, infirmière du lycée. Elle dure 1h30 par demi-classe (environ 15 jeunes) dans le foyer des élèves dont le mobilier (fauteuils, tables basses) offre un cadre agréable.

À partir d'une mallette contenant différents moyens de contraception et des instruments gynécologiques, de planches anatomiques représentant les organes génitaux féminins et masculins et le cycle menstruel. Les questions des élèves recueillies dans les boîtes à idées sont affichées dans la salle.

L'atelier débute par un rappel anatomique et physiologique des organes génitaux, du cycle menstruel et des menstruations. Puis, il aborde la contraception, l'IVG, la pilule d'urgence. Il ne s'agit pas de s'attarder sur le déroulement de la grossesse, seulement à savoir en reconnaître les premiers symptômes. Des préservatifs sont laissés à la disposition des jeunes, de la documentation et des adresses utiles (centres de planification).

Atelier 3 : Tout est-il permis dans le domaine de la sexualité ?

Par les comédiens de *La Sirandane* (Mme Vion et M. Guiner) ainsi que Mme Crochemore, assistante sociale scolaire. L'intervention dure 2h par classe entière dans la salle de conférences du lycée.

La liste des thèmes susceptibles d'être traités via le théâtre interactif est distribuée aux élèves. Il s'agit ici d'aborder la sexualité et la loi (pornographie, pratiques sexuelles, homosexualité, viol, le plaisir, le non-respect, inceste, prostitution...). Ces thèmes sont présentés rapidement aux élèves et le sens des mots est expliqué. Un thème est, soit tiré au sort, soit choisi par les élèves et interprété par les comédiens, dans un contexte adapté à leur vécu. Chaque interprétation dure deux à trois minutes, les élèves pouvant intervenir, stopper s'ils ne sont pas d'accord ou si le jeu ne leur parait pas probable. Un débat s'engage ensuite. Un rappel systématique de la loi, effectué par l'assistante sociale, sur chaque thème abordé, ponctue chaque intervention.

Environ quatre thèmes sont traités dans le créneau des deux heures.

Atelier 4 : L'Amour... la maladie passe aussi par là !

Par le centre de dépistage anonyme et gratuit du centre hospitalier du Havre.

L'intervention dure 1h30 par classe entière avec trois thèmes qui sont principalement abordés : les moyens de contamination, les moyens de protection et de réduction des risques et le SIDA.

L'atelier se déroule autour d'un brainstorming, d'un questionnaire sur les IST et le SIDA qui donne lieu à un tour de table où chaque participant lit et répond à une question en étant aidé par les autres éventuellement, les intervenants précisant systématiquement les choses.

C'est aussi l'occasion de faire une démonstration de l'utilisation du préservatif masculin et de présenter le préservatif féminin.

Un jeu de cartes (le SIDA que savons-nous ?) est également utilisé : chaque participant reçoit une carte correspondant à une situation qu'il doit classer dans le bon degré de risque. À toutes les étapes, les éléments de réponse importants sont inscrits au tableau.

Des préservatifs sont laissés à la disposition des jeunes, de la documentation et des adresses utiles (centres de dépistages anonymes et gratuits).

Évaluation

Le dispositif prévu pour l'évaluation est basé sur un questionnaire anonyme de satisfaction distribué à tous les élèves concernés ainsi qu'une évaluation rapide sous la forme de smileys à cocher. Après dépouillement, les résultats apparaissent sous la forme de graphiques par classe plus un graphique sur la totalité des élèves concernés. Pour les ateliers 2 et 4, les professeurs de biotechnologie s'assurent via leurs enseignements sur ce sujet en cours d'année, que les informations transmises ont été bien comprises.

Ce projet est reconduit chaque année au lycée depuis 2005. Il n'a comme ambition que celle d'être pertinent et de répondre le mieux possible aux interrogations et aux problématiques des jeunes. Nous savons par le biais de l'évaluation qu'ils en reparlent en famille, entre amis, avec le/la petit(e) ami(e), avec leurs professeurs... La majorité des élèves se sent rassurée après ces actions, à nous de les poursuivre !

Perspectives et émergence d'une nouvelle thématique

La configuration, sous la forme d'ateliers, de ce projet, le rend perfectible et modulable. Détail qui a son importance car les champs de la sexualité sont vastes et doivent être abordés dans la transversalité. Nous constatons au fil des années et des situations relatées par les jeunes, que la représentation de la sexualité évolue avec la société et ses nouvelles technologies, les adolescents sont concernés par de nouvelles problématiques « à risques » liées aux médias, au Net ainsi qu'au téléphone mobile. À l'inverse, l'image de la femme, via les médias (par exemple la publicité, les magazines), est toujours stéréotypée et connotée « objet sexuel ». Si l'égalité des genres est en route et si depuis le siècle dernier, la société a évolué en matière d'égalité hommes/femmes, il reste encore du chemin à parcourir.

« Sexe » est le mot le plus tapé sur Internet ! Mais quelles sont les limites entre la sexualité libérée et la sexualité malsaine et dangereuse ? Plusieurs problématiques d'élèves, évoquées par les jeunes, dans le bureau de la conseillère d'éducation relèvent d'un conseil ou d'une intervention policière, qu'il s'agisse de mineurs ou de majeurs. Une situation donnera d'ailleurs lieu à un renvoi après un conseil de discipline. L'idée d'un atelier supplémentaire « sexualité et médias » nous semble donc importante à travailler. Les quatre ateliers qui composent notre projet ont chacun un intitulé en rapport avec la sous thématique abordée et ce cinquième axe devrait s'appeler : « arrêt sur images ». Comme toute conception d'intervention, il est nécessaire de respecter certaines étapes.

Conception du projet

En partant de notre constat évoqué ci-dessus, nous souhaitons mettre en place un atelier dans la logique et la continuité du projet existant. Nous ciblons toujours le même niveau de classes : les élèves « entrants ». Pour mettre en place des actions, il nous faut impérativement des informations sur les connaissances, les représentations, les attentes des élèves sur la thématique. Il est indispensable de partir des besoins des élèves.

- À partir des élèves : pour répondre au plus près des attentes des élèves et envisager la mise en place des actions à venir, nous partirons d'un questionnaire que nous élaborerons et qui sera distribué aux élèves des classes concernées. Ils seront renseignés de façon anonyme mais en faisant la distinction fille/garçon.
- Avec l'équipe éducative et pédagogique. Un tel projet ne peut se construire sans lien avec les professionnels du lycée. Il est indispensable d'informer de la création d'un nouvel atelier car il nous faut trouver des partenaires dans l'établissement qui voudront bien s'impliquer dans cette thématique.
- Avec le CESC, pour échanges sur ce projet, avis, ajustements si nécessaire et validation.
- Avec les parents.

Les objectifs globaux

- Réfléchir et prendre conscience des dangers potentiels liés au monde « virtuel ».
- Les images ont-elles un effet dans la réalité des comportements amoureux et sexuels ?
- Apprendre aux jeunes à faire la différence entre l'imaginaire, le réel et le symbolique.
- Définir les limites de l'intime et du privé/public.

- Réfléchir à l'utilisation par les médias du sexe, du corps, du genre (femme/homme).

Les objectifs d'actions

- Identifier des mesures de sécurité à prendre lorsque nous décidons de rencontrer une personne sur Internet.
- Identifier des éléments pouvant mettre un créateur de page web à risque de sollicitations sexuelles.
- Identifier les risques associés au « clavardage » sur Internet (dialogue en ligne).
- Identifier les impacts d'utiliser le pornographique afin de séduire.
- Identifier les avantages et désavantages de posséder une webcam.
- Identifier d'autres moyens pour se mettre en valeur et séduire.
- Identifier des pistes pour sécuriser nos activités sur Internet.
- Réfléchir à l'image de la femme au travers des stéréotypes publicitaires.

Les partenaires possibles

Un tel projet nous semble nécessiter l'intervention de professionnels plus spécialisés dans ce domaine, en particulier :

- le GAPASE - groupe académique de prévention et d'appui à la sécurisation des établissements ;
- une cyber brigade de la gendarmerie ou de la police nationale.

Il s'agira de leur proposer d'intervenir, gracieusement, auprès des élèves sur le cyber harcèlement, le problème du droit à l'image et à son image, l'accès aux contenus violents ou pornographiques, le phénomène des réseaux sociaux, blogs, étalage de sa vie privée et ses conséquences néfastes, l'usage des téléphones portables, autre support permettant l'accès à Internet et son utilisation excessive, la responsabilité pénale des adolescents, la loi et les diverses sanctions existantes.

Supports envisageables

En complément de cette intervention de spécialistes, nous envisageons deux ateliers possibles.

- **Constitution d'un photo-langage,** à partir de différents magazines apportés par les élèves, il s'agira de faire un repérage d'images qui représentent ou mettent la femme en situation. Nous prendrons en compte trois catégories d'images : celles qui nous choquent, celles qui nous dérangent et celles qui sont dans la transmission de la norme et des valeurs. Les élèves procèdent à un travail de découpage. Chacun choisit trois images qui lui « parlent » le plus. Chaque élève va ensuite parler au groupe des images qu'il a choisies par une mise en commun et la réalisation d'un panneau d'exposition qui pourra être mis au CDI ou dans le hall du lycée pour l'ensemble des élèves.

- **Le jeu de rôle,** activité théâtrale, le jeu dramatique, s'appuie sur l'élaboration de fictions délimitées par un cadre spatio-temporel qui fonctionne aussi bien pour les joueurs que pour ceux qui regardent, dans le jeu, le comportement de personnages et non de personnes. Il se différencie du théâtre dans la mesure où il exclut tout jugement de valeur. L'objectif est de permettre aux élèves d'être « acteurs » pour mieux comprendre la thématique. En partant d'une histoire fictive avec différents personnages sur un thème défini, la proposer au groupe, qui à partir de son expérience, tentera de l'améliorer. Les élèves sont conduits, tout au long de ce parcours, par un meneur de jeu dont la fonction est de permettre au jeu d'exister et de se développer à partir du projet du groupe (en petit effectif de quinze élèves). Les animateurs de la séance envisagés sont le CPE et l'infirmière du lycée.

Exemple de la préparation d 'une séquence avec l'histoire d'Anna

Construction du contexte

Anna est une élève de terminale bac pro, elle est bonne élève, assidue, sportive (gymnaste), agréable tant avec ses camarades que les enseignants. Elle est élue déléguée de classe. Elle s'oriente vers un BTS après son bac qu'elle devrait avoir sans problèmes.

Sa situation de famille est stable autour des parents qui s'entendent bien et ses deux petits frères.

Selon ces informations que pouvons-nous dire d'Anna ?

Partie narrative

Un matin elle n'est pas venue au lycée et depuis ce jour elle est absente, « on » dit que sa vie a profondément changé.

À votre avis, quel problème a-t-elle eu ?

SMS de copains : « salut Anna, ben alors on n'a plus de nouvelles depuis un bail ... 2 semaines c'est énorme ! Tu te souviens qu'on doit fêter l'anniversaire d'Alex samedi ...tu es toujours invitée ....on t'attend. Avec tes parents ça va ? »

« On » nous a tout de suite dit que c'était chaud avec eux...

SMS de Jennifer (meilleure amie d'Anna) : « salut Anna que deviens-tu ? Pourquoi tu ne donnes pas de nouvelles ? « On » m'a dit que tu allais partir même que tes parents allaient déménager ??? J'espère que tu vas bien ? Il faut que je te voie avant que tu partes... Au fait « on » m'a dit que tu avais rompu avec Sofiane... c'est dingue ! Vous vous entendiez tellement bien ! Mais en même temps je comprends que ce n'est pas facile pour toi tout de suite, ce qui t'arrive ça craint !!! »

SMS de Sofiane : « j'espère que tu vas bien, tu me manques... j'ai mal supporté ces 2 semaines sans toi ! Mais en même temps tu ne donnes pas de nouvelles... En classe ce n'est plus pareil... Jennifer m'a dit que tu allais déménager ? Qu'est-ce que c'est que cette histoire ???? Pourrait-on se revoir quand même ?? J'attends de tes nouvelles ! »

Partie d'approfondissement

Un des animateurs s'assied sur la chaise ardente. Il est « Jennifer ». Les élèves lui posent des questions. L'animateur ne donne pas toutes les réponses mais il donne l'information suivante :

« Les parents d'Anna ne veulent pas qu'elle retourne dans ce lycée. »

Que s'est-il passé dans la vie d'Anna ?

L'animateur au fur et à mesure donne les informations suivantes :

1. Anna ne sait pas ce qu'elle doit faire, elle est dans l'embarras.
2. Elle pleure souvent.
3. Son état de santé la préoccupe beaucoup.
4. Anna a rencontré l'infirmière du lycée il y a trois semaines parce qu'elle a fait un malaise.
5. L'infirmière lui conseille de parler avec ses parents.

En groupe, les élèves doivent construire un scénario et jouer une scène qui doit montrer « comment Anna révèle sa grossesse à ses parents ».

Échanges autour de diverses mises en situation.

Partie réflexive

Faites un dialogue qui se déroule vingt ans plus tard entre Anna et sa fille Joséphine. Elle se moque d'une copine de classe qui est enceinte. Joséphine dit : « il faut vraiment être conne pour en arriver là... ».

OSER LES QUESTIONS[2]

Ou comment accompagner les adolescents dans ce qu'ils voient, entendent et découvrent !

2. Rédigé par Carole Durand.

Présentation

Tout projet d'éducation à la santé se construit avec des personnes qui mettent en commun des objectifs et une même motivation pour répondre aux besoins d'une population précise. C'est en cela que l'association Aparsa[3] (Association de professionnels de la santé et de l'éducation, au service des adolescents), née en 1999, propose des rencontres aux adolescents, sur le thème de la relation amoureuse et construit des outils d'animation adaptés à leurs questions. C'est dans ce contexte que les professionnels s'engagent à la fois individuellement et ensemble, à rendre possible cette aventure de la parole et de la pensée sur un sujet qui est au centre de la quête adolescente : la relation.

Aparsa est actuellement constituée d'une vingtaine de personnes. L'association est animée par des professionnels de la santé et de l'éducation, de toutes compétences qui se sont formés à l'animation de groupe. Toute intervention auprès des adolescents est menée par un animateur accompagné d'un binôme. Celui-ci est aussi un professionnel qui souhaite développer sa connaissance des adolescents ou se former à des actions de prévention. Ainsi certains ne font que passer et emportent une expérience de la rencontre avec des adolescents et d'autres poursuivent leur compagnonnage dans l'association et peuvent devenir animateur au bout d'un an, à l'issue d'une formation interne. Ainsi l'association augmente régulièrement ses potentialités et ses capacités d'intervention et peut accueillir des professionnels qui souhaitent avoir un lieu de stage, de réflexion et de travail d'équipe.

L'association bénéficie d'un agrément Éducation Nationale depuis 2002. Grâce aux partenaires et à leur confiance, l'association, peut développer ses projets et construire un véritable soutien pour les adolescents. Le travail qu'elle propose se met en place en réponse à une demande émanant d'un établissement, et non le contraire, pour créer un partenariat compétent et construire un projet adapté aux besoins spécifiques identifiés par l'établissement. Le public concerné est majoritairement celui des élèves adolescents et peut aussi concerner les parents d'adolescents et les enseignants.

3. Aparsa, 2 rue Pierre Boissier, 34070 Montpellier, 04 67 52 41 66, aparsa@wanadoo.fr

Mission générale de la structure

L'équipe animatrice de l'association Aparsa a élaboré des techniques d'animation qui permettent aux jeunes d'intégrer une information concernant la protection vis-à-vis des risques liés à la sexualité, cette information est avant tout celle qu'ils sont amenés à construire ; pour cela plusieurs étapes sont nécessaires :

- l'expression de leurs représentations de la sexualité ;
- la reconnaissance de leurs inquiétudes et la formulation de leurs questions ;
- la prise de conscience de ce qu'ils vivent concernant la relation amoureuse ;
- l'acquisition de connaissances sur les normes sociales liées à la sexualité.

Ce travail doit leur permettre une réflexion sur leur sexualité. Ce n'est qu'à cette condition qu'une information peut devenir une réponse adaptée à leurs besoins et qu'une réflexion sur la capacité de se protéger peut s'amorcer ; un point fondamental étant de pouvoir parler de ce sujet et oser une parole qu'ils puissent défendre. C'est peut-être une des étapes les plus difficiles et le rôle de l'adulte présent est là prépondérant.

Ainsi, cette façon de faire permet d'aborder les questions de contraception ou de protection vis-à-vis du SIDA en reliant ces notions à une approche plus globale de la sexualité, ce qui est aussi plus proche de la réalité vécue par l'adolescent. Pour lui, la sexualité est vécue comme une quête identitaire qui de fait, ne peut être dissociée. Il s'agit donc bien de les aider à grandir avec un projet éducatif qui nécessitera l'engagement de toute la communauté éducative qui les entoure. Les projets sont adaptés au public rencontré : avec les adolescents handicapés, des interventions sont construites avec la communauté éducative sur un long terme (1 à 2 ans).

La zone d'intervention correspond aux lycées et collèges, IME de l'académie de Montpellier. La structure a permis de développer différents partenariats sur Montpellier, principalement avec le service de la PMI avec les sages-femmes territoriales du conseil général de Montpellier ; le Point Écoute Parents Adolescents, les structure d'accueil et l'École des parents.

Depuis 10 ans, des formations sont aussi destinées aux professionnels qui travaillent avec des adolescents.

Action de prévention dans le cadre Programme santé Jeunes

Objectifs généraux

- Vis-à-vis des adolescents : Initier une réflexion sur le thème de la sexualité, des valeurs qui lui sont attachées et des risques qui en dépendent pour accompagner les jeunes vers une prise de conscience, premier pas vers la responsabilité. « Mais alors, faire l'amour, c'est une sacrée responsabilité ! » nous a dit une jeune fille de 17 ans au terme d'une intervention !
- Vis-à-vis des adultes qui sont en contact avec les jeunes : Sensibiliser les professionnels de la santé à la réalité vécue par les jeunes, leurs questions, leurs attentes dans le domaine de la sexualité. Mais aussi renforcer la cohérence de notre discours auprès des jeunes, en invitant les adultes, qui pourront être d'éventuels relais au sein de l'établissement, à participer au projet (infirmière scolaire, professeurs, conseiller principal d'éducation...) et à partager l'information que nous divulguons.

Objectifs opérationnels et spécifiques vis-à-vis des adolescents

- Permettre aux adolescents de s'exprimer sur le sujet de la sexualité, de poser en confiance leurs questions, de parler de leurs idéaux et des valeurs attachés à la vie amoureuse. Ces rencontres ont pour but de leur montrer qu'il est possible d'en discuter avec des adultes et que parler peut aider...
- Favoriser l'échange et le respect entre filles et garçons, en réfléchissant sur leurs préjugés et en analysant ensemble le sens du vocabulaire qu'ils utilisent pour décrire les relations entre hommes et femmes.
- Dispenser une information à partir de leurs connaissances sur la contraception et des risques liés à la sexualité ; si la prise de risque est une étape importante et indispensable de la vie des adolescents, notre volonté est de les informer pour qu'ils évaluent plus justement ces risques.
- Abolir les fausses idées concernant la sexualité, la contraception ou les MST (retrait, rapport sans pénétration, la fragilité du préservatif, l'ovulation au 14e jour...).
- Faire une information sur les relais éventuels qui pourront accueillir les jeunes si, un jour, ils en ont besoin. Si l'action de sensibilisation a atteint son but, les jeunes doivent pouvoir trouver des lieux ou des personnes qui pourront répondre à leur demande.

Vis-à-vis des adultes qui sont en contact avec les jeunes

- Permettre à des professionnels de la santé de mesurer la connaissance des jeunes en termes de santé et de sexualité pour en retour, modifier leur façon de recevoir les jeunes dans l'exercice de leur profession.
- Donner la même information aux adultes qui entourent les jeunes que celle dispensée lors de l'intervention et permettre à notre action de s'inscrire dans le projet éducatif de l'équipe éducative.

Description de l'action

L'action de l'association se concrétise par des rencontres entre des professionnels de la santé formés aux techniques d'animation de groupe et des adolescents de collège ou lycée. Toute animation est précédée et clôturée par une rencontre avec les adultes référents dans l'établissement. À l'invitation d'un principal, d'un professeur, d'une infirmière ou d'un médecin scolaire, motivés, les interventions se font dans une classe en deux séances à un mois d'intervalle :

- Une classe est divisée en petits groupes (filles et garçons séparés) de 10 élèves environ. L'animateur de l'association est accompagné d'un professionnel de la santé invité à être observateur de la rencontre : c'est la fonction de binôme. Il y a un animateur et un binôme pour chaque petit groupe.

> Après quelques années d'expérience au sein d'Aparsa et auprès d'autres équipes que j'accompagne, nous faisons invariablement ce constat : s'il est difficile de dire avec certitude où nous mènent nos rencontres de travail, la route qu'elles nous font suivre prend de plus en plus d'importance... Nous pouvons affirmer que les adolescents cheminent avec nous et même qu'à nos côtés, ils tracent leur chemin. Finalement, rendre compte de ce type de travail, c'est témoigner de cela.
>
> Pour aborder la sexualité avec les adolescents, il s'agit de poser clairement un cadre, tel qu'il est décrit dans cette introduction, et de s'en libérer progressivement afin qu'une parole personnelle, vraie, puisse advenir. C'est avec celle-ci que l'adolescent s'engage, qu'il explore ses propres ressources, peut remettre en question des références mal acquises et découvrir ses véritables besoins. Il n'est plus question pour nous aujourd'hui de « faire passer des messages » mais plutôt de laisser passer la parole, une parole active qui participe aux prémices d'un changement éventuel et inspiré par notre rencontre.
>
> L'animation d'un groupe permet à chacun de s'engager de la place où il est, emporté par la puissance de ce qui se partage, tout en étant ancré dans son histoire singulière. L'animateur offre les conditions nécessaires au changement, mais il ne peut l'imposer ; il propose un voyage, une aventure de la pensée et de la parole.

Au cœur des rencontres que nous avons vécues, le thème de la pornographie est régulièrement apparu. Nous l'avons accueilli comme le reste, simplement, avec la curiosité qui sied à toute nouvelle découverte.

Les propos qui suivent sont le témoignage d'une expérience personnelle partagée avec d'autres. Il ne s'agit pas d'un modèle, mais d'une réflexion nourrie par la rencontre, depuis plusieurs années, de dizaines d'adolescents, que je remercie volontiers de s'être si sincèrement confiés. Ils nous ont permis de découvrir que la technique n'est pas primordiale, même si nous en reconnaissons toute l'utilité, au risque de nous servir de refuge défensif.

Je vous invite, maintenant à écouter ce que la richesse d'un questionnement peut provoquer, cette parole claire, curieuse que les adolescents s'autorisent au cœur de ces échanges qui leur sont proposés.

Ce qu'ils nous disent

Propos d'adolescents (collégiennes et collégiens de 13 à 15 ans)

« Le porno c'est dégueulasse et puis y'a pas de sentiments. »

« Le porno c'est un peu pour nous apprendre ! »

« Dans les films pornos, les mecs sont bien gaulés. »

« Les jeux vidéo, c'est pas la réalité, on fait bien la différence ! On reste là ! »

« Les jeux, cela te donne la possibilité de faire ce que tu ne peux pas faire en vrai, on se sent fort ! »

« Les clips, je fais plus attention à la musique qu'aux images ! On se sent attirés par les filles si elles sont magnifiques ! »

Et après discussion ce qu'ils disent aussi

« Tu peux être amoureux du sexe ou être amoureux d'une fille. »

« Le premier signe que t'es amoureux, t'es jaloux ! »

« L'amour, ça rend fou ! »

« L'alcool ? Y'a pas de but t'es tout seul, tu bois ! »

« Avoir un enfant ? ça se réfléchit ! »

« Si t'es pas amoureux, tu sors pour avoir une fille, tout est faux ! En fait tu t'affiches avec elle, ça fait beau gosse, ça fait mec désiré. »

« Les filles elles disent qu'on n'est pas matures, elles nous jugent sur le physique. »

« Le *snuff* : ça me fait même plus peur ! Pourquoi ils font ces vidéos ? » (*snuff movie* : film pornographique qui se termine par la mort réelle de l'acteur.)

Qu'entendons-nous ? Que pouvons-nous comprendre ? Qu'est-il possible d'imaginer ? Que ressentons-nous ? C'est probablement en commençant par nos questions que nous pourrons ouvrir l'espace des leurs... à condition aussi d'aller chercher dans tous les niveaux de questionnement : rationnel, émotionnel, symbolique... au cœur de ce qui fait l'aventure de la pensée.

Les adolescents se construisent en piochant tout ce qu'ils peuvent pour tenter de devenir des adultes. Ils commencent par l'observation du monde adulte et de tout ce qu'il produit : en actes, en paroles, en signes. Parmi ces derniers, existent tout ce qui leur est montré, tout ce qu'ils peuvent entendre, l'explicite et l'implicite, les informations que l'on pense être nécessaires à leur épanouissement (est-ce bien la bonne raison ?), ce qui provoque en eux une multitude d'émotions dont ils ne distinguent pas toujours l'origine.

Nous sommes convoqués au cœur de leur réalité même si nous ne le souhaitons pas ! Ils sont avides, curieux ou envahis, se défendant comme ils le peuvent mais ont toujours besoin de faire un tri. Alors ils confrontent leurs découvertes entre eux, les testent, les mettent en scène pour observer l'effet produit, expérimentent, imitent et remettent en question. Certains sont moins téméraires, fuient ou accumulent, surchargent leur sac de voyage sans savoir quel tri faire et au nom de quoi le faire, abandonnés sur un quai de gare sans savoir dans quel train monter ; ainsi, ils sont traités d'immatures ! Ils haïssent ce mot et pourtant c'est bien le moins qu'ils puissent être ! Paradoxalement, ils s'en veulent de l'être et se le reprochent ! Certains demandent de l'aide sans oser ou sans pouvoir le formuler clairement mais rassurés (et pour de multiples raisons !) que des adultes leur en fassent la proposition.

Ce qui justifie notre présence auprès d'eux ? La puissance de la stimulation infligée par le monde médiatique et l'ampleur du questionnement que cela déclenche.

Cette réflexion nous a conduits à la mise en place d'actions spécifiques auprès des adolescents.

Nous avons choisi d'accompagner ce questionnement émergeant et d'en faire un levier d'émancipation. Ceci ne peut se faire qu'au sein d'une rencontre. Il s'agit alors d'en définir les conditions à commencer par notre engagement. Pour cela, nous avons tenté de répondre à ces questions qui sont les nôtres avant de répondre aux leurs. Long parcours, passionnant pour arriver à la rencontre qui permet à l'un de puiser dans l'expérience de l'autre ce qui l'aidera à inventer sa propre voie(x) ?

Les questions qui se posent

Afin de présenter la trame de notre travail, je vais tenter de traduire ce que nous avons perçu comme étant leurs besoins et comment par notre écoute et notre propre questionnement, nous avons pu les aider à supporter, voire dépasser les premiers ressentis face à ce qu'ils voient, entendent et découvrent. Le sujet étant vaste, je choisis de présenter notre façon de faire en traitant de façon plus particulière le thème de la pornographie.

Imaginons, nous sommes dans un collège, avec un groupe de jeunes (entre 13 et 15 ans), nous avons bouleversé la géographie de leur salle de classe, rangé les trousses et les crayons, contrarié l'horloge en ignorant les sonneries ; il ne reste que nous, nos attentes, nos regards, l'aventure de la parole commence...

Qu'est-ce qu'ils voient ?

Au premier regard, la puissance des images : « C'est horrible ; C'est vulgaire ; C'est dommage ; C'est excitant ; C'est envahissant... »

Qu'est-ce qui est montré dans le porno ?

« Des sexes en action ! » La rencontre de deux ou plusieurs sexes... sans que ces sexes soient toujours raccordés à une tête ! Pourtant, on entend des voix, des émotions s'en échappent... Or les sexes expriment rarement des émotions (sauf dans l'expression artistique évidemment...), des visages ne sont pas toujours visibles et ce qu'on entend est exagéré voire paraît faux... ! Ce qui se passe là, les jeunes l'ont bien saisi ; ainsi, faire l'amour serait la rencontre des sexes ? Ce qui te pousse dans le lit d'un autre, n'est-ce vraiment que cela ?

Déjà là, les jeunes réagissent car le sexe sans émotion, c'est compliqué pour eux, eux les champions des émotions ; ils le savent, ils sont secoués par mille émotions et tous les jours ils essayent de les maîtriser ! Vivre une telle rencontre sans émotion, ce n'est pas possible ! Tout ça pour ça ? Suspect !

Comment sont les sexes que l'on voit ?

« On voit tout ! » Tout est montré à l'extrême, tous les détails sont (sur)exposés, aucune place à la suggestion, l'imagination est bridée !

Des sexes en gros plan apprêtés, maquillés, transformés par rapport à l'état naturel, épilés, surdimensionnés... tels que nous les verrons peu si l'on est dans cette situation ! Des émotions simulées, exagérées, des corps trafiqués, « équipés » de façon étonnante... une réalité transformée...

Comment se comportent les personnages ?

Alors là, ils rient de bon cœur ! « Mais madame, c'est toujours la même chose, toujours le même scénario ! » Toujours la même chose, donc une rencontre qui serait toujours la même, sans différence avec la personne que l'on rencontrerait, même de façon très intime : est-ce possible ?

« On te dit de faire ça et tu le fais » ainsi il faut « faire » mais qu'en est-il du « vivre » ?

À mon tour de rire : « On me dit de faire à manger tous les jours, par nécessité, sans vraiment décider de le faire, je fais. Mais le jour où je décide de préparer un bon petit plat pour des amis que j'apprécie beaucoup et de le partager avec eux, est-ce que je fais la même chose ? » Leurs rires se font moins moqueurs !

Leurs premières paroles, libérées par nos questions naïves, plus ou moins dénuées d'intentions particulières, témoignent de leurs réactions, de leur envahissement ou de leur incompréhension : c'est un premier tri à faire.

Ils pensent alors que la sexualité est un acte banal, souvent violent, accessible à tous, et facilement comme l'est, d'ailleurs, l'accès aux images porno ; pourtant leur réaction est révélatrice du paradoxe : ils en parlent comme si c'était normal et dans le même temps s'en étonnent !

Une fois reconnu ce paradoxe, il est possible d'aller plus loin...

Le porno, depuis quand cela existe ?

« Depuis toujours ! » La pornographie c'est ancien, mais cela a toujours été entouré d'une forme de rituel, d'interdits... « et là c'est vraiment pas interdit, même les petits ils peuvent en regarder ! »

Le porno c'est une invention récente, avec le cinéma et l'accès au porno est dénué de tout rituel : tout le monde peut y avoir accès quels que soient l'âge, le statut social et les moyens financiers. Les jeunes y accèdent tout seul, dans leur coin ou en bande, ou plutôt sous l'influence d'un groupe ! Et là cela les choque, « il faut quand même faire attention aux plus jeunes ! » ... Ils ont 13 ou 14 ans !

Et là surgit une question « Comment on fait pour enlever de sa tête une image qu'on ne veut pas garder ? J'ai tout fait, je n'y arrive pas ! »

Que représentent ces images ? Est-ce la réalité ?

Les jeunes perçoivent confusément que ces images ne disent pas les choses de la vie... mais ils doutent un peu ! Quand on est au cinéma, on n'est pas dans la réalité et même si c'est très violent, on ne craint pas pour les acteurs ! Dans le cinéma porno, c'est plus compliqué. Les acteurs sont auteurs des actes filmés.

« Que vivent les acteurs ? » C'est bien la question que se posent les jeunes ! Que vivent cet homme, cette femme, qui nous montrent cela. Pourquoi le font-ils ? « Ils aiment ça, ils sont libres de leur choix ! » C'est une possibilité et l'on trouve plein d'autres arguments qui appartiennent probablement à la réalité de ce métier. Mais, c'est quoi être libre quand on est dépendant d'un salaire pour vivre, c'est quoi être libre quand on court tous les castings pour tenter d'autres rôles, c'est quoi être libre quand on se soumet à la volonté d'un metteur en scène ? Des questions, il y en a plein et toutes ont leur place car il n'existe pas de réponse unique, mais une réalité complexe que vivent des hommes et des femmes et ça, un jeune ça l'intéresse !

Les jeunes oseront parfois cette question : « pourquoi ça me fait ça et pourquoi cela ne ressemble à rien de ce que j'ai ressenti avant ? » Voire même cela leur rappelle certaines situations, certains cauchemars... et c'est pour cela que tous les jeunes ne sont pas à égalité devant ces images : la singularité de chacun explose dans leurs propos et se démarque de l'emprise du groupe.

Alors pourquoi les jeunes regardent des films pornos ?

Les jeunes ne le souhaitent pas toujours mais la plupart disent qu'ils ont regardé parce que c'était facile d'accès et que « tout le monde le fait ». Étrange faim au si maigre d'appétit !

Pourtant si les jeunes regardent c'est qu'ils ont un intérêt ou que cela répond à une curiosité.

« Comme ça, on saura faire, ça nous apprend ! » le porno comme un livre de recettes... Mais alors la sexualité s'apprend !

« Petit un tu dois faire ceci... » « Oui ce sont les préliminaires » me dit fièrement un jeune garçon, éblouissant ses copains par son savoir.

« Petit deux, tu dois faire cela... »

« Petit trois, tu dois faire... »

Le porno comme une prescription ! Mon auditoire semble se lasser. Ce n'est pas surprenant, le corps à corps en dix leçons, ce n'est pas très réjouissant !

« Et la prochaine fois ? Tu n'as qu'à recommencer ! »

S'il faut peut-être aider certains couples, à l'âge adulte, à oser d'autres gestes, d'autres désirs, que faut-il pour oser, quand on est à l'aube de la découverte de l'autre ? Un livre de recettes ou bien la certitude que l'aventure vaut d'être vécue et que de l'autre côté du mystère, il y a ce que tu n'avais pas prévu parce que c'est l'autre qui te le fera découvrir ? Le risque de la recette, c'est de penser que la même chose est applicable à tout le monde ! Qu'en est-il alors de l'originalité et de la puissance de la rencontre ?

Est-ce que ce qu'ils voient répond à leurs questions sur le sexe ?

« Mais madame, on sait pas comment il faut faire ! » Persiste encore et toujours la question du « comment faire » ? Elle dit l'inquiétude, la peur de l'inconnu, la fragilité identitaire, le poids du conformisme ambiant mais n'appelle pas forcément de réponse « anatomique »... sinon que deviennent tous ces sous-entendus si facilement perceptibles ?

La réponse n'est-elle pas plus préjudiciable que la question ? Ou mieux, quelle réponse apporter pour qu'elle ne soit pas préjudiciable à l'aventure qui s'annonce ?

Ils pensent qu'ils ne sauront pas faire car rien pour l'instant ne leur permet de croire que cela se passe tout seul : ils brûlent les étapes intermédiaires donc ils espèrent qu'un livre de recettes leur donnera la solution. Celui qui doucement touche, découvre, embrasse, se laisse émouvoir ou décevoir et tantôt recommence, ne se pose pas la question de savoir faire ou pas : il se laisse porter par l'aventure et fait confiance (ou pas) à ses expériences précédentes : celles-ci, et non les images, lui procurent la conviction qu'il est capable de faire... ou pas encore !

Mais est-ce que ces réponses arrivent au bon moment ?

« On a peur de ne pas y arriver ! » Peur de quoi ? Arriver où ? Leurs mots sont malhabiles comme l'émotion et le désir qui naît. « La recette » ou la réponse technique peut jouer le rôle d'anxiolytique ou offrir une représentation accessible qui peut momentanément diminuer la crainte. Et cette réponse venant d'un adulte, suggère que si lui, est passé par « là », alors cette route est possible pour les suivants. Au-delà de la réponse rationnelle, la transmission d'une réponse générationnelle atteindra de toute façon son but : rassurer et donner confiance, c'est la base de tous nos actes. Cet adulte fait mieux que répondre ; il transmet, même sans le vouloir. Cependant, s'il donne délibérément une priorité à la réponse formelle, il réduira malencontreusement toute l'ampleur de sa réponse. Paradoxalement, à trop les informer, on entretiendrait l'inquiétude des jeunes car donner la priorité aux explications reviendrait insidieusement à les faire douter de leurs capacités...

Mais plus fort que la peur, il y a le désir ! Les garçons l'évoquent avec défi, tel l'étendard qui signe le courage ! Et pourquoi pas ? S'il est conquérant et non dominant !

Encore un sujet qui les passionne ! Dominant/dominé : c'est au cœur des films porno mais c'est aussi au cœur de leur vie !

Qu'en est-il des filles ? Dans le porno, le désir féminin est terriblement provocant ou timide, faisant de la fille une proie facile : entre les deux, point de nuances ! Mais pour elles, ces jeunes filles, comment donner une représentation à la complexité de ce qu'elles vivent ou qu'elles sont inquiètes de ne pas vivre ! Peut-être faut-il chercher d'autres mots : attirance, séduction, émotion, chaleur, vibrations... ou même en inventer parfois ! Mais quelques-unes s'échappent, « pour nous ce n'est pas un besoin, pour les garçons si ! »

Le sexe est-il un besoin ?
Sous entendu le sexe est-il un besoin naturel ?

Quels sont les besoins naturels ? Boire, manger, dormir ?

Mais le sexe ? « Si on le fait pas on peut mourir aussi ! » dit un jeune garçon, les yeux écarquillés ! J'interroge le journal de 20 heures qui décline avec jouissance les multiples morts possibles, violentes ou pas... le groupe cherche aussi mais rien ne nous revient en mémoire ! J'interroge les chroniques familiales, j'en appelle même à la science... non vraiment aucun homme n'est mort de ne pas l'avoir « fait » !

Alors si ce n'est pas un besoin, qu'est-ce que c'est ?

Il existe chez l'homme des besoins humains : pas si naturels mais plutôt transformés par la culture, les goûts et capacités de chacun, la moralité... Si le sexe était un besoin naturel alors tout serait autorisé mais si le sexe est l'expression d'un désir, alors il nous appartient de lui donner forme, de le canaliser et toutes les sociétés en organisent le contrôle pour pouvoir éviter certains débordements ! Si l'on parle de désir, cela renvoie à la responsabilité de chacun... et à toutes les formes d'expression qu'on peut lui accorder... nos capacités d'invention sont illimitées !

Dans les contes et histoires qui parlent de la sexualité et même dans ceux qui seraient plutôt coquins, il est bien question de désir et non de besoin... Le désir est souvent relié à l'autre qui inspire ce désir : désirant et désiré devenant les deux protagonistes d'une relation. Quant au besoin, il ne renvoie qu'à soi.

Si le sexe était un besoin, il n'aurait de sens que dans sa seule satisfaction et là c'est l'impasse !

Assouvir un besoin naturel ? Y aurait-il un intérêt à nous faire croire à cela ?

Est-ce qu'ils apprécient ce qu'ils voient ?

Nous sommes dans l'ère des indices de satisfaction et cette question les réjouit. Enfin ils ont l'autorisation de dire que cela leur plaît ! Le mot est faible ! Ils ne sont pourtant pas à égalité : chacun doit faire face à ce flot d'excitation et au passage en apprendre un peu sur soi-même quand cela est possible. Certains sont débordés et espèrent dans une future et éventuelle mise en acte, la résolution de ce flux ! Comment leur en vouloir (c'est pourtant ce que l'on reproche à leurs actes), ceux-là sont submergés, peu éduqués, peu préparés pour construire d'autres digues à cette marée.

D'autres disent clairement ce qu'ils apprécient : la prouesse, la souplesse, la performance, l'originalité des expériences, la beauté de certaines actrices et des noms reviennent régulièrement... Ceux-là ont déjà commencé seuls le travail de tri et ne prennent que le supposé meilleur... sauf que la barre est haute et assez mal placée !

Par contre certains disent ne pas avoir apprécié, voire même sont déçus de l'expérience ! Ceux-là avouent avoir vu des choses qu'ils ne cherchaient pas !

Qu'ont-ils vu qu'ils n'auraient pas voulu voir ?

« Mais madame ce n'est pas de l'amour ! »

C'était donc cela, pour ces jeunes, que dit le sexe quand il ne parle pas d'amour... ?

Le sexe ou faire l'amour ?

Les deux expressions existent, au risque de se superposer ! Pourtant si nous avons en notre vocabulaire deux propositions, c'est qu'il doit bien y avoir une raison !

Faire quoi ?

Peut-on fabriquer un sentiment ? Les jeunes sont intarissables :

« L'amour ça te tombe dessus ! Tu n'y peux rien ! »

Mais alors que fait-on quand on fait l'amour... miracle du langage, miracle des mots qui résonnent en multiples silences ! Celui des jeunes est parfois impressionnant : ils n'y avaient jamais pensé comme cela !

Combien de personnes pour faire l'amour ?

La question provocante par excellence ! Les images reviennent à vive allure : « il faut être huit ou dix ! »

« Ben voyons et qui fait quoi dans ce cas-là ? » On se détend, on rit, on imagine la taille des lits, les positions compliquées : « il faut être souple ! » Ainsi, peu à peu on quitte les images, doucement, lentement on revient dans la vie. Je repose la question.

« Cela se fait à deux » et même cela s'invente à deux **:** j'apprends avec toi et de toi ; je t'apprends et je m'apprends... peut-être...

Si l'on invente ensemble, l'un inspiré par l'autre, plus besoin d'imiter, plus besoin de modèle ! Si on reste dans l'imitation, le risque est aussi de ne plus être soi-même ; l'autre peut-il aimer, être attiré par toi si tu n'es plus toi ? Et si l'autre est aussi dans l'imitation ?

« Arrêtez madame, je ne suis plus ! » On est partis, on a décollé, les questions nous ont libérés des images. On parle de soi, de l'autre, de ce que l'on fait ensemble, de ce que l'on est dans les bras d'un autre ! On parle de l'Être et là, en effet, on atteint le mystère, il est difficile de suivre ou de poursuivre !

« Un couple, c'est forcément des relations sexuelles.

La relation sexuelle, au début, cela fait peur. »

La boucle est bouclée, il a fallu ces détours pour arriver à la notion de couple, donc à l'idée de relation ! Et c'est bien la question des commencements qui fait peur, tandis qu'après...

Et l'amour dans tout ça ?

« L'amour c'est pas obligatoire » bien sûr, Don Juan le disait déjà, mais il l'a payé cher ! Comment vous ne connaissez pas Don Juan ?

Et dans les *Liaisons Dangereuses*, quelle est la révélation qui fait hurler Madame de Merteuil et déclenche sa furie ? Son complice, le vicomte de Valmont, a découvert l'amour, doucement révélé, un matin, dans les bras d'une belle endormie... je vous raconte ?

La littérature raconte les émois de toujours ! Quelles seraient les raisons pour abandonner cela ? Les jeunes sont sur le terrain de l'apprentissage et n'en sont pas encore au stade de choisir ou d'abandonner leurs frêles acquis et s'ils pensent que l'amour c'est bon, quel intérêt à les en faire douter !

« Quand t'es amoureux, tu te retiens, tu fais plus le con, tu fais attention », voilà le nouvel outil de prévention et on ne le voyait pas !

« Les filles, elles nous connaissent bien, elles savent tout de nous, nous, on sait rien d'elles ! » L'amour qui ouvre la porte du mythe féminin... quelle aventure !

« Quand un garçon te regarde, tu deviens une reine » : pour l'aventure identitaire, difficile de faire mieux !

L'amour c'est encore revenir à la relation, à l'attention pour l'autre. Un sexe sans amour est sûrement partagé et partageable mais l'est-il autant que dans le respect porté à un autre dans la relation... ?

Y a-t-il d'autres façons de montrer la sexualité ?

Il y a la téléréalité, ils connaissent parfaitement toutes les émissions. Face à ces « héros » qui leur sont proches, filles et garçons ne parlent pas de la même façon. Les filles sont touchées, s'émeuvent, les garçons attendent la révélation d'un secret...

« Est-ce que les acteurs cela pourrait être nous ? »

Quand un adolescent regarde du porno, la proximité avec les acteurs est freinée par l'exagération des actes et des qualités anatomiques. Concernant les participants aux émissions de téléréalité, la frontière est plus floue : eux, cela pourrait bien être nous... et les questions des jeunes n'émergent plus de leurs émotions mais bien de leur projection. La question identitaire se déploie et il est très intéressant de la saisir, même dans ce contexte-là.

Dans ce contexte, que leur montre-on ? Faut-il tout montrer ? Pourquoi faut-il cacher certaines choses ? À quoi sert l'intimité ? Que peut-on faire dans l'intimité que l'on ne pourrait pas faire sans intimité ?

L'espace intime est ce que l'on ne partage pas sauf avec ceux que l'on choisit. Le respect de l'intimité libère, tenter de l'envahir crée une souffrance. Tout cela, ils le devinent, le savent, évoquent des exemples concrets, arrivent à la révélation de ce que leur permet l'intimité : « t'es vraiment toi ou tu sais mieux qui tu es ».

Regarder la téléréalité fait de nous des voyeurs... tout juste libérés par ce questionnement qui en révèle l'incongruité !

Tiens au fait, est-ce que les acteurs de porno sont des adultes ou des ados ?

Il faudra toute l'histoire et la confiance de notre rencontre pour oser cette dernière question, mais la réponse est réjouissante : « nous, on ferait jamais ça ! ». Il y a tant à entendre et je vous laisse imaginer le flot de questions qui jaillit : ce « nous » indique que l'on est bien arrivé chez eux !

Toutes ces questions viennent mettre de la distance entre l'image et eux.

À cette puissance des images, il est utile, urgent d'opposer l'ampleur du questionnement.

Ce qu'ils entendent

Les jeunes nous parlent aussi de ce qu'ils entendent sur les radios, dans les films, dans les clips surtout. Tout un questionnement surgit à travers cet autre mode sensoriel ! La pensée a mille sources ! Je vous invite alors à vous saisir de ce qu'ils pourraient nous dire de cette source et avant même d'en faire un commentaire, d'en construire tout le questionnement possible. Et là je vous laisse faire... sur une base similaire à celle proposée auparavant :

À la première écoute

Leurs propos ?
Ce qui est dit ?
Qui le dit ?
Comment c'est dit ?

Mais encore

Dans quelles conditions ?
Ce que cela représente ?
Peut-on tout dire ?
Quel intérêt à ne pas dire ?
Quelle parole peut-on attendre sur ce sujet ?
Quelle parole nous aide et quelle parole nous choque ? etc.

Ce qu'ils découvrent

Au terme de ce qu'ils ont vu et entendu, il reste à travailler ce qu'ils ont découvert et si notre écoute a été à la hauteur de leurs attentes, il est possible de les conduire vers une étape de plus : prendre conscience.

Au premier abord

Des images qui justifient les fantasmes : prendre une fille juste pour s'amuser... cela a un nom : le « plan B » devenu plus communément le plan « Q » et c'est partagé par les deux sexes !

Sauf que prendre quelqu'un comme on prendrait une chose, cela pose soucis !

Le sexe présenté comme un plaisir débordant si... t'es bien gaulé, si tu assures et que tu connais toutes les positions par cœur sans te tromper, si t'en veux beaucoup et longtemps !

Sauf qu'à l'heure des grands changements du corps, il s'agit, avant tout d'en apprivoiser les nouvelles possibilités ! Sauf que si l'idée de performance renvoie à leur seule capacité, ils oublient que dans tous leurs actes, paroles ou pensées, une vaste histoire les précède et qu'ils ne sont pas responsables de tout !

Le sexe sans histoire... sans rien à raconter après puisque c'est toujours pareil ! Et sans problème car tout fonctionne (presque) toujours.

Sauf que la vie ce n'est jamais sans histoires !

Le sexe sans sentiment.

Sauf qu'il faut bien donner un sens à ces émotions envahissantes !

Mais encore...

« Le porno c'est quand même des adultes qui filment ça ! Alors pourquoi ils le font ? Pourquoi on nous laisse regarder cela ? »

Et là, les amis, on est au cœur de l'affaire, il faut répondre !

Ces images, qu'ils regardent, interrogent notre état d'adulte, notre responsabilité ; c'est à travers ce filtre qu'ils les regardent. Nous sommes impliqués, ils nous interrogent !

Il s'agit bien d'hommes et de femmes qui jouent ces scènes, ce ne sont pas des robots ! À l'heure des grandes questions identitaires, qui je suis, quelle femme je serai, quel homme je peux devenir... que montrent ces acteurs ? Que jouent-ils ? À quoi jouent-ils ? Nous ne parlons pas des individus mais bien de ce qu'ils peuvent représenter pour ces jeunes qui les regardent. Un homme, une femme capable de faire semblant, d'imiter le plaisir sans le ressentir, d'obéir à des consignes sans les avoir eux-mêmes décidées, de refaire la même chose quelles que soient la situation et les personnes en présence ! C'est ça le sexe ?

« Mais vous rigolez ! Quand t'es avec une fille, ça te fait des trucs ! »

« Une fois avec ma copine, j'ai essayé de faire des trucs pornos, elle m'a foutu une baffe, mais j'ai compris... » Nous n'en saurons pas plus !

Et puis un sexe mécanique, ça ne fait rêver personne, or s'il y a bien quelque chose qui nous fait rêver et qui alimente nos rêves, au risque de puissantes déceptions, c'est bien l'aventure amoureuse !

Notre responsabilité dans tout cela ? Les laisser penser que nous agissons avec les autres quels qu'ils soient, qu'il est inutile de porter attention à la façon d'accueillir ou d'être avec un autre ?

Ces acteurs font semblant, les jeunes l'ont très bien repéré, « c'est du cinéma, tout est faux ! » Enfin presque ! Comment font les acteurs pour faire semblant de jouir et en même temps, ne pas jouir ; c'est donc possible et cela ne les rassure pas : « comment on saura si une fille, elle a du plaisir ? » Les acteurs font semblant mais ils font vraiment... où est le vrai, où est le faux ? Qu'en est-il du spectateur ? La puissance des images provoque des réactions, des émotions, et ça, ce n'est pas du faux ! Certains même témoignent y prendre goût, il ne faudrait quand même pas en plus, en faire un plaisir coupable !

« Dans les films pornos, ils se rencontrent et en deux temps, ils sont à poil et au lit ! » Ainsi ce qui est suggéré, c'est que l'on peut se rencontrer sans se séduire, sans s'apprécier, sans se faire surprendre ! Et cela rejoint la mode des nouvelles dragues avec des magasins où des femmes et des hommes dans des cabines attendent d'être choisis. Que peuvent en penser les jeunes ? Que nous, adultes, n'avons plus que cela pour attirer l'attention de l'autre ? Que l'on peut réussir son coup sans s'engager trop, juste attendre que ça vienne ? Mais qu'est devenu le goût du risque, de la conquête, de l'attente, pas étonnant que les jeunes le cherchent ailleurs !

« Ils ne se parlent même pas ! » Alors là, les jeunes s'étonnent, ils n'ont pas encore l'expérience des silences qui en disent long ! Nous suggérons que l'on est capable d'être dans une telle proximité et ne rien se dire. Mais quand les jeunes nous racontent qu'ils ne se sont pas protégés parce qu'aucun des deux n'a parlé du préservatif, que font les adultes : ils hurlent ! Paradoxal, non ?

« Si c'est pas interdit, c'est que ça doit nous servir ! »

Ils ont toujours appris sur le mode de l'imitation, dernier vestige de l'enfance ! Avant même de le désirer, l'acte sexuel est imaginé en imitant ce que l'adulte montre, dans un élan plein d'espoir : « si les adultes font cela et que je le fais moi aussi, alors je deviendrai un grand... » Oui, sauf que le jeu est truqué ! On leur a caché l'essentiel et même si chacun s'engageait à en faire la révélation, il y aurait encore à découvrir. Pour faire et oser, il faut d'abord y croire ! Mais dans le contexte de ces images, impossible, rien ne colle et chaque question soulève un paradoxe... C'est le chemin que nous leur avons préparé ; leur colère gronde et prend des formes que nous ne voulons pas reconnaître.

Lors d'une soirée, de jeunes lycéens nous ont montré toutes les images qui les révoltaient... au-delà de leur effarement, nous avons perçu leur colère. Quel choix ont-ils ? Subir ou se révolter. Nous les avons aidés dans leur choix : ils se sont exprimés, ont construit un diaporama, convoqué des copains en les invitant à dire ce qui les dérangeait profondément ! Nous, adultes, en avons pris pour notre grade mais nous avons reçu leur message : ils nous ont remerciés de les avoir écoutés.

J'oubliais un dernier point : que valent des interdits quand le monde adulte fait tout pour qu'ils ne soient pas tenus ?

« Quand on regarde, on ne peut pas s'arrêter ! »

Ils se laissent séduire par ces images : qu'est-ce que cela leur fait ? Ils sont parfois seuls à élaborer autour de ce plaisir « jugé » interdit ? Il faudra bien en faire quelque chose : certains arrêtent, ils ont acquis leurs galons, ils font partie « des jeunes qui ont tous regardé du porno », c'est bon, c'est fait. D'autres sont envahis, et ne peuvent pas fuir. Il leur reste un moyen : l'insensibilité. Ne plus ressentir, cela ne leur fait plus rien ! Une carapace bienfaitrice. Sauf que pour être en relation avec les autres, c'est compliqué de ne pas partager les émotions que ressent l'autre... cela peut même très mal tourner car la différence entre un être humain et une chose fait appel au mode sensible !

Les adolescents pourraient alors nous accuser de les avoir séduits, bousculés, envahis, voire anesthésiés au risque de ne plus trouver de réconfort dans la relation... cela ne vous rappelle rien ?

Les ados sont parfois entraînés dans un courant dont ils perdent le contrôle, ils sont alors surexcités : comment (pour chacun) assumer l'intensité des émotions, la déception voire la culpabilité, le néant révélé dans l'absence d'une quête amoureuse, celle qui pourtant vous fait héros, chevalier, combattant ! Mais là, tout est donné, apporté sans la lutte qui donne l'occasion de s'éprouver pour construire son référentiel de jeune humain.

« Dans le porno, on voit tout ! »

Pourtant, ils nous l'ont dit, dans le porno, on ne voit que le sexe, c'est bien qu'on ne voie pas tout ! Ils assimilent le sexe à tout... alors quand le sexe sera décevant, que restera-t-il ? Rien ? Cela peut faire peur, mais nous pouvons les rassurer : puisqu'on ne leur montre que le sexe, et que le sexe n'est pas tout, c'est qu'il y a autre chose... et là on ne leur dira pas tout, à eux de chercher ! Parfois, il faut savoir s'arrêter !

Un des risques du porno est de réduire le sexe à un confetti... Ce serait comme regarder un bout de pierre et s'apercevoir après, que c'est une pyramide dans le désert avec des dédales incroyables à l'intérieur ! Réduire mais au risque aussi d'empêcher le goût de l'aventure et le désir de la tenter. Ils sont appelés à faire et non à vivre, ils sont précipités dans l'agir avant d'en avoir le désir...

Ce n'est pas si grave non plus, il y a tant de façons de mettre la « charrue avant les bœufs », il faut juste avoir les moyens d'assumer après...

Des réponses aux questions que nous leur avons proposées surgissent d'autres interrogations... celles-ci nous concernent. Et si on changeait de cible... À quand des projets de groupes de paroles pour réveiller les adultes ?

Comment les accompagner ? Oser les questions et oser (se) questionner

Face à ce flot d'images et de paroles qui entoure les adolescents de notre société, il nous faut tenir notre place d'adulte, c'est-à-dire de soutien, de tuteur. L'éducateur est celui qui guide et nourrit ; c'est un programme que nous avons tenté de mettre en acte. Pour les accompagner, nous avons appris à les entendre, à discerner la particularité de nos réactions, à leur répondre, ou mieux à les aider à construire leurs réponses, singulières et différentes pour chacun. Enfin, puisqu'il est impossible de deviner seul l'ampleur d'un questionnement, il paraît indispensable d'étayer notre façon de faire par un travail au sein d'un groupe.

Les entendre : l'art de la question

Entendre est probablement le résultat d'une mise à disposition de soi doublée d'une curiosité pour l'autre. Nous, qui ne sommes plus des adolescents, comment voyons-nous ce monde qui n'est plus tout à fait le nôtre ? Nos souvenirs nous procurent quelques pistes mais sont-elles suffisantes, voire encore d'actualité ?

Si entendre est une aptitude, peut-être faut-il se mettre en état d'écouter ce qu'ils ont à nous dire, être curieux de ce que l'on peut découvrir, abandonner le « savoir d'avance »... Et même si nous reconnaissons dans les propos entendus ce que nous avions déjà appris, l'émergence de cette nouvelle formulation, la quête de sa singularité, donne à cette parole une valeur nouvelle, créatrice ; nous ne sommes jamais déçus, nos savoirs sont imparfaits !

Oser les questions, pour se donner l'occasion de les écouter

Accueillir chaque réponse, faire acte de réception avant d'aller plus avant ; nos toutes premières questions, rebondissant sur leurs propos, affirment cela : « bien reçu ». Alors, nous bâtissons chacun nos places, le lieu du dialogue, le temps de l'échange.

Oser les questions pour donner la parole à l'autre

Les adolescents qui sont en face de nous n'attendent que cela. Nos questions attisent leur curiosité, leur envie de parler, de s'engager. C'est une mise en appétit alors que leur faim existe déjà. Par la confiance qui doucement se tisse, ils tentent la confidence, accueillie avec beaucoup d'égards puis osent, enfin, cette parole libérée de la contrainte, des jougs de toutes sortes, du jeu de la séduction, du « préparé d'avance ». Arrive cette parole de l'enfance qui subsiste en eux et qu'ils contraignent sous leur déguisement de bientôt grands, cette parole de l'innocence, naïve, qui en découvrant la vie tente de lui donner un sens.

Ils ont aussi gardé de l'enfance la capacité de raconter afin de laisser émerger la question qui les préoccupe ; laisser filer le récit, « raconte-moi, précise ce point, continue, vas-y, je t'écoute... » ; laisser filer le flot des mots, ils feront le tri après ; accueillir les silences, les hésitations, écouter les lapsus, repérer les images, les comparaisons, les références ; laisser éclore le fou rire, la gêne : rien n'est gratuit, tout fait signe.

Faire récit, c'est autoriser une structure à la pensée ; rien ne peut se faire sans cette « colonne vertébrale ». Là où le récit s'interrompt, naîtra la question ! Dans les blancs de l'histoire, là où la mémoire fait défaut, il nous faut chercher...

Alors nos questions, tout en s'appuyant sur le récit, se font exploratrices, sans autre intention que d'observer ce qui surgit du récit et ce que cela provoque chez le récitant ! Dans notre recherche pour le comprendre, nous l'invitons à faire de même ! Si par malheur, il suppose que l'on sait d'avance, à quoi servirait tout cet effort ? De la sincérité de nos questions dépendra la vérité de sa quête.

Sur des sujets aussi complexes que la pornographie, parce qu'ils relèvent de multiples domaines, questionner revient à libérer les réactions, quelles qu'elles soient, à s'extraire de la passivité ou du conformisme ambiant, voire de l'anéantissement pour ne pas dire de l'anesthésie ! Chez les adolescents particulièrement, démultiplier le choix des questions revient à favoriser l'expression de l'émotion afin de libérer le labeur de la raison et l'accès au symbolique... Il serait dommage de parler de la pornographie en omettant d'aborder tout ce que cela peut représenter pour eux, au-delà de ce qui leur est montré et de tout ce que cela leur renvoie concernant le monde adulte.

Dans le cas des images porno, la discussion avec les jeunes est nourrie de cette dualité entre l'explicite et l'implicite. Les questions des jeunes s'enchaînent, chacune en appelant une autre, toujours inspirées par ce qui est montré ou par ce qui est caché. Ainsi, entendre revient à autoriser toutes les questions, en évitant de choisir celle qui nous conviendrait ou sur laquelle nous serions plus à l'aise pour répondre. Entendre puise dans notre capacité à accueillir un tout, ce qui se voit, ce qu'on entend, ce qui se devine, ce que cela provoque... nos questions sont là pour ouvrir ce vaste champ des possibles.

Ce qu'ils nous disent nous est adressé. Évidemment, s'ils choisissent, sans toujours le prévoir, certains propos, c'est qu'ils attendent de nous une réaction... « Qui es-tu, toi à qui je dis cela ? » L'aventure identitaire que mènent les adolescents est à l'œuvre, en permanence et l'on perçoit, à tout instant, cette curiosité pour le monde adulte.

Ce qu'ils nous disent, c'est aussi « donnant, donnant » : accueillir une parole et la respecter pour ce qu'elle est, révélatrice en partie de la pensée d'un être humain, imparfaite, provocante, vulgaire, séductrice, trompeuse, vraie... au début, peu importe ! L'essentiel, c'est quelle soit respectée, et notre vigilance doit être infaillible quand il s'agit d'une expression au sein d'un groupe ! À partir de là, l'adolescent fait confiance en sa propre parole. À cette étape-là, soutenu par celui qui l'accueille, un autre travail de réflexion se fait, celui qui permet de voir autrement, d'entendre autre chose et de choisir ce que l'on souhaite garder pour nourrir sa pensée.

Il est bien difficile de mettre des mots pour définir ce qui fait la rencontre de deux êtres qui se parlent, mais l'irruption de certaines paroles à ce moment-là, témoigne de cette aventure intérieure, sans que l'on comprenne les liens qui se sont créés pour qu'elles surgissent ainsi.

Accueillir nos réactions : l'art de se questionner

En les écoutant, nous percevons ce que cela déclenche en nous... parfois même nous n'entendons plus que cela ! C'est une condition de la rencontre, leurs questions, leurs réactions ne nous laissent pas indifférents... un trouble, une gêne, la révolte, la déception, l'enthousiasme, la jubilation... où cela nous mène ? Être inquiets ou rassurés, être confiants ou désemparés, être choqués ou désenchantés voire insensibles ? Les émotions positives nous poussent en avant, les négatives nous font reculer ; pourtant c'est sur le lieu de la rencontre qu'il faut rester !

Pourquoi telle réaction à tel propos ? Pourquoi moi et pas ma collègue ? Pourquoi je n'entends pas la même chose qu'elle ? Pourquoi cela ne me fait rien, pourquoi je ne suis plus surpris(e) ? Cette rencontre avec les adolescents, que ce soit au sein d'un colloque singulier ou dans un groupe, nous engage avec tout ce que nous sommes et c'est bien ce qui rend l'instant passionnant mais risqué. Jusqu'où nos réactions nous maintiennent-elles dans la rencontre ? en garantissant notre protection et surtout celle du plus jeune, car là est notre devoir absolu d'adulte. Ce questionnement, ce travail continu, toujours renouvelé, ne se limite pas à l'honnêteté du questionnement. Il nécessite le soutien d'un groupe, l'entraide de pairs, la chaleur de l'amitié, le recul d'un professionnel voire parfois d'un thérapeute. Nous n'avons pas les mêmes besoins, nous partageons tous la même responsabilité.

Construire des réponses : l'art de questionner encore, mais aussi...

Oser la question avant la réponse, c'est aussi se demander préalablement quelle est celle que le jeune est capable d'entendre. Tout doit-il être dit ? L'adolescent, dans sa légitime immaturité n'aurait-il pas aussi le droit à des égards ? S'adapter est le travail de l'adulte ou du jeune ? Qui a le plus d'aptitude à le faire ? Vous devinez ma réponse mais quelle est la vôtre ?

Poser les questions pour faire naître leurs interrogations mais quelles réponses apporter ? Peut-il n'y en avoir qu'une ? La réponse ne viendrait-elle pas réduire la question ? Apporter une seule réponse suppose qu'on saurait saisir le sens de la question ! Combien d'années nous faudra-t-il pour espérer en être qu'à la moitié ? Aider à la construction de la réponse serait déjà moins risqué. Construire une réponse à plusieurs, bout à bout, chacun amenant une fleur au bouquet... final !

Mais pour cueillir, il faut avoir semé.

Dans le sillage des questions, nous sommes invités à réagir : nous l'avons déjà suggéré, que vaut ce qui est dit si cela n'entraîne aucun retour ? Relancer, témoigner, intervenir, s'étonner, avancer un argument, le retirer, le nuancer, proposer, supposer, rester léger : tout est affaire de navigation. Chacun est capitaine à sa façon.

Mais l'adulte a un cap à tenir, celui d'indiquer la bonne direction : cela veut dire quoi ? Peut-être montrer ce qui compte pour lui mais pas au nom de tous les adultes car chacun peut naviguer pour des raisons très différentes et choisir des caps différents. S'il fallait choisir un cap commun, ce serait, il faut le souhaiter, le respect de l'humain, le rejet de la « chosification du vivant » qui s'installe, à notre insu, dans les images, les propos, les sous-entendus : sommes-nous toujours capables de la dépister, afin d'en libérer les plus jeunes qui s'y soumettent sans méfiance, sans défense ?

Réagir sûrement mais de façon variée, avec des moyens différents quand c'est possible ; la confrontation d'idées, l'usage de la parabole, les histoires, le témoignage, les images poétiques, les références historiques sont autant de couleurs pour enrichir la palette de la pensée. Chacun peut alors choisir ce qui lui permettra d'accéder à une dimension de sa réalité pour interroger l'image.

Je resterai à jamais marquée par l'écoute de jeunes à qui j'ai raconté la quête du Graal en réponse à leur question : « c'est où le point G ? » Les Chevaliers de la Table Ronde ne m'en voudront pas, ces jeunes ont aussi fait, ce jour-là un beau voyage ! Ainsi l'image passée au crible de toutes nos perceptions, impressions et imaginations, ne pourra plus se regarder comme avant.

Dans la construction des réponses, les jeunes nous soupçonnent de toujours vouloir avoir raison, de peser avec des arguments qui seraient supérieurs aux leurs. Ils se défendent pour libérer leur propre espace, ils n'ont pas notre expérience, ils sont en train de la construire ; nul ne peut faire le chemin à leur place. Vous le savez, notre expérience leur ouvre la voie mais ne dit rien de la marche qu'ils vont faire.

Nous pouvons proposer des réponses sans chercher forcément à ce qu'elles soient uniques, parfaites, définitives. C'est le danger des réponses se limitant à une explication. D'ailleurs, penser clore le questionnement par une explication est fréquent chez les adultes ; pis certains se lancent avant même d'avoir cherché à connaître le récit que fait le jeune. Combien d'explications se perdent dans un terrible contre-sens ?

Il nous reste un dernier effort à faire : ne pas céder aux affirmations. Derrière toute affirmation, existent encore des questions. Celles-ci survivent, les affirmations disparaissent, toujours supplantées par de nouvelles réponses. Les questions sont refrains de la pensée, elles rythment nos vies.

Les questionner : qu'engageons-nous quand nous les questionnons ?

Quel adulte s'engage dans ces questions ? Celui (ou celle) qui, inquiet, veut les rencontrer pour les prévenir d'un danger ? Celle (ou celui) qui, en colère veut les tancer ? Celui (ou celle) à qui on ne la fait pas et qui voudrait bien leur faire passer le sens des valeurs ? Celui (ou celle) qui, horrifié par certains actes, n'arrive pas à comprendre ? Celui (ou celle) à qui on a dit « tu fais une action de prévention » et qui mène un débat sur un thème déterminé ? Celui (ou celle) soucieux de bien faire, qui cherche à leur faire passer un message ? Nous pourrions continuer la liste à l'infini, nous finirions par nous y reconnaître.

Quelles sont nos intentions ? Quand celles-ci pèsent tant, que valent nos questions ? Que sera l'aventure d'une pensée que l'on contraint à ne prendre qu'un seul chemin ? Après des années passées auprès des adolescents, nous témoignons que leur réflexion est puissante quand nous en acceptons l'errance. C'est notre conviction, le fruit d'un long travail, toujours en cours, le témoin heureux d'une libération.

Par ailleurs, l'adulte oublie parfois que son interlocuteur est un adolescent, mélange étonnant de capacités et d'incapacités, ou mieux, de compétences en devenir. Il se nourrit de tout mais a inconstamment les moyens ou rarement le temps d'élaborer autour.

Si nous sommes les garants d'un cadre sur lequel l'adolescent peut s'appuyer, notre prise de position est aussi de croire en lui, en ses capacités, multiples, qu'il ne soupçonne pas toujours et que l'on voit naître parfois.

Il me semble que notre travail consiste à entretenir en nous un regard attendri sur celui qui grandit même s'il le fait de façon chaotique, provocante ou déplacée : il essaye, il s'essaye et seul notre regard confiant lui permettra d'aboutir là où il peut !

Ce travail est né avant tout d'une conviction : si les adolescents grandissent en regardant le monde qui les entoure et grâce aux expériences qu'ils tentent peu à peu, c'est de là qu'il nous faut partir. Avant de leur apporter des informations, il faut connaître celles qu'ils ont déjà, ils ne sont plus dans l'obéissance confiante de l'enfant, mais dans la créativité de celui qui invente. C'est ce point de vue que nous avons choisi et mis en œuvre. Puis il fallut témoigner que ce travail était efficient, convaincre d'autres professionnels que la voie du savoir n'était pas la seule, que les accompagner ne signifiait pas empêcher... mais faire avec ce qu'ils vivaient. Ces convictions de départ ont été partagées par d'autres et enfin soutenues par l'ensemble d'une équipe.

Ouvrir l'espace du questionnement ne peut se faire que si nous en faisons nous-mêmes l'expérience. Pour cela un groupe est une mine, un soutien, une ressource inépuisable. Ces professionnels se sont avant tout choisis, sur une même envie d'accompagner les adolescents là où ils en sont et de leur permettre d'avancer un peu, de passer du premier regard à un « mais encore » ou un « à part ça »...

Ainsi les animateurs(trices) se retrouvent régulièrement et malgré l'heure, parfois tardive des réunions, rapportent de leurs animations auprès des adolescents, quelque parole entendue, quelque réaction vécue, quelque émotion perçue ou éprouvée. Les membres du groupe interrogent à tous niveaux, inventent des réponses, supposent, découvrent des horizons, abattent des cloisons, creusent des galeries, lâchent des freins.

De la situation de départ, jaillit un immense paysage que nous n'avions pas soupçonné... Travail incessant qu'il faut toujours encourager, même chez les plus motivé(e)s car le fait d'avoir compris d'avance est un atavisme adulte redoutable. Sans relâche, redevenir explorateur ; nous saurons si peu de ce que l'autre vit, surtout si cet autre se fait plus étrange à mesure que l'âge nous sépare de lui...

Cet accompagnement que nous défendons dépend de nos engagements personnels, de la confiance dans la méthode utilisée, de l'évolutivité du groupe qui sans cesse se renouvelle et remet en question son équilibre. Ce sont dans ces conditions, toujours en mouvement, que nous vérifions l'efficience de cet accompagnement, en l'expérimentant et en l'interrogeant régulièrement.

Conclusion

Ce texte est le témoignage d'une belle aventure qui porte des fruits.

À partir d'un thème qui peut paraître particulier, toutes les questions sont possibles et conduisent aux grandes questions existentielles !

Qu'attendent les adolescents ? Découvrir le monde des adultes afin d'oser y entrer. Certains sont pressés, d'autres beaucoup moins mais leur intérêt est vif. Tout est bon et ils s'intéressent à tout ce que produit ce monde-là. Ils ne choisissent pas, les sens en éveil, ils explorent au risque de la saturation, alors la nonchalance et l'indifférence les guettent.

Ils cherchent, il leur faut comprendre. Mais ils confondent regarder une réalité et l'appréhender. Ils ont besoin d'aide et leur appétit à accueillir nos propositions de discussion en est la preuve.

Sur le thème de la relation amoureuse, ils sont insatiables. Pas d'inquiétude, le porno n'a éteint aucune question, il en a peut-être soulevé de nouvelles. Nos craintes ne doivent pas réduire leur horizon, l'aventure de la relation leur est nécessaire, ce ne sont pas des images qui les en priveront !

Mieux encore, ils sont curieux Qu'est-ce que la sexualité ? Nous pouvons tous en dire quelque chose mais nous ne pourrons pas tout en dire : la puissance, le plaisir, les désirs, le secret des fantasmes, les infidélités, la soumission, les refus, les déceptions, les enthousiasmes, les dérives, le contrôle, les attentes, les projets, les choix... Ils pressentent la puissance du mystère, nécessaire puisque la sexualité est une quête, une conquête : cela ne s'apprend pas, cela ne se donne pas. Il faut partir, quitter père et mère à la conquête d'autres rivages, d'autres visages, d'autres ravages !

Ulysse a fait un long voyage... Il désirait entendre le chant des sirènes, mais le risque étant grand, il a demandé à ses marins de l'attacher au mât du bateau. Il a éprouvé le chant et désirer les sirènes...

Dans notre société, à qui les adolescents demandent-ils la protection afin de ne pas succomber au chant au risque de ne plus désirer les sirènes ?

Accompagner les adolescents est avant tout une invitation à ne pas les laisser seuls dans des situations trop lourdes pour leurs maigres épaules. Allez demander à un jeune de 14 ans de conduire un quinze tonnes ! Regarder des images complexes et qui provoquent un débordement d'émotions est parfois de cet ordre-là. Paradoxalement, cette intense stimulation dont ils sont la cible, entretient les adolescents dans leur immaturité. S'ils n'assimilent pas les images ou certaines de leurs expériences, c'est qu'ils n'en ont justement pas les moyens : insuffisance de références, difficulté d'identifier les émotions, imprécision de la formulation, Normal, ils sont en train de devenir ! Notre place est là, les aider à grandir en développant leurs compétences.

Nous avons choisi de faire la route avec eux, d'accueillir avec sérieux ce qu'ils vivent afin qu'ils puissent à leur tour en faire autant. Nous avons choisi l'errance, la promenade, sur des chemins connus, nous les avons arpentés avant eux ! Nous ne leur montrons pas lequel prendre, nous ne sommes pas leurs parents, nous les accompagnons... Nous leur faisons confiance pour qu'ils croient aussi en eux. Mais pas à n'importe quel prix ! Notre confiance se construit sur ce que nous percevons, sur ce qu'ils sont capables de créer : une parole, un acte, un engagement, une entraide. Cela existe et c'est à la portée de chacun. Cela s'expérimente dans un groupe et devient une référence vers laquelle ils pourront toujours revenir.

Quand un jeune parle, c'est probablement parce qu'il en a déjà dit quelque chose ailleurs. Se questionner enfante une pensée qui ne s'est peut-être pas exprimée jusqu'alors. Il restera à donner corps au récit pour espérer le voir éclore dans la prise de conscience.

Par ailleurs, il se peut que ce soit la première fois qu'il entende ce qui se raconte là. La possibilité lui est offerte de réviser l'équilibre précédent et de modifier sa pensée. Ceci est au cœur de l'aventure du travail de groupe et notre rôle revient à favoriser l'expression et l'écoute. Ces conditions exigent un savoir-faire mais dépendent aussi du regard que l'adulte porte sur ces jeunes.

Comment développer en nous une vision suffisamment large pour qu'elle puisse questionner la diversité de la réalité que vit un autre, toujours différent de nous ? C'est la grande question, permanente, persistante... Si la réalité était un miroir, ce qu'il nous renverrait dépendrait de la façon dont on l'incline et chacun a une façon différente de le faire selon les choix qu'il fait... mais ce n'est pas tout. Ce miroir comporte une autre dimension : s'il se brisait, ce serait autant d'éclats qui, chacun, renverrait d'autres images, d'autres horizons, une autre lumière, qu'il était impossible de voir avant. Si vous remettiez bout à bout tous les éclats, le miroir reprendrait sa fonction première, tout en gardant les traces de ce que la brisure aurait permis de découvrir.

L'adulte est capable de deviner cela, les fêlures ont laissé des traces : il a déjà vécu ce qui ne se voit pas, a déjà expérimenté ce qui ne se comprend pas au premier abord, a déjà remercié d'avoir été aidé : il sait ce que grandir signifie... ses questions seront inspirées par le dessin de chaque éclat.

C'est au nom de tout cela et de la mémoire qu'il en garde ou qu'il sollicite, qu'il peut prendre la main d'un plus jeune et l'accompagner.

Pour exister, chacun a besoin d'inventer. Les plus jeunes veulent tracer leur chemin, ne pas emprunter celui des anciens, ne pas suivre celui qui leur est indiqué, d'autres routes sont des détours pour ne pas regretter et qui sait, nous n'arriverons peut-être pas tous au même endroit ?

Il faut quitter l'ombre pour goûter la lumière !

INCIDENCES DES ÉCRANS DANS L'ÉDUCATION À LA SEXUALITÉ ET À LA VIE AFFECTIVE[4]

Contexte

Depuis deux ans, les membres de la communauté éducative de notre collège ont pris acte de l'enregistrement par l'établissement scolaire du nombre croissant de comportements déplacés et d'incivilités renvoyant très fréquemment aux dimensions de la sexualité. Une première étape fut donc de chercher à identifier les causes et de définir les besoins résultant de cette situation de faits. Une démarche de croisement d'indicateurs objectifs s'est systématisée. Les données du logiciel SAGESSE (infirmerie scolaire) ont été recoupées avec les indicateurs du registre des sanctions de la vie scolaire. Les premiers ont clairement mis en exergue la multiplication, chez nos élèves, de conduites et de pratiques considérées à risque(s). Les seconds ont souligné la prépondérance des comportements

4. Rédigé par Nelly Hardel.

déplacés et des sanctions pour incivilités. La grande majorité de ces dernières a été prononcée pour violence, insultes à caractère sexuel et/ou sexiste, et a confirmé l'urgence de la mise en œuvre d'une politique d'éducation à la sexualité à l'échelle locale.

Consciente de cet impératif et des enjeux de formation inhérents à l'éducation à la santé des élèves de l'établissement, une équipe issue de la communauté éducative et formée spécifiquement à cet effet, a souhaité apporter sa contribution à un projet défini en commun dans ses objectifs, son suivi et ses perspectives : « l'éducation à la sexualité » au collège en lien avec la culture des écrans des élèves scolarisés. Elle associe autant que possible et dans la logique du projet d'établissement, enseignants, personnels d'éducation et de santé ainsi que des partenaires extérieurs institutionnels et associatifs. En sachant qu'entre silence radio, gêne ou connivence maladroite, il n'est pas toujours aisé pour le corps enseignant de trouver le ton juste en matière d'éducation à la sexualité.

Objectifs

L'objectif assigné au cadre scolaire est toutefois explicite : il nous faut « donner les moyens à nos élèves de s'approprier progressivement les données essentielles de leur développement sexuel et affectif et leur permettre de notamment mieux analyser et appréhender les multiples messages médiatiques et sociaux qui les assaillent quotidiennement ».

Même si « la culture des écrans » de nos jeunes scolarisés ne nous a, bien évidemment, pas échappé, tout un pan de la mise en œuvre de notre projet reste expérimenté autour de l'utilisation de techniques d'animation dites traditionnelles : des jeux de société, de photo-expression, des quiz, des questions anonymes, des débats interactifs ainsi que des conférences avec la venue sur site de partenaires extérieurs. Ces techniques qui ont souvent prouvé leur efficacité sont utilisées selon la maturité du niveau de classe auquel nous nous adressons. Elles nous permettent de faire émerger un questionnement chez les élèves, de construire un dialogue libre où chaque réponse, chaque représentation a voix au chapitre. À ce titre, la quête de thèmes et de supports pédagogiques adaptés et signifiants qui nous assurent la mise en œuvre de séances d'éducation à la sexualité constructives au sein de l'établissement représente, au sein même de l'équipe, une source de débats particulièrement riche.

Assurément, la majorité de nos élèves entend parler de sexualité quotidiennement : au sein de la famille, à l'école entre copains, dans les revues ou devant l'écran. Certes, cette multiplication des sources d'informations peut présenter l'avantage de garantir une pluralité des approches. Mais, parallèlement, nous constatons que dans le cadre scolaire, ces mêmes enfants témoignent sans cesse d'un besoin de décryptage de ces flux d'informations. Qu'ils soient attachés à scruter leurs téléphones portables en attente d'un message ou enclins à la discussion, le besoin et l'envie d'interagir demeure une constante, « la » constante. Tout s'apparente à des appels au dialogue. Seul le mode d'interaction a évolué. L'éducation d'aujourd'hui passe donc aussi par l'éducation numérique

Comment et avec qui parler sexualité alors même que l'idée d'aborder ce sujet en famille est source de gêne et que les amis(e) s sont peu ou prou dans le même bateau ?

Pour tenter de répondre à la problématique, nous avons imaginé, à notre échelle, un dispositif où les adultes ressources de l'établissement seraient en mesure d'offrir une interface, une sorte de troisième voie, permettant d'apporter, sans tabou, du discernement et du sens aux informations échangées par nos adolescents via les nouvelles technologies. Cela revient, au sein même de nos interventions, à prendre en compte la réalité des pratiques de nos élèves tout en rejoignant les objectifs institutionnels en matière de développement de l'esprit critique. Cela passe, en outre, par l'analyse éclairée des modèles et des rôles sociaux véhiculés par les médias en matière de sexualité.

Structure d'une intervention en éducation à la sexualité

En classe mixte ou non, chacune de nos séances débute par l'explication et l'analyse des objectifs et du cadre de la formation. Évidemment, nos adolescents s'attendent à parler sexualité. Il est très agréable de constater qu'à chaque fois, le groupe classe se presse rapidement devant la salle attribuée afin de ne pas perdre de temps. Cette émulation partagée ne doit pas nous faire oublier que l'intervention ne peut commencer qu'après y avoir introduit strictement des règles de confidentialité, de respect de son intimité et de la parole de l'autre. Nous proposons dans un second temps une approche de la thématique retenue à travers la présentation d'un support pédagogique d'animation. Notons bien que l'écran est utilisé comme support dans la quasi-totalité de nos interventions. Les tablettes, le tableau numérique interactif, les présentations sur support vidéo, l'analyse de publicités ou de clips vidéo viennent presque systématiquement compléter nos techniques d'animation en fonction du thème et du niveau de classe visé. L'exploitation du support amène naturellement le groupe vers un véritable débat interactif, organisé autour des réactions des élèves. Écoute, échanges et analyses sont de mise. Ce n'est pas le cas du jugement qui se voit scrupuleusement écarté de toutes les interactions. Le débat offre l'opportunité à chacun de faire part de ses opinions, de ces représentations ou de ces interrogations. Soulignons que, même s'ils ne sont pas nombreux, les adolescents du groupe qui ne souhaitent pas prendre la parole ou livrer leurs positions ne sont nullement forcés à le faire. Toute stigmatisation est soigneusement évitée. Ils participent à l'échange à leur manière, en donnant priorité à l'écoute (souvent amusée d'ailleurs) de la discussion. À ce titre, l'équipe d'intervenants prend systématiquement soin de laisser la parole au groupe d'élèves ayant des réactions ou des positions minoritaires face à la question posée. Cela nous permet d'enclencher un processus réflexif et de construire plus aisément le cheminement du propos et des idées. Rappelons que l'information ou le rappel des lois en vigueur sont entièrement constitutifs du discours et que ces derniers jalonnent rationnellement les éléments du débat.

La fin de la session se voit consacrée aux questions anonymes ainsi qu'à l'évaluation de la formation par le biais de questionnaires. Les élèves n'ayant pas participé oralement au débat saisissent souvent, à cet instant, l'opportunité de laisser libre cours à leurs interrogations ou à leurs opinions. Le recueil de ces questions nous offre, à la fois, la possibilité d'apporter un éclaircissement sur les notions échangées en séance mais également des pistes de réflexion et d'anticipation quant à la préparation des interventions à venir.

Nous clôturons enfin nécessairement la formation par l'étude d'un document vidéo référençant les adultes ressources présents et au service des élèves dans l'établissement. Il en va de même pour la présentation des numéros verts et de certains sites d'informations fiables sur Internet, qui leur permettent de trouver un relais et un approfondissement qualitatif des thèmes abordés. Cette nouvelle culture commune nous y invitant de manière logique, toutes ces informations restent bien entendu disponibles sur le site en ligne de l'établissement.

Sans démagogie ni complaisance, nous avons ressenti le besoin de nous intéresser aux préoccupations de nos élèves ainsi qu'aux modes prégnants de communication et d'acculturation de cette génération. L'usage extensif des écrans comme supports naturels d'échanges et de socialisation de nos jeunes ne pouvait être éludé et encore moins inexploité lors de nos face-à-face pédagogiques. Pour autant, nous avons au même titre considéré qu'il était nécessaire d'être conforté dans notre rôle d'adulte ressource ou d'éducateur afin de sensibiliser, prévenir, d'ériger des repères et parfois de poser des limites quant à ces nouvelles pratiques.

À travers nos interventions, l'écran se pose donc définitivement comme objet d'enthousiasme chez nos jeunes. Son potentiel illimité pour émettre, partager de l'information ou en recevoir du monde entier est toujours cité. En outre, nos adolescents expliquent volontiers lors de nos séances que l'utilisation des écrans offre tour à tour, l'avantage de satisfaire rapidement leur curiosité, leurs envies de défi mais également leurs besoins de satisfactions érotiques et de transgression. Les écrans sont devenus, tout comme l'école, un moyen d'expérimenter leurs relations sociales. Loin de constituer un frein à l'insertion de nos jeunes dans la société, la connexion via les écrans semble se révéler pour cette classe d'âge, comme un moyen naturel de s'y insérer.

S'il faut bien reconnaître que l'utilisation de l'outil numérique présente de multiples avantages, y compris pédagogiques, force est de constater que la réalité de nos statistiques internes a progressivement mis en exergue des dérives, des comportements ou des propos d'élèves nous invitant sérieusement à élargir le constat initial.

Face aux récits d'expériences de nos élèves et face à leur manière d'interagir physiquement ou verbalement, il est devenu primordial d'engager le dialogue afin d'analyser, de comprendre et de sensibiliser nos adolescents aux risques liés au phénomène d'hyper-connexion. Leur faire prendre conscience de la capacité de dissémination des contenus et des conséquences des différentes actions entreprises sur la toile s'est imposé comme un enjeu éducatif de premier ordre dans notre politique locale de prévention. Le respect de soi et de l'autre se poursuit également devant l'écran.

La prévention du cyberharcèlement à caractère sexuel

Ces dernières années, le harcèlement entre élèves est devenu un axe prioritaire défendu par le ministère de l'Éducation nationale. L'émergence des réseaux sociaux et des nouvelles technologies a facilité la propagation d'une nouvelle forme de harcèlement, à la portée de tous, et en dehors des murs de l'école cette fois. Le « cyberharcèlement » est une notion bien connue de nos élèves. Sans jamais parler personnellement d'eux, nos adolescents abordent souvent cette pratique lors des interventions, en évoquant une anecdote ou le cas d'un(e) ami(e) qui en a été victime. L'objet de nos interventions n'est pas de catégoriser ou de stigmatiser les pratiques de nos élèves, mais plutôt d'engager avec eux une réflexion formative et formatrice à l'égard de leurs comportements face aux écrans. À ce titre, ils se sentent particulièrement concernés lorsqu'il s'agit, pour nous, d'aborder la menace de personnes mal intentionnées désireuses d'entrer en relation avec eux ou lorsqu'il s'agit d'évoquer le détournement de leurs données personnelles.

L'équipe éducative intervient spécifiquement dans l'étude et la prévention du cyberharcèlement à caractère sexuel. L'objectif est d'engager avec nos adolescents un véritable état de lieux du phénomène. Les formations tentent tour à tour de faciliter la reconnaissance des différentes formes de harcèlement, d'analyser conjointement les mécanismes utilisés, les différents acteurs mis en jeu et bien entendu, d'identifier les conduites à risques afin de s'en prémunir. Si un grand nombre de supports pédagogiques sont à notre disposition pour faciliter la mise en œuvre de nos intentions, nous citerons plus spécifiquement ici, l'utilisation et l'analyse de courts-métrages vidéo favorisant l'émergence d'un questionnement et des opinions de nos élèves (site web : e-Enfance, Organisation Child Focus/Clicksafe). À ce titre, l'organisation sur site de conférences interactives avec des partenaires associatifs est régulièrement privilégiée.

L'écran peut véhiculer, à certains moments, un sentiment illusoire de liberté. Nos élèves font l'expérience de la gestion publique de leur image. L'exposition sans fard de leur vie privée peut induire une augmentation des risques de cyber-détournement. Nos échanges en séances s'orientent indubitablement vers la nécessité de sensibiliser nos jeunes au facteur de désinhibition (souvent non préméditée d'ailleurs) que la relation à l'écran peut encourager ou que les véritables relations au travers de l'écran peuvent précipiter.

Au-delà des comportements addictifs et chronophages qui peuvent résulter d'un usage excessif de l'écran, nos interventions tendent à faire émerger et à faire intégrer des limites nécessaires en termes de socialisation et de sécurisation de la sphère intime. La question de l'exposition des données personnelles via les écrans est régulièrement posée en séance. Depuis les dérives du phénomène de *sexting* entre adolescents et jusqu'aux propositions à caractère sexuel d'individus externes au groupe, des débats sont nécessairement engagés à l'intérieur même des salles de classe.

Aussi, concernant le partage de photos ou d'images suggestives dévoilant l'intimité de nos adolescents, ces derniers soulignent que ces pratiques sont devenues répandues, voire à la mode, pour interagir avec des partenaires proches. Tout en renforçant le sentiment d'appartenance au réseau, ces comportements peuvent témoigner tour à tour, d'une volonté de relever un défi sous la pression du groupe mais également d'une démarche volontaire d'érotisation d'une relation amoureuse existante.

Si nous convenons sans en rougir, qu'en soi, une pratique consentie du *sexting* ou du « *dédipix* » ne présente rien de répréhensible, l'exploitation de vidéo-clips pédagogiques mettant en jeu des expériences qui tournent mal suscite un intérêt profond chez nos élèves (*Derrière la porte/Je suis une fille* - netecoute.fr - film interactif). Lorsque ces derniers découvrent que la déception, la jalousie, la rancœur ou le désir, autant de sentiments quotidiennement partagés, peuvent amener progressivement à un chantage affectif, social ou sexuel, les regards se font plus sombres. Et notre sentiment d'utilité et de responsabilité plus grand. Le discours progresse. Les idées tout autant. Nos objectifs de séances prennent corps en amenant nos adolescents à comprendre que c'est lorsque ces bribes d'intimité sont diffusées et échangées sans le consentement des principaux intéressés que la détresse se dévoile et que les limites doivent se poser. Sans parler des possibilités de récupération des données par des prédateurs sexuels ou des sites pornographiques. L'absence totale de contrôle sur la dissémination des contenus privés et la mise au ban du groupe est, au-delà de tout, destructrice et anxiogène pour toute une génération d'élèves.

Parallèlement à la déliquescence de leur image au sein du groupe, notre second objet d'analyse, la cyber-prédation, semble être pour nos élèves une source d'inquiétude tout aussi réelle. Selon eux, la menace concernerait davantage une catégorie d'âge moindre (CM2-6e) et correspondrait à un usage intensif des forums de recherche ou des « chats ». Néanmoins, nos élèves soulignent, dans un second temps, que l'appartenance à des réseaux sociaux de grande ampleur a tendance à augmenter le nombre de tentatives de « phishing » (ou hameçonnage) par des tiers mal identifiés et gravitant autour du groupe. La diffusion et la critique d'une vidéo relatant cette fois-ci les modes opératoires insidieux d'un cyber harceleur sont proposées. Force est de constater que ces dernières ne laissent pas notre public scolaire indifférent (site : clicksafe.be - « vie privée »). Ce second acte se joue bien après la sonnerie de fin des cours, dans les coulisses du réseau. Tout comme dans le clip, certains de nos adolescents peuvent se voir ainsi poursuivis et traqués à la maison, en raison d'une insuffisance de contrôle ou de la publication de leurs données personnelles par un tiers. Tout en faisant référence au célèbre « effet cockpit » ressenti par les agresseurs et nommé par Catherine Blaya, nous souhaitons, à travers le débat proposé en séance, expliquer à nos élèves que l'usage de l'écran peut créer une distance entre soi et l'autre. Cette distance, qui amenuise le sentiment de sensibilité, de compassion et de culpabilité, peut tendre à rendre acceptable diverses atteintes à l'intégrité de l'autre.

Les enjeux de formation inhérents à une telle thématique d'intervention sont en tous points primordiaux. Ils engagent à la fois la notion de respect de sa sphère intime, mais également de la plus grande considération envers la vie privée de l'autre. Nous pourrions alors considérer que la prévention du « cyberharcèlement sexuel », dans le cadre de nos échanges avec nos adolescents, passe obligatoirement par un travail, une prise de conscience de la notion de responsabilité individuelle et collective.

Permettre à nos élèves d'identifier les sollicitations à caractère sexuel (au travers du jeu interactif du « chatteur suspect » sur clicksafe par exemple), de protéger ses données personnelles, ses publications, son intimité, tout en évitant l'affichage d'informations privées faciles à détourner, se préserver de la pression du groupe et du réseau, prévenir les propos discriminatoires et les tentatives de déstabilisation, sont autant de stratégies que nous construisons lors des formations avec les élèves afin de garantir une gestion sécuritaire et responsable de leurs connexions.

La sensibilisation aux risques de la cyberpornographie

De plus en plus de gestes, d'attitudes, d'expressions ou de propos s'y rapportant sont relevés quotidiennement à l'école. Les références à la pornographie sont à peine masquées, tout comme celles renvoyant à une sexualité décomplexée et agressive. Difficile, pour les membres de la communauté éducative d'ignorer cette tendance. Se pose alors la nécessité de saisir au vol et au-delà des horaires et des logiques strictement disciplinaires, les comportements connotés, les préjugés discriminatoires, les railleries ou les questions directes sur les mythes relatifs à la sexualité, afin d'y apporter un discours à la fois porteur de sens et de repères.

Nous prenons le parti de ne pas appréhender la pornographie en ligne comme un tabou lors de nos interventions. Entre les discours ultra-libertaires et les autres plus moralisateurs, notre propos n'est en aucun cas de condamner le visionnage d'images à caractère pornographique par nos adolescents via les écrans, mais résolument d'échanger sur le sujet, afin qu'ils ne le subissent pas. Selon nos élèves, la pornographie sur le web est une pratique que nul n'ignore et qui présente les avantages d'être à la fois divertissante, informative ou encore source de plaisirs plus ou moins nouveaux et répétés. Le débat sur les influences de ce phénomène sur nos jeunes scolarisés est difficile à trancher puisque les portées peuvent apparaître comme très différentes pour chacun des élèves présents devant nous. Il demeure néanmoins que de nombreuses interrogations sont soulevées, y compris au sein des équipes éducatives.

Quelles sont dès lors les raisons qui nous poussent à croire que la sensibilisation de nos adolescents aux risques de la cyberpornographie représente un enjeu éducatif majeur de notre projet ?

Dans un premier temps, les échanges avec nos adolescents soulignent que de plus en plus de jeunes y ont été confrontés involontairement. Le test est facile à mettre en œuvre. Demandez donc à un élève s'il lui est arrivé d'être, sans l'avoir voulu, en contact avec une image à caractère pornographique lors de ses connexions, et la réponse aura le mérite de ne souffrir d'aucune ambiguïté. Si les plus âgés d'entre eux vont expliquer que leur réflexe est de fermer machinalement la fenêtre surgissante, il arrive quelques fois que la découverte de visuels ou de sites pornographiques choque les plus jeunes parce qu'elle ne concorde pas avec leur développement affectif. Ces derniers risquent en outre de croire que cette image de la sexualité correspond à la réalité. Ils peuvent ainsi s'imaginer devoir reproduire ces pratiques pour être sûrs de rester dans la norme ou dans le groupe. L'angoisse de l'exclusion et de « l'anormalité » est récurrente chez nos adolescents. Une contribution éducative peut être apportée aux plus jeunes de nos élèves, à la fois en débattant de « leur normalité » par rapport à leurs pairs, mais également en les informant et en les rassurant sur la sexualité à venir et l'imaginaire qu'elle projette.

Dans un second temps, force est de constater que les rôles et les stéréotypes sexuels transmis par les médias, et plus particulièrement ceux véhiculés par la pornographique en ligne, ne sont pas à proprement parler un appui positif pour éduquer à la sexualité. Les médias présentent souvent des modèles caricaturaux de la masculinité et de la féminité. Suggérant que la soumission, les attitudes sexy ou bien encore l'envie d'être malmenée sont des composantes quasiment attendues chez les jeunes filles, les garçons sont quant à eux invités à exercer pouvoir, performance et domination, en dignes représentants du sexe fort. Sans faire preuve de discernement ou de prise de distance face au modèle sexiste présenté partout, les risques d'acquisition de fausses représentations et de construction de repères erronés en matière de sexualité deviennent réels. Les phénomènes d'hyper sexualisation ou même de violences sexuelles peuvent apparaître, pour nos élèves, comme des moyens permettant de répondre aux attendus. Au sein des interventions, les équipes éducatives relèvent l'importance de délivrer, au-delà d'un discours sans concession face à cette culture invasive du stéréotype sexuel, des moyens de procéder à un décryptage éclairé des contenus consultables sur la toile. L'intention est clairement d'apprendre à sortir du carcan de l'image et des modèles, pour permettre l'exercice d'un esprit critique sur les informations ou sur les images que l'on nous propose.

Dans la mise en œuvre, l'idée n'est bien évidemment pas d'utiliser des supports en relation directe avec la pornographie. Nos interventions s'articulent davantage autour de techniques d'animation permettant de questionner, d'argumenter et de réfléchir à l'expression d'opinions différentes. En cela, nous faisons régulièrement appel à des outils pédagogiques renvoyant à la photo-expression, à l'affirmation volontaire d'idées et de phrases stéréotypées ou, bien entendu, à l'organisation d'un groupe-débat. Un pré-requis au dialogue s'impose logiquement lors du démarrage de nos séances : celui, certes, de la définition du terme de pornographie et de son rapport à loi, mais également celui de l'éclaircissement des notions d'identités sexuelles, d'orientations sexuelles, de rôles et de stéréotypes sexuels au sens large. Le travail sur l'image, et sur ce qu'elle véhicule, engagé avec nos élèves lors des séances d'éducation à la sexualité, s'articule autour de références actuelles et représentatives des usages de nos élèves. L'analyse ciblée et préparée de supports tels que des extraits d'émissions de télé-réalité, de clips, de magazines ou de publicités, invite le groupe à se saisir de l'échange. L'objet, le message, les trucages et les objectifs poursuivis sont autant de critères examinés pour favoriser le développement des capacités réflexives de la classe face aux images. Le débat sur la pornographie en ligne s'ouvre logiquement, et les arguments relatifs au caractère commercial, aux images truquées, aux mises en scène sans dialogue ou à l'image de la femme et de l'homme présents dans ces films, viennent alimenter la discussion. Progressivement le besoin de mise à distance est abordé, la nécessité d'identifier ce qui relève de la réalité et du plausible, ou de ce qui ne l'est pas, est majoritairement admise.

À l'échelle de notre établissement, notre rôle n'est pas de juger du caractère normal ou anormal de la cyberpornographie devant nos élèves. Ce phénomène fait partie intégrante de leurs usages et nous choisissons de l'aborder comme tel, sans stratégie d'évitement. L'enjeu de formation est davantage de les aider à trouver des modèles qui leur correspondent et qui leur permettent de se construire une vie affective et sexuelle équilibrée.

La possible surexposition aux risques doit nous pousser à accentuer le décryptage des flux d'images et d'informations véhiculés par les écrans et les médias en général, afin de discerner réalité et fantasme. Il nous faut insister auprès de notre public, sur l'idée que la pornographie, quel que soit son support, peut s'apparenter à une source parallèle d'imposition de normes sexuelles qui ne correspondent pas à la réalité.

Que de ce fait, s'y référer ou tenter de répondre à ces normes par des pratiques médiatiquement encouragées dénote tout à la fois d'une absence de discernement, de respect et de responsabilité. En définitif, si nous admettons que la prévention et les filtres les plus efficaces se transmettent inévitablement au sein même de la relation liant les adultes et les enfants (car elle favorise la construction et l'intégration de limites intérieures), il n'est pas complètement utopique de songer qu'à l'usage, cette génération native puisse installer ce qui s'apparenterait à des « pare-feux » sécurisant progressivement sa pratique tout en les transmettant aux générations suivantes.

De l'indispensable complémentarité familles/communauté scolaire

Les familles sont invitées chaque année à participer à une conférence réservée aux adultes sur le thème de l'éducation à la sexualité dispensée au sein de l'établissement. Elles peuvent tour à tour prendre connaissance du projet et de ses objectifs, questionner sur la démarche entreprise et témoigner de leurs attentes concernant la formation proposée à leurs enfants. La construction d'une relation basée sur l'échange et la confiance avec les adultes ressources de l'établissement apparaît comme fondamentale dans la mise en œuvre de notre projet.

Sans ambiguïté aucune, la communauté éducative associant parents et membres de l'établissement se rejoint très aisément sur l'idée que l'enfant, et ce à l'image de toutes ses découvertes, attend des adultes un cadre rassurant et structurant qui lui permette de se créer des repères et d'évoluer. Le débat relatif à la culture de l'écran chez nos adolescents comme vecteur de communication demeure récurrent. Objet de liberté pour nos adolescents, l'écran s'apparente également à une source d'inquiétude pour les parents, renvoyant souvent à des craintes d'addiction, de paresse, d'exclusion et quelques fois de perversité. « Apprendre à nos enfants à distinguer le vrai du faux, la fiction de la réalité » s'impose comme une problématique aussi bien lucidement analysée que redoutée dans sa mise en œuvre par l'ensemble des familles. Ces dernières, s'avouant pudiquement dépassées, témoignent à l'instar de notre confrère Yannick Châtelain que « pour la première fois, la génération d'en-dessous semble posséder un usage et une maîtrise des technologies – et donc une forme de savoir – supérieure à la génération qui est censée lui enseigner l'utilisation de ces outils ».

Il nous semble que c'est bien ici et précisément dans cette attente, que la responsabilité de l'institution scolaire se dessine. En explicitant progressivement que le manque de maîtrise ou d'aisance n'induit pas forcément incompréhension ou laisser faire. En insufflant, avec confiance, l'envie de transformer une médiation parentale trop souvent restrictive (exerçant un contrôle par l'interdiction) en médiation de régulation-protection. Plus simplement, en plébiscitant à nouveau quotidiennement des démarches volontaires d'étayage et de son corollaire.

Tous les personnels, membres de la communauté éducative, participent explicitement ou non, à la construction individuelle, sociale et sexuée de nos adolescents. Faisons-nous forts de cette analyse pertinente. Il nous apparaît comme définitivement déterminant de créer de la communauté, partout, à chaque instant, dans un réfectoire de demi-pension, dans une salle de permanence, entre élèves, enseignants, familles... Il faut coûte que coûte, nous atteler à créer du lien, à tisser un réseau constitué de connexions réelles. Il nous faut faire en sorte qu'en matière d'éducation à la sexualité, l'école ne demeure pas uniquement un lieu d'acquisition au sens strict, mais devienne une véritable interface dans le processus de construction identitaire de chacun de nos adolescents.

LES LIMITES DE L'INFORMATION ET DE LA COMMUNICATION

Intervenir dans une classe, c'est proposer à un groupe d'élèves la même information au même moment. S'ils ont souvent le même âge, ils ne sont pas tous au même niveau à la fois affectif, cognitif et n'ont pas les mêmes connaissances, ni les mêmes attentes. Chacun à son histoire, un lien éducatif à la sexualité particulier, un corps à un niveau de maturité physiologique variable, des préoccupations et des questionnements différents. Le groupe engage non seulement des enjeux individuels, ceux liés aux relations entre élèves mais aussi la dynamique spécifique du groupe en tant que tel.

L'hétérogénéité des attentes et des capacités d'élaboration permet de comprendre que les informations ne seront pas comprises et intégrées de la même façon. Si au niveau individuel l'intervenant peut trouver que les données transmises font sens et sont comprises, il peut aussi avoir l'impression que le groupe en tant que tel ne se les approprie pas et ne se sent pas concerné ; ou inversement. Les séances d'information sur l'éducation à la sexualité ne peuvent pas répondre à toutes les attentes et à tous les besoins ; elles ne sont qu'un temps, essentiel mais non suffisant, dans le parcours des élèves et dans l'accompagnement que les adultes peuvent leur offrir dans leur passage de l'enfance à l'âge adulte.

Penser les séances d'éducation à la sexualité dans le temps, c'est non seulement apporter une continuité dans les prises en charge et s'adapter au besoin fondamental de tout être humain qui a besoin de temps pour comprendre, de temps pour apprendre, de temps pour s'approprier les éléments transmis et les expériences vécues. Et pour chacun, la mise en sens de ce qui est dit peut prendre un temps différent. Aucune information ne saurait être entendue systématiquement en une seule fois, contrairement à certains discours qui continuent de considérer que l'éducation sexuelle doit se faire à un moment précis. La compréhension des informations transmises ne se fait pas sens d'emblée mais s'élabore progressivement en fonction du niveau de maturité de l'enfant, de son niveau de développement cognitif, de ses repères familiaux et culturels, de ses croyances et des théories qu'il a au préalable construites. Des éléments très précis au niveau scientifique peuvent rester incompréhensibles pour l'enfant s'il n'a pas les ressources suffisantes pour les intégrer et les rendre intelligibles. Ils ne seront pas retenus, faute de compréhension. D'où la nécessité de construire ces interventions avec les élèves et leur famille et de ne pas se satisfaire d'une unique intervention sur un sujet, mais d'aborder ce thème à plusieurs moments dans la scolarité afin qu'il puisse progressivement être compris et prendre sens pour l'élève. Ces séances d'éducation à la sexualité devraient dépasser le cadre de la transmission d'une accumulation de savoirs théoriques et de repères visant à prévenir certains risques. Bien plus que de connaissances il s'agit de créer une dynamique de co-construction et d'échanges avec les élèves pour leur permettre d'accéder à des choix éclairés et personnels ; ce qui ne peut être envisagé sans prendre en compte la singularité de chaque enfant et de chaque adolescent, de respecter sa subjectivité et l'incidence de son environnement dans son développement.

Conclusion

Au cours des siècles, la sexualité des élèves est devenue, en France, un problème public, un enjeu politique, social et médical de premier ordre : au XVIIe siècle l'éducation sexuelle devait servir à combattre la masturbation ; à la fin du XIXe siècle elle est revendiquée pour combattre le péril des maladies vénériennes et pour éviter la dégénérescence de la race ; au cours des premières décennies du XXe siècle elle est mise en exergue pour combattre le fléau social de l'avortement clandestin, puis contribue à lutter contre la transmission du SIDA et autres MST ; et depuis le XXIe siècle elle s'inscrit dans une prévention globale de la santé avec une attention spécifique portée sur l'incidence des écrans sur la sexualité.

D'un siècle à l'autre, force est de constater que notre société a privilégié un discours scientifique sur la sexualité où la logique n'est pas celle des sentiments ou du plaisir, mais la référence constante à la loi absolue d'un « pouvoir-savoir du sexe ». Ce « *scienta sexualis* » décrit par Michel Foucault dans son *Histoire de la sexualité*, explique la constance des discours de l'institution scolaire au sujet de la sexualité :

> « Parler du sexe des enfants, en faire parler les éducateurs, les médecins, les administrateurs et les parents ou leur en parler, faire parler les enfants eux-mêmes, et les enserrer dans une trame de discours qui tantôt s'adressent à eux, tantôt parlent d'eux, tantôt leur imposent des connaissances canoniques, tantôt forment à partir d'eux un savoir qui leur échappe – tout cela permet de lier une intensification des pouvoirs et une multiplication du discours » (Foucault, 1978).

Cette volonté de contrôle (du corps comme du savoir) conduit les gouvernements successifs à imposer des réformes, à multiplier textes et circulaires et amène les professionnels à accumuler les projets de toutes sortes, qui témoignent de l'intensité des débats sur ce sujet avec la permanence d'enjeux où repères éducatifs, familiaux, culturels, sociaux et religieux s'intriquent inévitablement. Toute une littérature de préceptes, d'instructions, de conseils, de réformes se multiplie, étayée par des discours institutionnels qui oscillent au cours du temps entre registre répressif, permissif, et plus récemment normatif. Au sein de l'institution scolaire il s'agit moins d'un discours sur la sexualité que d'une multitude de discours paradoxaux produits par toute une série d'outils : films, réformes, programmes, lois, etc.

Le projet d'éducation à la sexualité tel qu'il est actuellement conçu tente de mettre en interaction l'espace privé, l'espace public, le concept de sexualité et celui de santé. Mais l'institution scolaire semble durablement marquée par toutes ces années où elle s'évertuait bien plus à contrôler la sexualité des élèves en la réduisant exclusivement à son aspect biologique contrôlé par une politique hygiéniste. Réduite à un apprentissage mécanique des corps, l'éducation à la sexualité n'était abordée que de manière partielle et opératoire : ses fonctions de reproduction, ses localisations anatomiques immédiates, ses risques multiples. Les adultes n'étant que des prescripteurs de conduites, leurs actions d'éducation à la sexualité ne permettaient pas l'établissement de relations où la dimension individuelle l'emportait sur la dimension collective. Aujourd'hui et même envisagée sous l'angle de l'éducation à la santé, elle n'aborde pas davantage la sexualité en tant que telle, que les époques précédentes. La dimension pulsionnelle de la sexualité continue d'être ignorée tout comme sa composante éminemment culturelle du rapport entre les sexes. L'éducation à la sexualité n'aborde toujours pas la question de l'appropriation de l'intime et la nécessité de sa défense. Alors comment envisager de parler de sexualité sans tenir compte du sexuel ? Après tant d'années passées par l'institution scolaire pour faire reconnaître sa légitimité à assurer cette transmission spécifique du savoir sur la sexualité ; au-delà de l'aménagement de tant de dispositifs insistants pour en faire parler et des efforts théoriques pour réinscrire la sexualité dans le champ du pédagogique, elle reste pourtant bien souvent hors discours et désubjectivante. On la contraint à une existence institutionnalisée mais elle reste encore sous le secret où l'on cherche indirectement à l'y maintenir. L'éducation à la sexualité est-elle pensable dans l'institution scolaire ou est-elle condamnée à un discours qui manquerait son objet ? Difficile d'envisager une réponse définitive à cette question tant l'institution scolaire est le reflet de notre société. Dans la mesure où il n'existe actuellement plus de consensus social au sujet de la sexualité, elle ne peut qu'être le révélateur de notre incapacité à dire ce qu'est la sexualité humaine ; elle nous renvoie inéluctablement à nos incohérences, à nos propres difficultés à la mettre en mots et à y donner du sens. Les débats ayant cours dans l'espace public envahissent continuellement l'espace scolaire. Celui-ci semble condamné à être contaminé par les attentes sociétales et les exigences adaptatives liées aux enjeux idéologiques de l'espace public. Le risque de l'intrusion d'une idéologie d'État contre les valeurs de la République fondées sur le respect des croyances de chacun est constant.

En faisant de l'éducation à la sexualité une des missions de l'institution scolaire, le politique a bouté hors de la sphère privée, l'intime et les enjeux individuels pour les inscrire sur la scène des préoccupations sociales et des enjeux politiques. Baliser l'espace de l'intime, lui donner sens, assurer une protection au niveau de l'intimité c'est pourtant maintenir la sexualité dans l'ordre du langage et de la relation, dynamique inhérente à la singularité de tout être humain. Faire l'impasse sur cela, c'est dénier la subjectivité de chaque enfant, de chaque adulte ; mais la prendre en considération c'est alors prendre le risque d'être confronté aux contradictions, liées au (dys)fonctionnement familial et institutionnel, qu'elle ne manquera pas de révéler. Aider par exemple les enfants à mieux maîtriser leur sécurité personnelle, à reconnaître l'importance de se faire respecter, à expliquer qu'ils ont le droit de dire « non » aux adultes, que « leur corps c'est leur corps » n'est pas facilement réalisable dans l'institution scolaire où le rapport au corps est profondément marqué par des injonctions de soumission et d'obéissance et où la question de l'intimité est loin d'être assurée

Pour exemple L'état des vestiaires ou des toilettes de nombreux établissements.

Autre exemple, les questions relatives à la relation à l'autre sont, dans le fonctionnement des établissements et à l'image de ce qui transparaît dans leurs règlements intérieurs, exclusivement abordés sur le registre des interdits ou fixés par des règles implicites ; ce qui est autorisé n'est jamais envisagé pas plus que les possibilités d'échanges sur ce cadre réglementaire, indispensables à la compréhension donc à l'acceptation des règles.

Ou encore les conditions d'accueil des jeunes filles dans les lycées technologiques et professionnels industriels et les lycées professionnels (ou leur petit nombre ne leur permet souvent pas de bénéficier de locaux garantissant le respect d'un cadre décent).

Enfin, décider que les séances d'éducation à la sexualité doivent aborder la question du respect du corps tout en les organisant de façon collective en faisant injonction aux élèves de parler de leur propre sexualité devant leurs camarades et des adultes le plus souvent inconnus.

Aujourd'hui la sexualité n'est plus le seul sujet à interroger les limites du cadre institutionnel, comme du cadre familial : les écrans et les bouleversements récents liés aux NTIC viennent réactualiser la question des limites, celle de l'intime et du respect de soi comme de l'autre, celle de la transgression ou de l'intégration de la loi, celle de la transmission.

Face à quelque chose qui lui échappe, l'être humain a naturellement tendance à le maintenir tant que possible à distance pour s'en protéger et pour lutter contre le vécu d'insécurité psychique il réagit le plus souvent en agressant ses proches. À l'image de la question relative à la sexualité, les écrans apparaissent aujourd'hui comme les supports expiatoires de notre société, responsables de tous les maux et dangers dont il faudrait se préserver. En ce sens, ils pourraient symboliser certains dysfonctionnements de notre société en mal de repères et en souffrance face aux représentations déstructurées de valeurs au préalable fondatrices de son fonctionnement (fonction de la famille ; autorité dans la transmission des savoirs par l'adulte ; place du support langagier et de la reconnaissance empathique dans l'établissement des liens).

Au-delà des prédictions funestes et de la diabolisation si fréquente de ce support, force est de constater que les écrans font désormais partie de notre culture et de notre mode communicationnel. Ils conduisent à de nouveaux modes relationnels qui font partie intégrante de la vie des enfants et des adolescents d'aujourd'hui. Ne pas le reconnaître, construire de fausses représentations à leur sujet et tenter de les maintenir à distance, présente le risque d'une rupture générationnelle majeure, qui ne fera que renforcer le sentiment d'incompréhension et d'isolement de chacun.

Offrir aux enfants et aux adolescents des liens sécurisants et protecteurs nécessite de se donner les moyens de s'ajuster à leurs besoins, à leurs spécificités et à leur évolution au niveau individuel comme au niveau collectif. C'est savoir les écouter, comprendre leurs attentes, décrypter leurs difficultés, valoriser leurs ressources, pour leur permettre d'avoir suffisamment confiance en eux, en l'autre, au présent et en l'avenir. Autrement dit les reconnaître comme interlocuteurs essentiels. Cela ne peut s'envisager dans une représentation verticale de la transmission du savoir, mais dans une co-construction horizontale de cette connaissance : de l'un à l'autre ; de l'un vers l'autre ; de l'un pour l'autre, pourra alors s'envisager une nouvelle dynamique dans les relations entre enfants, adolescents et adultes. Les NTIC sont probablement bien plus à envisager comme une matrice relationnelle que comme une impasse, si la place de chacun (enfants, parents, professionnels) est respectée, comprise et intégrée. Les écrans et les nouvelles technologies engagent la représentation que nous nous en faisons mais également celle que nous avons des enfants, des adolescents, des responsabilités éducatives et des fonctions parentales. Du sens donné aux écrans par les adultes d'aujourd'hui dépendra sans aucun doute le devenir de l'éducation à la sexualité au sein des institutions scolaires. L'enjeu est d'importance pour permettre à ces nouveaux supports d'être investis par chacun comme source de créativité. Alors pourront s'instaurer ces liens de confiance et cette écoute si précieuse et si nécessaire pour apporter aux plus jeunes les protections nécessaires pour avoir envie, de grandir, d'aimer, d'apprendre, de construire et d'échanger... de vivre tout simplement.

Annexes

Annexe 1

Ressources

Outils pédagogiques

Guides et documents

Éducation à la sexualité, La santé de l'homme, n° 418, 2012.

Le jeu des trois figures en classes maternelles. Manuel pratique de S. Tisseron, Paris, Fabert, 2011 (téléchargeable sur http://www.yapaka.be).

Comportements sexistes et violences sexuelles : prévenir, repérer, agir, CNDP, coll. « Repères », 2010.

Et si ça m'arrivait ? CRDP de l'académie de Versailles. Livret pédagogique et CD audio d'accompagnement sur huit saynètes traitant de la contraception, du sida, de la violence, de l'homosexualité, 2005.

Guide méthodologique pour les équipes éducatives de collège et de lycée, CNDP, 2005.

L'Éducation à la sexualité au collège et au lycée. Guide du formateur, CNDP, coll. « Repères », 2004.

Masculin-Féminin : les lois du genre, La santé de l'homme, n° 372, 2004.

Filles, Garçons : l'égalité en images, un outil pédagogique pour le collège, Arles, Lunes, 2004.

Questions d'ados (amour - sexualité), livret pour les 15-18 ans, INPES, 2004.

Photolangage ®, Adolescence, amour et sexualité, ADES du Rhône, coll. « Chronique sociale », 2003.

Prévention et traitement des violences sexuelles, CNDP, coll. « Repères », 2002.

« Bonheur d'aimer », mallette pédagogique réalisée par le ministère de l'Éducation nationale, en collaboration avec les laboratoires Wyeth-Lederlé, 2001.

Éducation à la sexualité : de l'intime au social, La santé de l'homme, n° 356, 2001.

Passeport pour le pays de prudence, instructions BOEN n° 39 du 4 novembre 1999.

Références sur le net

Site du ministère de l'Éducation nationale

http://www.education.gouv.fr/publication/prevention.pdf

Eduscol : http://eduscol.education/D0060/ education_sexualité.pdf

Site du ministère de la justice

« Enfants victimes d'infractions pénales : guide de bonnes pratiques », ministère de la Justice, direction des affaires criminelles et des grâces, 2003.

http://www.justice.gouv.fr/publicat/guide_enfants_victimes.pdf.

Site de l'Association Française de Promotion de la Santé Scolaire et Universitaire

Exemple de projets menés dans les établissements scolaires et ayant participé à l'appel à projet annuel de l'AFPSSU

www.afpssu.com/

Site Fil Santé Jeunes

http://www.filsantejeunes.com

Site sur la sexualité

http://www.sexados.fr

http://www.onsexprime.fr

http://publications.msss.gouv.qc.ca/acrobat/f/documentation/2013/13-314-02F.pdf (site du ministère de la Santé et des Services Sociaux québécois pour favoriser le dialogue entre parents et adolescents au sujet de la sexualité)

http://www.cfsh.ca/fr/Your_Sexual_Health/How_to_Talk_about_Sex/With-Parents.aspx (site de la fédération canadienne pour la santé sexuelle sur *Comment parler de sexualité avec ton parent ?)*

Site sur l'orientation sexuelle

http://www.ligneazur.org

http://www.sexados.fr

Site sur la cybersexualité

http://www.cybercrips.net

http://www.droitdunet.fr

Site sur la contraception

http://www.choisirsacontraception.fr

Site de la CNAPE

Convention nationale des associations de protection de l'enfant

http://www.cnape.fr/

Site de l'association Yapaka - Prévention de la violence

http://www.yapaka.be

Site de la fédération générale des PEP

Services d'accompagnement pédagogique à domicile

http://www.lespep.org

Site de l'INSERM

http://www.inserm.fr

Site de l'IREPS

Instance régionale d'éducation et de promotion de la santé

http://www.bib-bop.org

Site de l'IFOP

http://www.ifop.com

Site SIDA - Info Service

http://www.sida-info-service.org

Vidéographie

Temps d'amour, ministère de l'Éducation nationale, 1995.

Cet autre que moi, Je. tu. il..., 1998.

Bien dans son corps, coproduction CNDP/La Cinquième, 1998. Vidéocassettes de 26 minutes. n° 3 : « Puberté et sexualité » et n° 5 : « Le temps du sida ».

Petites histoires d'amour et de contraception, AFC, 2003.

PERSONNES ET LIEUX RESSOURCES

Centres de documentation, associations ou organismes

CNDP : Centre national de documentation pédagogique

INPES : Institut national d'éducation pour la santé
42, boulevard de la Libération, 93 203 Saint-Denis
www.inpes.sante.fr

CRES, CODES : Comités régionaux et départementaux d'éducation pour la santé

AFPSSU : Association française de promotion de la santé scolaire et universitaire
www.afpssu.com/

ADOSEN : Association pour l'éducation sanitaire et le don solidaire à l'Éducation nationale
Tour Maine-Montparnasse, 33, avenue du Maine, 75015 Paris

AIDES : Association de lutte contre le sida
247, rue de Belleville, 75019 Paris

Association Sida Info Service
190, boulevard de Charonne, 75020 Paris
www.sida-info-service.org

MFPF : Mouvement français du planning familial
4, square Saint-Irénée, 75011 Paris

CRIPS : Centre régional d'information et de prévention du sida
Tour Maine-Montparnasse, 33 avenue du Maine, BP 53, 75 755 Paris Cedex 15,

Fédération nationale des familles rurales
7, cité d'Antin, 75 009 Paris

Centres de planification familiale
Coordonnées variables selon les départements ; les adresses sont accessibles auprès des agences régionales de santé.

MGEN : Mutuelle de l'Éducation nationale
3, square Max-Hymans, 75 748 Paris

Numéros verts

Les communications vers les numéros sont gratuites (sauf depuis les portables).

Fil Santé Jeunes : 0 800 235 236

Allô Enfance maltraitée : 119

Sida Info Service : 0 800 840 800

Sida Info Droit : 0 810 636 636

Ligne Azur : 0 801 20 30 40 (questions sur l'orientation sexuelle)

Stop Harcèlement : 0808 80 70 10

Jeunes Violences Écoute : 0800 20 22 23

Inter-Service-Parents : 01 44 93 44 93

Annexe 2

Bibliographie

ADAMS D. KOCIK SM. Perinatal social work with childbearing adolescents, *Social Work in Health Care*, 1997, 24 (3-4) : 85-97.

ALDRICH R. *Une histoire de l'homosexualité*, Paris, Seuil, 2006.

ALVIN P., MARCELLI D. « Les pratiques sexuelles et la sexualité à l'adolescence », in *Médecine de l'Adolescent*, Paris, Masson, 1999.

A.N F17 11 577, *affaire de Moulins*, rapport du Recteur, 3 avril 1854.

AN F17 11 575, *affaire de Saint-Léon*, 1844-1845.

AN F17 11 575, *arrêt de la cour d'assises de la Sarthe*, 7 juin 1844.

AN F17 11 575 *extrait des minutes du greffe de la cour royale de Metz*, 30 août 1845.

AN F17 11 575 *extrait des minutes du greffe de la cour d'assises de Seine-et-Oise*, 10 décembre 1846.

AN F17 11 575 *11 juin 1847.*

AN F17 11 575, *affaire de Château-Thierry*, 1855-1856.

AN F17 11 576, *affaire des Essarts*, 1863.

ARIÈS P. *L'enfant et la vie familiale sous l'Ancien Régime*, Paris, Le Seuil, 1973.

ATHÉA N. *Parler de sexualité aux ados : une éducation à la vie affective et sexuelle*, Paris, Eyrolles, 2006.

AULAGNIER P., « Le désir de savoir dans ses rapports à la transgression », *L'inconscient*, Paris, PUF, 1967.

AVERY-LEAF, S., CASARDI M., O'LEARY KD., A. CANO A. « Efficacy of a dating violence prevention program on attitudes justifying aggression », *Journal of Adolescent Health*, 1997, vol. 21, n° 1 : 11-17.

AYOUN P., ROMANO H., & al. *Mère et inceste*, Toulouse, Érès, 2013.

BACH JF., HOUDE O., LENA P., TISSERON S. *L'enfant et les écrans. Un avis scientifique de l'Académie des Sciences,* Paris, le Pommier, 2013.

BADINTER E. *XY de l'identité masculine*, Paris, Livre de poche, 1994.

BAILLY L. *Les catastrophes et leurs conséquences psychotraumatiques chez l'enfant*, Paris, ESF, 1996.

BALIER C. (1988), *Psychanalyse des comportements violents*, Paris, PUF, 1995.

BALIER C. *Psychanalyse des comportements sexuels violents*, Paris, PUF, 1996.

BALIER C. « Viols et incestes. Auteurs et victimes », in *Les troubles de la sexualité monographie de la revue française de psychanalyse,* Paris, PUF, 1993.

BALIER C., « Psychopathologie des auteurs de délits sexuels concernant les enfants », *in* Gabel M. (Dir.), *Les enfants victimes d'abus sexuels,* Paris, PUF, 1996.

BARILLON J., BENSUSSAN P. *Le nouveau code de la sexualité*, Paris, Odile Jacob, 2007.

BERGERET J., *La violence fondamentale*, Paris, Dunod, 1984.

BAJOS N., BOZON M. *Enquête sur la sexualité en France : pratiques, genre et santé*, Paris, La Découverte, 2008.

BAUBET T., MORO MR, *Psychothérapie transculturelle, de l'enfance à l'âge adulte*, Paris, Masson, 2009.

BAUBET T., Le RICH K., BITAR D., MORO MR. *Soigner malgré tout. Bébés, enfants et adolescents dans la violence*. Grenoble, la Pensée sauvage, 2003.

BAUDIER F., LESTAGE A., MONNOT A. (dir.). *1, 2, 3... santé, éducation pour la santé en milieu scolaire*, Vanves, CFES, 1994.

BERGE A. *L'éducation sexuelle chez l'enfant*, Paris, PUF, 1968.

BOZON M. *Sociologie de la sexualité*, Paris, Nathan, 2002.

BRACONNIER A. *Les adieux à l'enfance*, Paris, Odile Jacob, 2000.

BRENOT P. *La Sexologie*, Paris, PUF, coll. « Que sais-je ? », 1994.

BRENOT P. *L'Éducation sexuelle*, Paris, PUF, coll. « Que sais-je ? », 1996.

BRENOT P. *Le Sexe et l'Amour,* Paris, Odile Jacob, 2003.

BYDLOWSKI M. « Les infertiles. Un enjeu de la filiation féminine », *Nouvelle Revue de Psychanalyse,* 1992, 45 : 143-160.

CADÉAC B., HENRIOT V. *Guide ado/Info Santé Jeunes*, Paris, De La Martinière Jeunesse, 1998.

CARON JC. *À l'école de la violence, châtiments et sévices dans l'institution scolaire au XIXe siècle*, Paris, Aubier, 1999.

CAVANAGH JOHNSON T. Child perpetrators-children who molest other children : preliminary findings, *Child abuse et Neglect*, 1988, 12 : 219-229.

CENTRE D'ANALYSE STRATEGIQUE. « Comment améliorer l'accès des jeunes à la contraception ? Une comparaison internationale », in *La note d'analyse*, 2011, n° 226. http://www.ined.fr/fichier/t_telechargement/49901/telechargement_fichier_fr_2011.06.09.contraception.na226_0.pdf

COKER A., HALL SMITH P., MCKEOWN R., KING M. « Frequency and correlates of intimate partner violence by type: physical, sexual, and psychological battering », *American Journal of Public Health*, 2000, vol. 90, no 4, : 553-559.

COKER A. « Does physical intimate partner violence affect sexual health? A systematic review », *Trauma, Violence & Abuse*, 2007, vol. 8, n° 2 : 149-177.

COMMUNAL L., GUIGNE C., ROZIER ED SCEREN C. *Education à la sexualité,* Grenoble, CRDP, 2010.

CONVENTION DE L'ONU pour « la répression de la traite des êtres humains et l'exploitation de la prostitution d'autrui », 2 décembre 1949, http://www2.ohchr.org/french/law/exploitation.htm.

COSLIN P. *La socialisation de l'adolescent,* Paris, Armand Colin, 2007.

COUTANCEAU R. « Agresseurs sexuels, aspects psychopathologiques, thérapeutiques et institutionnels », *Forensic*, 1994, n° 6 : 12-18.

COUTANCEAU R. SCHMIDT J. *Violence et famille*, Paris, Dunod, 2011.

CRDP. *Éducation à la sexualité au collège,* Grenoble, CRDP de l'académie de Grenoble, 2003.

CYRULNIK B. *Sous le signe du lien*, Paris, Hachette Littératures, 1997.

CYRULNIK B. *Les Nourritures affectives*, Paris, Odile Jacob, 1994.

CYRULNIK B. *Les Vilains Petits Canards*, Paris, Odile Jacob, 2001.

DESAULNIERS MP. *Education sexuelle, fondements théoriques pour l'intervention,* Québec, Editions Nouvelles, 2001.

DESCHAMPS JP. La mère adolescente, le couple adolescent et l'enfant, in S. Lebovici, R. Diatkine, & M. Soulé (dir.*), Nouveau traité de psychiatrie de l'enfant et de l'adolescent* (vol. 4), Paris, PUF, 1997.

DADOORIAN D. La grossesse désirée chez les adolescentes dans les milieux défavorisés : quelques réflexions à partir d'une étude réalisée au Brésil, *Neuropsychiatrie Enfance Adolescence,* 2000, 48 : 44-50.

DALIGAND L., GONIN D. *Violences et victimes*, Lyon, Méditions, 1993.

DELEU X. *Le consensus pornographique*, Paris, Mango, 2002.

DESCHAMPS JP., ALVIN P. La grossesse, la maternité et la paternité, in A. Michaud et P. Alvin (dir.), *La santé des adolescents* Paris, Doin éd., 1997, 1 : 302-317.

DEVEREUX G. *Ethnopsychanalyse complémentarité,* Paris, Flammarion, 1972.

DREES. Les interruptions volontaires de grossesse en 2010, *Études et résultats,* n° 804, 2012.

DUGNAT M., DUGNAT A., LALANNE J., MARINOPOULOS S., MELLIER D., ROCHETTE J. *Des bébés exposés : séparation, placement, abandon*, Toulouse, Érès éd., 1999.

FABRE C., FASSIN E. *Liberté, Égalité, Sexualités,* Paris, Belfond, 2003.

FERENCZI S. (1933). Confusion de langue entre les adultes et l'enfant : le langage de la tendresse et de la passion, in *Psychanalyse, Œuvres complètes, Psychanalyse IV,* Paris, Payot, 1983.

FERENCZI S. (1934). Réflexions sur le traumatisme, in *Psychanalyse 4*, Paris, Payot, 1982.

FERRAND M. *Féminin, Masculin*, Paris, La découverte Repères, 2004.

FINKELHOR D., ASDIGIAN N., DZIUBA-LEATHERMAN J. Victimization prevention programs for children : a national survey of children's exposure and reactions, *Child abuse & neglect*, 1995, vol. 19, n° 2 : 129-133.

FITZHARRIS JL., WERNER-WILSON RJ. Multiple perspectives of

parent-adolescent sexuality communication: Phenomenological description of a Rashoman effect, *The American Journal of Family Therapy*, 2004, vol. 32, n° 4 : 273-288.

FOTINOS G., FORTIN J. *Une école sans violences ? De l'urgence à la maîtrise*, Paris, Hachette, 2000.

FOUCAULT M. *Histoire de la sexualité, la volonté de savoir,* Vol.1, Paris, Gallimard, 1976. FREUD S. (1914). *La vie sexuelle*, Paris, PUF, 1973 : 7- 8.

FREUD S. (1905). *Trois essais sur la théorie de la sexualité*, Paris, Gallimard, 1988.

FREUD S. (1908). La morale sexuelle "civilisée" et la maladie nerveuse des temps modernes, *La vie sexuelle*, Paris, PUF, 1972.

FROGNEUX N., De NEUTER P. *Sexualités, normes et thérapies : approches interdisciplinaires des pratiques cliniques,* Louvain-la Neuve, Editions Academia-Bruylant, 2006.

GELLY V. *Enfants et Prostitués*, Paris, Casterman, 1997.

GOGIN C. *Le dictionnaire de la pornographie*, Paris, PUF, 2005.

GONTARD M. *L'enseignement secondaire en France de la fin de l'ancien régime à la loi Falloux*, Aix en Provence, Edisud, 1984.

GUENETTE-ROBERT M. La violence sexuelle dans les couples adolescents : subtile mais dévastatrice. Mieux comprendre et intervenir, *Ça s'exprime*, 2009, 12 : 2-6.

GUILLEBAUD JC. *La Tyrannie du plaisir*, Paris, Seuil, 1998.

GUIGNE C., COMMUNAL L., ROSSIAUD C. *La prévention collective à l'école des violences sexuelles : état des lieux et perspectives*, DIU de sexologie médicale, Université Claude Bernard, Lyon 1, 2001.

GUZMÁN BL. (dir.) Let's talk about sex: How comfortable discussions about sex impact teen sexual behavior, *Journal of Health Communication,* 2003, vol. 8, n° 6 : 583-598.

GUTTON P. *Le Pubertaire*, Paris, PUF, 1991.

HAESEVOETS YH. *L'enfant en questions,* Bruxelles, éd. De Boeck Université, 2000.

HAESEVOETS YH. Les adolescents agresseurs sexuels, *Psychiatrie de l'enfant*, 2001, XLIV, n° 2 : 447-483.

HAVELOCK ELLIS H. L'éducation sexuelle, *Etudes de psychologie sexuelle*, IV, Paris, Le Mercure de France, 1964.

HAYEZ JY. Les abus sexuels sur des mineurs : inceste et abus sexuels extra-familiaux, *Psychiatrie de l'enfant,* 1992, XXXV, 1 : 197-271.

HAYEZ JY., De BECKER E. *L'enfant victime d'abus sexuel et sa famille : évaluation et traitement*, PUF, 1997.

HAYEZ JY. La vie sexuelle des 6-11 ans, *Enfances et psy*, 2002, n° 17 : 23-35.

HÉRITIER F. *Masculin/Féminin*, La pensée de la différence, Paris, Odile Jacob, 1996.

HÉRITIER F. *Masculin/Féminin* II, dissoudre la vie » Paris, Odile Jacob, 2002.

HERRENKOHL EC., HERRENKOHL RC., EGOLF BP., RUSSO MJ. The relationship between early maltreatment and tennage parenthood, *Journal of Adolescence*, 1998, n° 21 : 291-203.

HOCKADAY C., CRASE SJ., SHELLEY MC., STOCKDALE DF. A prospective study of adolescent pregnancy. Journal of Adolescence, 2000, n° 23 : 423-438

HUERRE P., LAURU D. *Les Professionnels face à la sexualité des adolescents*, Toulouse, Érès, 2001.

HUERRE P., LEROY P. *L'absentéisme scolaire. Du normal au pathologique*, Paris, Fayard, 2010.

KONIAK-GRIFFIN D., LOMINSKA D., BRECHT ML. Social support during adolescent pregnancy : a comparison of three ethnic groups, *Journal of Adolescence*, 1993, 16, 43-56.

INPES *La santé des collégiens en France, 2010 : données françaises de l'enquête internationale*, Paris, Éditions de l'INPES, 2012.

INPES. *La Santé des élèves de 11 à 15 ans en France. Données françaises de l'enquête internationale*, HBSC, Paris, Éditions de l'INPES, 2005.

INPES. *Développer l'éducation à la santé en milieu scolaire*, Paris, Éditions de l'INPES, 2005.

INPES. *Les Premières Fois*, Paris, Éditions de l'INPES, 2002.

JACCARD J., DITTUS PJ., GORDON V. Parent-teen communication about premarital sex : Factors associated with the extent of communication, *Journal of Adolescent Research,* 2000,vol. 15, n° 2 : 187-208.

JEAMMET P. (dir.) *Adolescences*, Paris, La Découverte, 2004.

JERMAN P., CONSTANTINE NA. Demographic and psychological predictors of parent-adolescent communication about sex : A representative statewide analysis, *Journal of Youth and Adolescence*, 2010, vol. 39, n° 10 : 1164-1174.

JOURDAN D., BERGER D. De l'utilité de clarifier les référents théoriques de l'éducation pour la santé, *Santé de l'homme*, 2005, n° 377 : 17-20.

KIRBY D. Understanding what works and what doesn't in reducing adolescent sexual risk-taking », *Family Planning Perspectives*, 2001, vol. 33, n° 6 : 276-281.

KIRKMAN M., ROSENTHAL DA., SHIRLEY S. Being open with your mouth shut: the meaning of "openness" in family communication about sexuality, *Sex Education*, 2005, vol. 5, n° 1 : 49-66.

LAURU D. *Les Professionnels face à la sexualité des adolescents,* Toulouse, Erès, 2001.

LAGRANGE H., LHAUMOND B. (dir.). *L'Entrée dans la sexualité*, Paris, La Découverte, 1997.

LARUE R. *École et santé : le pari de l'éducation*, Paris, Hachette Éducation/CNDP, 2000.

LAVOIE F., ROBITAILLE L., HÉBERT M. Teen dating relationships and aggression: an exploratory study, *Violence Against Women*, 2000, vol. 6, no 1, p. 6-36.

LAVOIE F., VÉZINA L. *Violence dans les relations amoureuses*,, Enquête sociale et de santé auprès des enfants et des adolescents québécois, Québec, Institut de la statistique du Québec, 2002 : 471-484.

LEBOVICI S., DIATKINE R., SOULE M. *Nouveau traité de psychiatrie de l'enfant et de l'adolescent,* vol. 4, Paris, PUF, 1985.

LE BRETON D. *L'Adolescence à risques*, Paris, Autrement, 2002.

L'ÉCOLE DES PARENTS. *Désordres amoureux à l'adolescence*, 2004.

L'ÉCOLE DES PARENTS. *Éducation sexuelle*, 1998.

L'ÉCOLE DES PARENTS. *La sexualité pendant les années collège*, 2002.

LEFKOWITZ ES., STOPPA TM. Positive sexual communication and socialization in the parent adolescent context, *New Directions for Child and Adolescent Development*, 2006, vol. 2006, n° 112 : 39-55.

LEGARDINIER C. *La Prostitution,* Toulouse, Milan, 2002.

LEGENDRE P. *L'Inestimable objet de la transmission, étude sur le principe généalogique en Occident*, Paris, Fayard, 1985.

LESOURD S. *Adolescences... rencontre du féminin*, Toulouse, Erès, 1994.

LESOURD S. Masculin singulier, *La Santé de l'homme*, 1997, n° 329.

LEVY P. *Qu'est-ce que le virtuel ?* Paris, la Découverte/Poche, 1998.

MAIA M. *Sexualités adolescentes*, Paris, Pepper, 2004.

MARCELLI. D., BRACONNIER A. Grossesse à l'adolescence, in *Adolescence et Psychopathologie,* 5e éd, Paris, Masson, 1999.

MARTINO SC. (dir.). Beyond the "big talk": the roles of breadth and repetition in parent-adolescent communication about sexual topics, *Pediatrics*, 2008, vol. 121, n° 3 : 612-618.

MARTY F. (dir.), *Figures et traitements du traumatisme*, Paris, Dunod, 2001.

MARZANO M., ROZIER C. *Alice au pays du porno*, Paris, Ramsay, 2005.

MAZET P., HOUZEL D. *Psychiatrie de l'enfant et de l'adolescent*, Paris, Maloine, 1993.

MISSONNIER S., LISANDRE H. *Le virtuel : la présence de l'absence*, Paris, éditions EDK, 2003.

MOISSEEFF M. Enjeux anthropologiques de la thérapie familiale avec les adolescents, in C. GAMMER (dir.). *L'adolescence, crise familiale*, Toulouse, Erès, 1992.

MARTY F. *Psychopathologie de l'adolescent*, Paris, Editions In Press, 2011.

MENECHAL J., « Le travail de l'éthique en clinique », *Bulletin de Psychologie*, 2000, tome 53,445,19-31.

MOISSEEFF M. Indépendance entre sexualité et procréation : un mythe de la culture occidentale, in A. DURANDEAU (dir.). *Sexualité mythe et culture*, Paris, L'Harmattan, 1990.

MORO M.R. *Enfants de l'immigration, une chance pour l'école*, Paris, Bayard, 2012.

MORO M.R. *Les ados expliqués à leurs parents*, Paris, Bayard, 2010.

MORO M.R. *Enfants d'ici venus d'ailleurs. Naître et grandir en France*, Paris, La Découverte, 2002.

MORO M.R. *Psychothérapie transculturelle des enfants de migrants*, Paris, Dunod, 1998.

MOSSUZ-LAVAU J. *Politiques de la sexualité en France* (1951-2002), Paris, Payot, 2002.

NICOLLE O., BYDLOWSKI M. Méthodologie d'évaluation des interactions de la mère adolescente avec son bébé, in S. LEBOVICI, P. MAZET, EP. VISIER (dir). *L'évaluation des interactions précoces entre le bébé et son partenaire*, Paris, Editions Eschel, 1989 : 367-378.

NISAN I., TOULEMON L. *Rapport du Haut Conseil de la Population et de la Famille* (HCPF), 2006.

OGIEN R. *Penser la pornographie*, Paris, PUF, 2003.

OSOFSKY JD., EVERHART-WRIGHT A., WARE ML., HANN DM. Les enfants de mères adolescentes : un groupe à risque du point de vue de la psychopathologie, *Psychiatrie de l'Enfant,* 1993, n° 36 : 253-287.

PAJOT O. L'a-maternité adolescente, *Adolescence,* 1984, 2, n° 2 : 377-382.

PELEGE P, PICOD C. *Eduquer à la sexualité.* Chronique Sociale, 2010.

PICOD C. *Sexualité, leur en parler c'est prévenir*, Toulouse, Erès, 1998.

PEDINIELLI JL. ET ROUVIER S., « Ethique en clinique psychologique. L'éthique entre épistémologie et consensus », *Bulletin de Psychologie*, 2000, tome 53, 445, 41-46.

PIERRAT E .*Le Sexe et la loi*, Paris, la Musardine, 2002.

POMMEREAU X. *Nos ados.com en images. Comment les soigner ?* Paris, Odile Jacob, 2011.

RICHARD F. Destins de rituels d'initiation et psychopathologie des adolescents, *Adolescence*, 1995, n°26, 151-166.

RICOT J. *Études sur l'humain et l'inhumain*, Nantes, Pleins Feux, 1998.

ROBERT J. *Parlez-leur d'amour... et de sexualité : Faire l'éducation sexuelle de ses enfants et de ses ados*, Montréal, Les Éditions de l'homme, 2009.

ROCHETTE J. Une attention au groupal : Au temps des relevailles : un groupe mères-bébés pour contenir le chaos de la naissance. *Les cahiers du C.R.P.P.C.,* Cliniques du Bébé, 2000, 8 h 22-29.

ROMANO H. *L'enfant face au traumatisme*, Paris, Dunod, 2013.

ROMANO H (dir.). *Aide-mémoire de la Santé à l'école*, Paris, Dunod, 2013.

ROMANO H. *L'enfant et les jeux dangereux*, Paris, Dunod, 2012.

ROMANO H. *Guide de prise en charge des élèves victimes d'abus sexuels,* Paris, Hachette, 2003.

RONDEAU L. *Premières amours, premières violences : Projet relations amoureuses des jeunes.* Conférence 16 octobre 2007, Organisé par le Regroupement Professionnel des sexologues du Québec, Montréal, Université du Québec à Montréal.

ROUSSEAU E. *Œuvres complètes*, t.2, Paris, Hachette, 1902.

SALMONA M. *Le livre noir des violences sexuelles*, Paris, Dunod, 2012.

SCELLES R. (dir) *La fratrie confrontée au traumatisme*, Rouen, PUR, 2009.

SIDA INFO SERVICE. *L'Homophobie : savoir et réagir*, Paris, 2003.

SILVERMAN J., RAJ A., MUCCI L., HATHAWAY J. Dating violence against adolescent girls and associated substance use, unhelathy weight control, sexual risk behavior, pregnancy, and suicidality, *Journal of American Medical Association*, 2001, vol. 286, n° 5 : 572-579.

SIMON P. *Rapport sur le comportement sexuel des français*, Paris, Réné Julliard-Pierre Charron, 1972.

SOHN AM. *Du premier baiser à l'alcôve. La sexualité des français au quotidien (1850-1950)*, Paris, Aubier, 1997.

SOMERS CL.,. PAULSON SE. Students' perceptions of parent-adolescent closeness and communication about sexuality: Relations with sexual knowledge, attitudes, and behaviors, *Journal of Adolescence*, 2000, vol. 23, n° 5 : 629-644.

SONET D. *Leur premier baiser : L'éducation affective et sexuelle des ados*, Saint-Maurice (Suisse), Éditions Saint-Augustin, coll. « Aire de famille », 2003.

STEIGER A. *La vie sexuelle des magazines*, Paris, Michalon, 2006.

STIEGLER B., TISSERON. *Faut-il interdire les écrans aux enfants ?* Paris, Editions Mordicus, 2009.

STORA M. *Les écrans, ça rend accro... ça reste à prouver*, Paris, Hachette, 2007.

STORA M., De DINECHIN B. *Guérir par le virtuel. Une nouvelle approche thérapeutique*. Paris, Presses de la Renaissance, 2005.

THERY I. Normes et représentations de la famille au temps du démariage. Le cas des fratries dans les familles recomposées, in *Familles et politiques sociales*, Paris, l'Harmattan, 1996.

TISSERONS., MISSONNIER S., STORA M. *L'enfant « au risque du virtuel »*, Paris, Dunod, 2012.

TISSERON S. *Virtuel mon amour. Penser, aimer, souffrir à l'âge des nouvelles technologies,* Paris, Albin-Michel, 2012.

TISSERON S. *L'Intimité surexposée*, Paris, Hachette Littératures, 2001, coll. « Pluriel ».

TISSERON S. *Les Bienfaits des images*, Paris, Odile Jacob, 2002.

TISSERON S. *Enfants sous influence*, Paris, Armand Colin, 2000.

TOSCANO S. A grounded theory of female adolescents dating experiences and factors influencing safety: The dynamics of the circle, *BMC Nursing*, 2007, vol. 6, n° 7 : 1-32.

USSEL JV. *Histoire de la répression sexuelle*, Paris, Laffont, 1972.

VANISTENDAEL S. *La résilience ou le réalisme de l'espérance*, Genève, BICE, 1988.

WARE LM., OSOFSKY JD., EBERHART-WRIGHT A., LEICHMAN ML. Challenges of Home Visitor Intervention with Adolescent Mothers and their Infants. Journal of Infant Mental Health, 1987, 4 : 109-119.

WARE LM., OSOFSKY JD., EBERTHART-WRIGHT AE., LEICHTMAN ML. Mères adolescentes et interventions à domicile. In B. CRAMER (dir.) *Psychiatrie du bébé, nouvelles frontières*, Paris, Editions Eshel.

WILLIAMS S., MARTINEZ E. Psychiatric assessment of victims of adolescent dating violence in primary care clinic, *Clinical Child Psychology and Psychiatry*,1999, vol. 3, no 3 : 427- 439.

WINNICOTT DW. L'enfant et la sexualité, in *L'enfant et le monde extérieur*, Paris, Payot, 1957.

WINNICOTT DW. (1958). *De la pédiatrie à la psychanalyse*, Paris Payot, 1989.

XIAO Z., LI X., STANTON B. Perceptions of parent-adolescent communication within families: It is a matter of perspective, *Psychology, Health and Medicine*, 2010, vol. 16, n° 1 : 53-65.

Annexe 3

Glossaire des NITC

La majorité des expressions utilisées par les jeunes à l'égard des NTIC, le plus souvent sur des *chats* ou dans des jeux vidéo, sont issues de l'anglais. Les expressions évoluent rapidement, nous transmettons celles qui sont le plus utilisées actuellement via les écrans mais également de plus en plus souvent dans le cadre des échanges courants. Cette liste n'est pas exhaustive et nous précisons ici que certains termes qui commencent à être compris et intégrés dans la logique sémantique des adultes, ne sont déjà plus utilisés par les jeunes...

Acknowledgment : correspond à l'accusé réception d'un message adressé.

Adresse IP : adresse personnelle de l'ordinateur, sous forme de code. Unique pour chaque PC, elle peut être lue par d'autre.

ADSL (*Asynchrone Digital Subscriber Line*) : système de transmission téléphonique permettant une connexion rapide et stable.

Alpha strike : expression pour décrire l'ensemble des dégâts occasionnés dans un jeu vidéo.

Alt ou Reroll : vient de l'anglais *alternate* et est utilisée pour décrire dans un jeu un personnage différent d'un joueur mais qui est aussi joué par le même internaute. Il est habituellement moins fort que le personnage principal.

AntiBot : logiciel luttant contre les Bots (voir Bot).

Antispam : système permettant d'éviter que l'ordinateur soit envahi de spams, c'est-à-dire des publicités ou courriers indésirables.

AT, Asst Tank : correspond au joueur qui soutient le personnage principal.

Avatar : désigne l'apparence que prend un internaute dans le cadre d'un jeu vidéo, ce qui lui permet de changer d'identité. Un avatar peut aussi correspondre à plusieurs joueurs.

Back : utilisé pour décrire un retour en arrière.

Backstab : signifie « attaque par derrière » et utilisée aussi bien sur les chats que dans les jeux.

Bash, Bashing : expression utilisée pour des propos humiliants ou des attaques hors cadre dans le cadre de jeux.

Blink : déplacement rapide, zapping d'une situation à l'autre.

Bodypull : de l'anglais « attirer avec le corps ». Terme utilisé aussi bien sur les chats que dans les jeux.

Bolos, boloss : ce terme est utilisé avec différentes acceptations (ringard, sans ami, etc.).

Boost, booster : pratique consistant à poster un grand nombre de messages, dans le seul but de faire augmenter le compte de messages à son actif.

Bot : application visant à contrôler l'ordinateur de celui qui le reçoit (ou un joueur dans un jeu vidéo).

BRB : acronyme de *Be Right Back* soit « je reviens tout de suite ».

Bubulle : terme provenant des jeux vidéo et correspondant à une bulle protectrice permettant une invulnérabilité.

Bug : erreur informatique. Terme utilisé de façon plus général pour signaler qu'il y a un problème.

Bump (ou up) : consiste dans un forum à faire remonter un sujet pour qu'il redevienne d'actualité.

Captcha : code composé d'une série de lettres et/ou de chiffres, à renseigner pour accéder à certains sites ou envoyer des messages sur des emails sécurisés. Ce système vise à éviter des piratages.

CC : acronyme de *Crowd Control*, signifiant « contrôle de la foule ». Est aussi utilisé dans les tâches pour décrire le contrôle d'un groupe, d'un forum ou des membres d'un jeu ou d'une communauté.

Chat : discussion sur internet en direct ; soit uniquement via des messages, soit par vidéo.

Cheval de Troie : virus très dommageable qui a pour objectif de s'introduire dans l'ordinateur pour en assurer le contrôle par celui à l'origine de l'envoi de ce virus.

Clan, guilde : correspond au regroupement de plusieurs « amis » sur les réseaux ou de joueurs ayant un être commun.

Clavardage : expression utilisée pour décrire les dialogues en ligne sur Internet.

Cookie : codes émis par certains sites web au moment de la connexion et gardés en mémoire par le PC. L'ordinateur subit ce « mouchard » lors de ces connexions suivantes en recevant des publicités.

DD : acronyme pour *Damage Dealer* utilisé à l'encontre des internautes causant des dommages soit sur les forums, soit dans des jeux.

Dédipix : pratique qui concerne surtout les filles et qui consiste sur les réseaux sociaux à utiliser son corps comme support de dédicace, à poster la photo et à attendre les commentaires. L'objectif étant de faire le buzz et d'avoir le plus de réponses possibles les photos des parties du corps utilisées sont le plus souvent aguicheuses.

DMG : abréviation pour *damage* c'est-à-dire « dommage ».

Down : signifie « être à terre », « être épuisé ».

Downloader : utilisé parfois à la place de télécharger, désignant le transfert de données d'une machine distante vers l'ordinateur local. S'oppose à Uploader (émettre des données).

DQ : acronyme pour *Daily Quest* pour décrire la quête journalière d'internaute.

Drop : laisser tomber, abandonner ; terme utilisé initialement dans les jeux mais expression récupérée dans les chats pour mettre un terme à un échange.

DTC : injure vulgaire fréquemment utilisée dans les jeux vidéo et signifiant « dans ton cul ».

E-mail, courriel : courrier électronique échangé sur Internet via différents serveurs possibles.

F2P : acronyme de *Free to Play* utilisé pour signifier que l'internaute est disponible (pour un jeu ou pour discuter).

Fake : correspond à des informations factices sur internet.

Fall me : utilisé pour « suivez-moi ».

FFS : acronyme de *For Fuck's Sake*, pouvant être traduit par une injure grossière du type « nom de Dieu » et utilisé pour atteindre un autre internaute.

Firewall, pare-feu : logiciel de sécurité assurant une protection de l'ordinateur lors des connexions Internet.

Flame : sanction consécutive à un écart constaté sur un site Internet par les modérateurs.

Flood : terme pour décrire des messages réitérés, importuns et sans rapport avec le sujet de la discussion.

Floodeur : auteur de messages indésirables (flood).

Followup : faire suivre.

Forum : espace d'échange et de discussion publique sur Internet.

Free-Post : réponse sur un site en total décalage avec la question posée ou le thème abordé.

Geek : expression pour décrire les passionnés d'informatique.

GG : acronyme pour *Good Game*, « bonne partie », « bien joué ! ».

Glitcher : tricheur, usurpateur, menteur.

GM, Game Master : maître du jeu, le leader ou celui qui organise le débat et les échanges.

Grinder : joueur qui utilise indéfiniment les mêmes arguments pour finir par obtenir des avantages.

GTG ou G2G : acronyme pour *Got to Go*, soit « être prêt » ou expression utilisée pour mettre fin à un échange et indiquer « je dois partir ».

Hacker : expert dans le domaine de l'informatique dont les objectifs habituels sont de pirater des sites ; *to hack* signifiant « pondre du code ».

Healer : signifie dans les jeux vidéo « guérisseur », utilisé par certains adolescents pour décrire quelqu'un de confiance.

Homepage : correspond à la première page d'un site web qui s'affiche par défaut ou sert à décrire une page personnelle.

HS : acronyme pour signifier « message hors-sujet ».

IG, In Game : signifie « en action », utilise aussi pour dire « disponible ».

IMBA : abréviation pour *Inbalanced*, pour décrire une situation ou une personne déséquilibrée.

INC : abréviation de *Incoming* pour dire « j'arrive ».

IRL : abréviation pour *In Real Life*, utilisé pour décrire des événements relatifs à la vie réelle.

ISO : abréviation pour *In search of*, soit l'expression « à la recherche de ».

JCJ : abréviation pour Joueur Contre Joueur ; expression aussi utilisée pour décrire deux personnes rivales.

KB : abréviation pour *KnockBack* signifiant « repousser ».

Kick *:* correspond à un arrêt par l'administrateur d'un site d'une connexion, par exemple lors d'un jeu ou de chats.

Kikoulol, kikoolol : expression péjorative utilisée à l'égard de personnes considérées comme immatures et incapables de s'exprimer autrement qu'en langage SMS.

LAG : anglicisme pour dire « en retard ». Lenteur d'une connexion Internet.

Lamer : terme péjoratif pour décrire un jouer ou un internaute ayant un mauvais esprit (par exemple tente de faire perdre son équipe ; met en danger et critique sa communauté, etc.).

LD : abréviation de *Link Dead* signifiant « lien mort », fin de connexion ou déconnexion.

Level : niveau.

LFG : abréviation de *Looking For Group*, signifiant « rechercher un groupe ».

LFM : abréviation pour *Looking Fo More*, utilisé pour dire « rechercher davantage » de membres.

Like : expression utilisée sur face book pour décrire le message laissé sur une page par un « lier », c'est-à-dire par quelqu'un qui aime cette page.

Link : lien.

Locker : de l'anglais « verrouiller », utilisé pour décrire une action visant le blocage de discussions ou de jeux.

LOL : de l'anglais *Laughing Out Loud*, signifiant « je ris à gorge déployée » ; utilisé dans des messages pour signifier un trait d'humour.

MC : abréviation de *Mind Control* pour décrire le contrôle mental ou la tentative de contrôle d'un internaute par un autre. « Être MC » signifie « être manipulé, contrôlé par un autre ».

MDR : acronyme pour « mort de rire ».

MEZ : de l'anglais *Mesmerize*, hypnotiser ; terme utilisé aussi dans le sens de manipuler.

MISS : manquer, rater quelque chose.

MJ : abréviation pour Maître du Jeu, utilisé aussi dans les forums pour décrire un leader.

MMOG : acronyme de *Massively Multiplayer Online Games*, décrivant des jeux vidéo accessibles uniquement en ligne, sur Internet ; doté d'un univers virtuel permanent (accessible 24h/24) et ouvert « massivement » à de nombreux joueurs (plus de 128) qui se connectent via un avatar.

MMORPG : acronyme de *Massively Multiplayer Online Role Playing Games*, voir MMOG en incluant la notion de jeu de rôle.

Modo : abréviation pour « modérateur », personne qui régule les échanges sur de forums ou des jeux vidéo en ligne.

Moinssoyer (« -1 ») : ne pas adhérer aux propos d'un autre internaute.

MP : acronyme signifiant « message privé ».

MT, Main Tank : personnage principal d'un jeu vidéo.

Nerfer : expression issue de l'anglais pour écrire l'affaiblissement.

Newseur : internaute qui amène des sujets ou des informations nouvelles.

NL, No life : littéralement « pas de vie ». Cette expression est utilisée pour décrire les personnes qui sont obnubilées par une activité (informatique, sport, etc.) et qui n'ont plus du tout de vie sociale en dehors. Sert aussi à des adolescents pour décrire un sentiment de mal être.

Newbie : utilisé pour décrire des internautes néophytes ; nouveaux dans la discussion ou dans le jeu.

Noob : forme péjorative de newbie.

OOH, Out Of Health : signifie plus/fin de vie. Utilisé aussi pour dire « mort ».

OOE : acronyme de *Out Of Endurance*, pour décrire « être endurant, résistant ».

OS : acronyme de *One Shot*, signifiant un unique tir. Ce terme est utilisé de façon vulgaire pour décrire une relation sexuelle d'une soirée « tirer un coup » devient « faire un OS ».

Owned : utilisé principalement dans les jeux vidéo à l'égard d'un joueur qui s'est fait avoir par un joueur plus fort.

P2W : abréviation pour *Pay to Win*, signifiant « payer pour gagner ». Utilisé également pour décrire des relations sexuelles monnayées ou tout autre pouvoir obtenu par de l'argent.

PC : abréviation de *Playable Character*, utilisé pour l'expression « trait de caractère principal ». À l'origine, personnage d'un jeu contrôlé par le joueur, par opposition au PNJ (personnage non joueur) contrôle par l'ordinateur.

Plate-forme : espace de jeu ou lieu d'un rendez-vous entre internautes.

PdV ou PV : abréviation pour « point de vue ».

PGM : abréviation pour *Pro Gamer* signifiant un internaute contrôlant parfaitement le jeu ou le sujet de la discussion.

PKK : abréviation pour *Player Killer* pour « tueur de joueurs ». Expression récupérée dans le langage de certains jeunes pour décrire des jeunes ayant sous contrôle d'autres jeunes.

Plug and Play : expression signifiant « branche et utilise ».

Plussoyer (« +1 ») : adhérer aux propos d'un autre internaute.

Po, Popo : expression issue de « potion » utilisée de façon généralisée pour décrire toute substance illicite.

Post : signifie « message ». L'expression « mettre un post » est utilisée pour dire laisser un message sur Internet.

Powned : expression issue d'une faute de frappe du terme *owned* ; signifie la même chose mais utilisée de façon plus négative.

PTDR : acronyme pour « pété de rire », à utiliser de façon ironique par rapport à MDR.

Pull, Puller : signifiant tirer, tireur ; expression utilisée pour décrire également un internaute initiant un sujet.

Topic : signifie « sujet ».

PO, Posteur Originel : issu de l'anglais *Original Poster* et utilisé pour désigner l'auteur du premier message sur un chat.

PX : point d'expérience.

Q, Quest : utilisé pour décrire une interrogation.

QJ : quête journalière.

QQ : signifie « adversaire », « rival ».

Regen : abréviation pour « régénérer », « retrouver des forces ».

Roll : utilisé pour « relancer » un jeu, une discussion.

Rox, Roxer, Roxx : issu de l'anglais *Rock* pour décrire un internaute qui « déchire », qui assure.

Rusher : se précipiter.

Scammer : vient de l'anglais « arnaqueur » ; utilisé aussi pour décrire quelqu'un qui triche.

Sexting, Sexto : mot qui correspond à l'envoi via des texto ou MMS, de photographies personnelles sexy ou de messages explicites.

Skill : issu de l'anglais et utiliser pour décrire les qualités ou les compétences d'un joueur ou d'un internaute ; « tu as quel skill ? »

SLT : abréviation pour l'expression « salut ».

Spam : message publicitaire non sollicité.

Spawn : camper, être prostré, ne pas bouger.

SPE : abréviation pour spécialisation ; « être spe en... »

Spot : un espace, une zone.

Staff : équipe.

Stun : utiliser pour décrire un personnage qui parvient à immobiliser d'autre(s) joueur(s). « Être stun » signifie ainsi « être incapable de se bouger ; manque de motivation ».

Taunt : de l'anglais « provoquer ».

TBH : abréviation pour *To be Honest*, être honnête, fiable, être une personne de confiance.

TK : abréviation de *Team Killer* utilisé à l'encontre de joueur tuant d'autres joueurs ; utilisé dans le sens courant par des adolescents souhaitant décrire celui qui est à l'origine de difficultés, d'un accident.

Troll : formule pour décrire les internautes transgresseurs qui tentent de perturber le fonctionnement d'un jeu ou de provoquer sur les forums.

TVT : abréviation de *Team Versus Team* ; équipe contre équipe.

TYT : abréviation de *Try to Try* ; essayer encore.

Tweet : de l'anglais « gazouillis », signifie micromessage gratuit (140 signes maximum) laissé sur le réseau social Internet Twitter.

Uber : vient de l'allemand « supérieur » ; utilisé de façon moqueuse à l'encontre d'un autre.

UI : abréviation de *User interface*, signifie « ce qui est visible à l'écran ».

Wipe : effacer.

WB : abréviation de *World Boss*, utilisé pour décrire quelqu'un de très puissant. Dans un autre sens, *Welcome Back*, pour dire « heureux de vous revoir ».

W, Whine : signifie comme QQ « adversaire », « rival ».

Woot/w00t : anglicisme utilisé pour dire sa satisfaction et utilisée le plus souvent pour exprimer le plaisir d'avoir obtenu satisfaction ; avoir battu une autre équipe.

XP : abréviation pour expérience.

Youtubeur/Youtubeuse : personne postant sur le réseau Youtube des vidéos personnelles.

ZL : abréviation issue des jeux vidéo (zone litigieuse) et récupérée dans le langage courant pour désigner un sujet tendancieux.

Annexe 4

Sigles de l'Éducation nationale

ACMO : Agent chargé de la mise en place des règles d'hygiène et de sécurité

ANAES : Agence nationale d'accréditation et d'évaluation de la santé

APE : Association de parents d'élève

APPEL : Association des parents d'élèves de l'enseignement libre

ARS : Agence régionale de santé

ASE : Aide sociale à l'enfance

ASS : Assistant de service social

BO : Bulletin officiel

CAEN : Conseil académique de l'Éducation nationale

CAFA : Centre académique de formation de l'administration

CAFOC : Centre académique de formation continue

CAMSP : Centre d'action médico-sociale précoce

CCAS : Centre communal d'action sociale

CDAG : Centre de dépistage anonyme et gratuit

CESC : Comité d'éducation à la santé et à la citoyenneté

CG : Conseil général
CMP : Centre médico-psychologique
CMPP : Centre médico-psycho-pédagogique
CMS : Centre médico-social
CNDP : Centre national de documentation pédagogique
CNED : Centre national d'enseignement à distance
CNIL : Commission nationale de l'informatique et des libertés
COP : Conseiller d'orientation psychologue
CP : Cour préparatoire
CPE : Conseiller principal d'éducation
CPF : Centre de planification familiale
CRIP : Cellule de recueil d'informations préoccupantes
CSA : Conseil supérieur de l'audiovisuel
CSS : Classement sans suite
DASEN : Directeur académique des services de l'Éducation nationale
DEPP : Direction de l'évaluation de la prospective et de la performance
DGS : Direction générale des services
EN : Éducation nationale
FCPE : Fédération des conseils de parents d'élèves
GAPASE : Groupe académique de prévention et d'appui à la sécurisation des établissements.
HALDE : Haute autorité de lutte contre les discriminations et pour l'égalité
IFOP : Institut français d'opinion publique
INPES : Institut national de prévention et d'éducation pour la santé
INSERM : Institut national de la santé et de la recherche médicale
IST : Infection sexuellement transmissible
ITEP : Institut thérapeutique éducatif et pédagogique
IUFM : Institut universitaire de formation des maîtres
IVG : Interruption volontaire de grossesse
LP : Lycée professionnel
MA : Maître auxiliaire
MAIF : Mutuelle d'assurance des instituteurs de France
MC : Main courante
MDA : Maison des adolescents

MEN : Ministère de l'Education nationale

MGEN : Mutuelle générale de l'Éducation nationale

MILDT : Mission interministérielle de lutte contre la drogue et la toxicomanie

NTIC : Nouvelles technologies de l'information et de la communication

ONL : Ordonnance de non-lieu

PAF : Plan académique de formation

PEEP : Fédération des parents d'élèves de l'enseignement public

PEGC : Professeur d'enseignement général de collège

PMI : Protection maternelle et infantile

ONED : Office national de l'enfance en danger

CNED : Centre national d'enseignement à distance.

SEGPA : Section d'enseignement général et professionnel adapté

SIDA : Syndrome d'immunodéficience acquise

SVT : Sciences de la vie et de la terre

VIH : Virus de l'immunodéficience humaine

ZEP : Zone d'éducation prioritaire

Table des matières

ANNEXES

70593 – (I) – (1,5) – OSB 80° – CPW – VCT
Dépôt légal : janvier 2014
Achevé d'imprimer par Dupli-Print à Domont (95)
N° d'impression : 2013111537

Imprimé en France